■ 知行实验实训系列 ■

物流系统仿真理论与实践

WU LIU XI TONG FANG ZHEN LI LUN YU SHI JIAN

蒋淑华　桑小娟　柳　莹　等编著

东南大学出版社
SOUTHEAST UNIVERSITY PRESS
·南京·

图书在版编目(CIP)数据

物流系统仿真理论与实践 / 蒋淑华等编著. —南京：东南大学出版社，2015.4(2021.8 重印)

(知行实验实训系列 / 赵彤主编)

ISBN 978-7-5641-5660-2

Ⅰ.①物… Ⅱ.①蒋… Ⅲ.①物流–系统仿真–研究 Ⅳ.①F252-39

中国版本图书馆 CIP 数据核字(2015)第 076292 号

物流系统仿真理论与实践

出版发行	东南大学出版社
出 版 人	江建中
社　　址	南京市四牌楼 2 号(邮编:210096)
网　　址	http://www.seupress.com
责任编辑	孙松茜(E-mail:ssq19972002@aliyun.com)
经　　销	全国各地新华书店
印　　刷	广东虎彩云印刷有限公司
开　　本	700mm×1000mm 1/16
印　　张	15.5
字　　数	312 千字
版　　次	2015 年 4 月第 1 版
印　　次	2021 年 8 月第 2 次印刷
书　　号	ISBN 978-7-5641-5660-2
定　　价	39.80 元

(本社图书若有印装质量问题，请直接与营销部联系。电话:025-83791830)

知行实验实训系列编委会名单

（按姓氏拼音排序）

总 序

教材是体现教学内容的知识载体,人才的培养离不开教材。高质量教材是高质量人才培养的基本保障。培养目标不同,教材的编写亦不同。作为新办地方性本科院校,其办学指导思想是坚持以科学发展观为指导,遵循高等教育发展规律,以教学为中心,规范管理,提高质量,凝聚特色,其时代使命是面向区域产业发展,提供既掌握现代科学技术知识又接受系统技能训练的高素质应用型、创新型人才。基于这一办学指导思想和人才培养定位,学校在人才培养过程中,不仅要强调理论教学,更应加强实践教学。实验实训是实践教学环节的重要内容,为了加强实验实训教学的规范性,使实验实训教学“有据可循”,提高实验实训教学效果,我们特地组织教师编写了知行实验实训系列教材。

实验实训教材的编写需要理论与实践双重知识作为基础,其编写难度并不逊于理论教材的编写难度。参加编写的教师在大量阅读国内外文献的基础上,结合自身教学实践,大胆创新,编写了具有自身特色的系列教材。

知行实验实训系列教材与其他同类教材相比,具有以下鲜明特点:

(1) 新颖性。本系列教材的编写,十分强调与最新的相关法律法规相贴合。例如根据国家最新财经法律法规和会计准则的变化,及时修订了教材中的相关内容,体现了最新的财经法律法规要求。

(2) 仿真性。本系列教材中引用的大量数据资料来源于实践。本系列教材的编写,引入了行业企业的参与。教师根据合作企业提供的数据与资料,编写了案例与练习,具有很强的针对性,让学生直接面向现实企业经营管理中的问题。

(3) 实践性。本系列教材经过了反复的实践和修订,是编写教师多年实践教学教研成果的凝聚,同时也得到了行业一线人员的指导和帮助,经历了“实践出真知”的过程。

在本系列教材的编写过程中,编写人员参阅了国内外学者的研究成果和观点资料,在此,我们致以诚挚的谢意!

感谢参加知行实验实训系列教材编写和审稿的老师们付出的大量卓有成效的辛勤劳动。由于编写时间紧等原因，本系列教材肯定还存在一定的不足和疏漏。但本系列教材是开放式的，我们将根据社会经济发展和人才培养的需要、学科发展的需要、教学改革的需要、专业设置和课程改革的需要，对教材的内容不断进行补充和完善。我们相信在各位老师及读者的关心和帮助下，知行实验实训系列教材一定能够得到不断改进和完善。

赵玉阁

2015 年 4 月

目 录

第1章 绪 论

在现实世界中，事物并不是孤立存在的。它们之间存在着内在有机的联系。作为一个研究对象，我们将这种由相互联系、相互作用的事物或元素构成的统一整体称为系统。

随着人们认识自然、改造自然能力和手段的不断增强，作为实践经验总结的科技水平也有了迅猛发展。从开普勒的行星运动三大定律，到牛顿的万有引力定律，再到爱因斯坦的相对论，利用数学手段对事物描述的理论越来越完善，而且研究的范围也越来越广，从身边发生的自然现象到广袤无垠的宇宙奇观。

长期以来，人们已经充分认识到利用数学模型描述所研究系统的优越性，并且逐渐发展了系统研究和系统分析理论。但是，由于数学手段的限制，人们对复杂事物和复杂系统建立数学模型并进行求解的能力非常有限。电子计算机的出现，对科学技术的发展产生了无可估量的深远影响。许多复杂的数学模型可以通过计算机来进行计算求解。由此，利用数学模型描述系统的特征并进行求解的手段逐步发展成为现代的计算机仿真技术。计算机仿真技术有着巨大的优越性：利用它可以求解许多复杂而无法用数学手段解析求解的问题；利用它可以预演或再现系统的运动规律或运动过程；利用它可以对无法直接进行实验的系统进行仿真试验研究，从而节省大量的能源和费用。

由于计算机仿真技术的优越性，它的应用领域已经非常广泛，而且也越来越受到普遍的重视。诚然，计算仿真技术中仍然存在着许多需要解决的问题，需要不断进行努力探索。

物流教学通常困惑于缺少可以亲手操作的实验工具、可以让学生探究并以自己的进度再次温习课堂上所教授的物流方法。现在，各种交互式软件包可以作为物流领域的教学资源。每个软件包都允许学生创建自己的计划或者应用已有的标准算法，可以看到结果被立即评估，并通过图形呈现。

1.1 系统与系统模型

1.1.1 系统

1. 系统的定义

系统仿真的研究对象是具有独立行为规律的系统。“系统”一词频繁出现在社会生活和学术领域中，不同的人在不同的场合往往赋予它不同的含义。长期以来，系统的概念及其特征的描述尚无统一规范的定论。一般我们采用如下的定义：系统是由一些相互联系、相互制约的若干组成部分结合而成的、具有特定功能的一个有机整体(集合)。

(1) 系统是由若干要素(部分)组成的。这些要素可能是一些个体、元件、零件，也可能其本身就是一个系统(或称之为子系统)。如运算器、控制器、存储器、输入/输出设备组成了计算机的硬件系统，而硬件系统又是计算机系统的一个子系统。

(2) 系统有一定的结构。一个系统是其构成要素的集合，这些要素相互联系、相互制约。系统内部各要素之间相对稳定的联系方式、组织秩序及失控关系的内在表现形式，就是系统的结构。例如钟表是由齿轮、发条、指针等零部件按一定的方式装配而成的，但一堆齿轮、发条、指针随意放在一起却不能构成钟表；人体由各个器官组成，各单个器官简单拼凑在一起不能称其为一个有行为能力的人。

(3) 系统有一定的功能，或者说系统要有一定的目的性。系统的功能是指系统与外部环境相互联系和相互作用中表现出来的性质、能力和功能。例如信息系统的功能是进行信息的收集、传递、储存、加工、维护和使用，辅助决策者进行决策，帮助企业实现目标。

与此同时，我们还要从以下几个方面对系统进行理解：系统由部件组成，部件处于运动之中；部件间存在着联系；系统各主量和的贡献大于各主量贡献的和，即常说的 1+1>2；系统的状态是可以转换、可以控制的。

2. 系统的特性

(1) 集合性。系统的集合性表明，系统是由两个或两个以上可以相互区别的要素或子系统组成，要素是构成系统的最基础部分。例如，一个计算机系统，一般都是由中央处理机、存储器、输入与输出设备等硬件所组成的，同时，还包含操作系统、程序设计、数据库等软件，这是一个由要素组合而成的完整系统。一个物流系统则可以由运输系统、装卸搬运系统、仓库系统、配送系统、物流信息管理等子系统组成。

(2) 相关性。组成系统的要素是相互联系、相互作用的，相关性说明这些联系之间的特定关系。

(3) 层次性。复杂系统通常具有分岔、混沌、有序以及它们之间错综复杂的相互转变，一个具有复杂的和内在特点的复杂系统，同时存在着有序元素和随机元素。在系统的参数空间内经常存在多重子结构。事实上，复杂性系统存在着不同的等级及层次结构，而且宏观层次和微观层次的复杂性也不一样。

(4) 整体复杂性。系统中子系统的种类繁多，子系统之间有交互作用。一个复杂的非线性系统，不能简单地从个体局部行为的细节去判断，系统的整体行为绝不是所有局部行为的简单相加。系统的整体行为与子系统的局部行为之间存在复杂的联系，必须从整体上去把握系统的发展趋势和特点。由于复杂系统中子系统的行为之间充满着竞争，其行为往往是共同竞争的结果，或是协同效应，或是优胜劣汰。

(5) 不确定性。复杂系统具有随机性和模糊性。复杂系统是指具有大量交互成分、其内部关联复杂、行为具有不确定性的非线性系统，即不能通过系统的局部特性，形象地或者抽象地描述整个系统特性的系统。客观世界的许多系统的行为既不是完全有序的和可以预测的，也不是完全随机的和绝对不可预测的，它们经常处于模糊的边界，或介于二者之间。一个复杂系统中共同存在着有序态、随机态和混沌态等多样性行为。这些行为能够依据系统内外的不同参数条件随时间和空间而变化，表现出多姿多态的优化行为。

(6) 统计性。由于系统是由大量子系统组成的，所以系统的基本动力学行为都是大量子系统统计的平均行为。表征系统复杂性的各种物理量具有统计性，应用统计理论能够很好地处理复杂性问题。

(7) 自相似性。系统的某种结构或者过程的特征，从不同的时空尺度来看都是相似的，或者某些系统和结构的局域性质和局域结构与整体类似从而构成自相似性。

(8) 自组织性。自组织理论是20世纪60年代末期开始建立并发展起来的一种系统理论。它的研究对象主要是复杂自组织系统(生命系统、社会系统)的形成和发展机制问题，即在一定条件下系统是如何自发地由无序走向有序、由低级有序走向高级有序的。自组织是指无需外界特定指令就能自行组织、自行创生、自行演化，能够自主地走向有序，形成有结构的系统。

3. 系统的分类

(1) 根据系统的形成方式不同，系统可分为自然系统、人工系统及复合系统。自然系统即系统内的个体按自然法则存在或演变，产生或形成一种群体的自然现象与特征。自然系统包括生态平衡系统、生命机体系统、天体系统、物质微观结构系统以及社会系统等等。人工系统即系统内的个体根据人为的、预先编排好的规则或计划好的方向运作，以实现或完成系统内各个体不能单独实现的功能、性能与结果。人工系统包括立体成像系统、生产系统、交通系统、电力系统、计算机系统、教育系统、医疗系统、企业管理系统等等。复合系统是自然系统和人工系统的组合。复合系统包括导航系统、交通管理系统和人机系统等等。维纳在创立控制论的过程中，把动物、机器的通讯和控制看做是一个系统。为了明确研究的对象，人为地将物质或空间与其余物质或空间分开，被划定的研究对象称为系统。在热学中，通常把一定质量的气体作为研究对象，此研究对象就称为系统。在流体力学中，众多流体质点的集合称为系统。人体由运动系统、神经系统、内分泌系统、循环系统、呼吸系统、消化系统、泌尿系统、生殖系统八大系统构成。

(2) 根据系统的物理特征可以将系统划分为两大类，即工程系统和非工程系统。所谓非工程系统是指自然和社会在发展过程中形成的，被人们在长期的生产劳动和社会实践中逐渐认识的系统。例如社会、经济、管理、交通、生物系统等属于非工程系统，这类系统离不开仿真技术的帮助，因为这样一类系统往往不允许在实际系统上进行试验，如经济系统中一般不允许随意改变销售和供给以避免对市场的冲击。所谓工程系统是指人们为满足某种需要或实现某个预定的功能，利用某种手段构造而成的系统。工程系统的例子非常多，如机械、电气、动力、化工、武器系统等，它们通常是用微分方程描述的系统。虽然从原则上来讲，这类系统是允许在实际系统上进行试验的，但是利用仿真技术对它们进行分析研究，既可以保证安全，又能节省大量费用。

(3) 根据系统的变化特性，系统分为连续系统和离散系统。连续系统是时间和各个组成部分的变量都具有连续变化形式的系统。当系统各个物理量随时间变化的规律不能用连续函数描述时，而只在离散的瞬间给出数值，这种系统称为离散系统。

4. 系统的要素

对于一个系统来说，不论它是大是小，都必然存在三个要素，即实体、属性和活动。

所谓实体是指组成系统的具体对象。例如在商品销售系统中的实体有经理、部门、商品货币、仓库等。系统中的各个实体既具有一定的相对独立性，又相互联系构成一个整体。所谓属性是指实体所具有的每一项有效特性。例如商品的属性有生产日期、进货价格、销售日期、售价等。所谓活动是指随着时间的推移、在系统内部由于各种原因而发生的变化过程。例如零售商品价格的增长等。

系统是在不断地运动、发展、变化的。由于组成系统的实体之间相互作用而引起实体属性的变化，使得在不同的时刻，系统中的实体和实体属性都可能会有所不同，这种变化通常用状态的概念来描述。在任意给定时刻，系统中实体、属性以及活动的信息总和称为系统在该时刻的状态；用于表示系统状态的变量称为状态变量。

系统不是孤立存在的。自然界中的一切事物都存在着相互联系和相互影响。任何一个系统都将经常由于系统之外出现的变化而受到影响。这种对系统的活动结果产生影响的外界因素称为系统的环境。在对一个系统进行分析时,必须考虑系统所处的环境,而首要的便是划分系统与其所处环境之间的边界。

系统边界包围系统中的所有实体。系统边界的划分在很大程度上取决于系统研究的目的。例如在商品销售系统中,如果仅考虑商品仓库库存量的变化情况,那么系统只需包括采购部门、仓库以及销售部门即可。但若要研究商品进货与销售的关系时,系统中还要包括市场调查部门,因为商品销售状况及对进货的影响这部分职能是由该部门完成的。另一方面,系统在某些条件下是可以分解的。也就是说,构成系统的某个实体本身也可以看成为一个单独的系统来进行分析研究,这个系统称为原系统的一个子系统或分系统。系统研究包括系统分析、系统综合和系统预测等方面。

研究系统首先需要描述清楚所研究系统的实体、属性、活动及环境。因为系统的概念不仅与实体有关,而且与研究者的目的有关,只有在对实体、属性、活动、环境作了明确的描述之后,系统才是确定的。

1.1.2 系统模型

1.1.2.1 模型

1. 模型的定义

模型是对于现实世界的事物、现象、过程或系统的简化描述,或其部分属性的模仿。在一般意义下是指模仿实物或设计中构造物形状制成的雏形,其大小可以分为缩小型、实物型和放大型。有些模型甚至连细节都与实物一模一样,有些则只是模仿实物的主要特征。模型的意义在于可通过视觉了解实物的形象,除了具有艺术欣赏价值外,在教育、科学研究、工业建设、土木建筑和军事等方面也有极大的效用。

模型是对相应的真实对象和真实关系中那些有用的、令人感兴趣的特性的抽象,是对系统某些本质方面的描述,它以各种可用的形式提供被研究系统的信息。模型描述可视为是对真实世界中的物体或过程相关信息进行形式化的结果。

2. 模型的组成

任何模型都是由三个部分组成的,即目标、变量和关系。

(1) 目标。编制和使用模型,首先要有明确的目标,也就是说,这个模型是干什么用的。只有明确了模型的目标,才能进一步确定影响这种目标的各种关键变量,进而把各变量加以归纳、综合,并确定各变量之间的关系。

(2) 变量。变量是事物在幅度、强度和程度上变化的特征。在组织行为学研究中要测定三种类型的变量,即自变量、因变量和中介变量。

因变量在组织行为学中就是所要测量的行为反应,而自变量则是影响因变量的变量。在组织行为学中通用的因变量是生产率、缺勤率、离职率以及工作满意度等,而通用的自变量也是各种各样的,如个性、领导方式、沟通方式、奖励制度、组织设计、工作压力水平等。

中介变量又称干扰变量,它会削弱自变量对因变量的影响。中介变量的存在会使自变量与因变量之间的关系更加复杂。例如,加强现场监督(自变量)会使工人劳动生产率提高(因变量),但还要加上一个条件,即这种效果要视任务的复杂程度而定。这里的任务复杂程度就是中介变量。

(3) 关系。确定了目标,确定了影响目标的各种变量之后,还需要进一步研究各变量之间的关系。在确定变量之间的关系时,对何者为因、何者为果的判断,应持谨慎态度。不能因为两个变量之间存在着统计上的关系,就简单地认为它们之间存在着因果关系。现实生活中有许多表面上看来是因果关系的情况,实际上并不一定是真正的因果关系。

3. 模型的特性

由实际系统构造出模型的任务主要包括两方面内容:一是建立模型结构,二是提供数据。在建立模型结构时,主要确定系统的边界,鉴别系统的实体、属性和活动。而提供数据则要求能够使包含在活动中的各个属性之间有确定的关系。在构建模型结构时,要满足两个前提条件:一是要细化模型研究的目的,二是要了解有关特定的建模目标与系统结构性质之间的关系。

一般来说,系统模型的结构具有以下一些性质:

(1) 相似性。模型与所研究的系统具有相似的特征和变化规律,这就是说真实系统与模型之间具有相似的物理属性或数学描述。

(2) 简单性。从实用的观点来看,由于在模型的建立过程中,忽略了一些次要因素和某些非可测变量的影响,故实际的模型已是一个被简化了的近似模型。一般来说,在实用的前提下,模型越简单越好。

(3) 多面性。对于由许多实体组成的系统来说,由于其研究目的不同,所要收集的与系统有关的信息也不同,所以用来表示系统的模型并不唯一。由于不同的分析者所关心的是系统的不同方面,或者由于同一分析者要了解系统的各种变化关系,所以对同一个系统可以产生相应于不同层次的多种模型。

4. 模型的种类

(1) 数学模型。数学模型是指在对实际问题进行分析和高度抽象基础上所建立的一组数学表达式(公式),它是客观事物运行规律和变化发展趋势的反映。

在信息处理系统中，通过对数学模型的处理，可以实现人类掌握客观事物发展变化规律的目的。

(2) 程序模型。程序模型是指对实际问题求解的一种形式化的表达方法。它可以是一组有序的求解问题的公式，也可以是一个问题的处理流程(框图或步骤)，甚至可以是我们常用来解决某个实际问题的计算机语言程序模块等。

(3) 逻辑模型。逻辑模型是指我们在实际描述某类管理问题时的逻辑表达方式。这种逻辑表达方式的内容不外乎是：条件—结果—、IF—THEN—ELSE—、AND、OR、NOT、大于(GE)、小于(LE)、等于(EQ)、所有(∀)、存在(∃)等。逻辑模型可以通过表达式、图和关系表等几种形式来表示。

(4) 结构模型。结构模型是指系统按一个个子系统有序构成的结构形式。结构模型可分为两类，反映逻辑关系的为逻辑结构模型，反映实际物理构成关系的为物理结构模型。

(5) 方法模型。方法模型是指在求解某一问题的众多方法中，拟采用哪种方法，以及用该种方法求解问题的基本形式。在信息系统开发过程中，方法模型的选定是客观的、战略型的，它的好坏与否(即是否适用于本单位情况)直接关系到系统开发工作的效率。

(6) 分析模型。分析模型是对管理问题分析的方法。分析模型可以是一组用于分析问题的数学模型加上图形、图表等软件工具，也可以是某个分析问题的方法、思路、工具和经验等。

(7) 管理模型。管理模型是对某个问题和业务管理控制方式的统称。管理模型可以是一个定量化的管理方法(即数学模型)，也可以是一套规范化的管理过程或规章制度等。

(8) 数据模型。数据模型一般多指在设计和建立数据库时，用于提供数据表示和操作手段的形式构架。数据模型是严格定义的概念集合，这些概念精确地描述了系统的静、动态特征和完整性约束条件。因此，数据模型通常由数据结构模型、数据操作模型和数据的完整性约束模型三部分组成。

(9) 系统模型。系统模型一般多指系统内部的结构形式以及各部分之间的连接方式。在信息系统开发方法中所讨论的系统模型不同于在系统工程中所说的系统模型(一个反映特定物理问题的数学模型)，它一般是指一个信息系统的结构模型，故常用结构图来表达。

5. 建立模型的步骤

从某种意义上说，模型是人们间接地研究和处理事物的一种工具，模型的种类如此繁多，如何准确地分析事物，建立起能适当反映事物变化的模型，就成了解决问题的关键。建立适当的模型一般分为如下几个步骤：

(1) 客观、正确地调查和分析你所要解决的问题；

(2) 在弄清了问题的实质和关键所在后，根据你拥有的知识进行归纳和总结；

(3) 抽象地建立起求解问题的模型；

(4) 考察和证实模型是否准确地反映了实际问题运行的规律。

1.1.2.2 系统模型

1. 系统模型的作用

(1) 有助于提取系统需求信息。由于系统本身的复杂性，使用模型可以在不同细节层次上来描述系统。

(2) 有助于系统分析员整理思路。建立模型的过程能帮助系统分析员澄清思路和改良设计，建模过程本身对系统分析员有直接的帮助。

(3) 有助于系统的分解和集成。管理信息系统往往是复杂的，在系统分析阶段对系统需求建模有助于问题的简化，并能够使系统分析员的精力一次只集中在系统的几个方面上。

(4) 有助于记忆和把握相关细节。系统分析需要收集和处理数量庞大的信息，规范通用的模型成为帮助记忆的有效工具。

(5) 有助于系统开发小组以及小组成员之间进行交流。通用规范的模型是项目小组成员之间进行交流和协作的有效工具。

(6) 为未来的维护和升级提供文档参考。系统分析员建立的需求模型可以作为以后的开发小组在维护和升级系统时的文档，使以后的开发者能够继续使用。

2. 系统建模的要求、遵循原则和方法

系统建模的要求可概括为：现实性、简明性、标准化。

系统建模的遵循原则是：①切题；②模型结构清晰；③精度要求适当；④尽量使用标准模型。

根据系统对象的不同，则系统建模的方法可分为推理法、实验法、统计分析法、混合法和类似法。

根据系统特性的不同描述，则系统建模的方法可以有状态空间法、结构模型解析法(ISM)以及最小二乘估计法(LKL)等。其中，最小二乘估计法(LKL)是一种基于工程系统的统计学特征和动态辨识，寻求在小样本数据下克服较大观测误差的参数估计方法，它属于动态建模范畴。

1.2 系统仿真

1.2.1 系统仿真的概述

1. 系统仿真的定义

从一般意义上讲,系统仿真可以被理解为:在对一个已经存在或尚不存在但正在开发的系统进行研究的过程中,为了了解系统的内在特性,必须进行一定的实验,而由于系统不存在或其他一些原因,无法在原系统上直接进行实验,只能设法构造既能反映系统特征又能符合系统实验要求的系统模型,并在该系统模型上进行实验,以达到了解或设计系统的目的。由此可见,系统仿真本质上是由三个要素构成的,即系统、系统模型和实验。系统是问题的本源,是系统分析的目的;实验是解决问题达到目的的手段;而系统模型则是连接系统和实验(目的和手段)之间的桥梁。

系统仿真是一项社会实践活动。凡是包含系统、系统模型和实验三个要素的活动都可以广义地理解为系统仿真活动。

2. 系统仿真的实质

(1) 系统仿真是一种对系统问题求数值解的计算技术。尤其当系统无法通过建立数学模型求解时,可以用仿真技术来处理。

(2) 仿真是一种人为的试验手段。它和现实系统实验的差别在于,仿真实验不是依据实际环境,而是作为实际系统映象的系统模型以及相应的"人造"环境下进行的。这是仿真的主要功能。

(3) 仿真可以比较真实地描述系统的运行、演变及其发展过程。

1.2.2 系统仿真的一般步骤

对于每一个成功的仿真研究项目,其应用都包含着特定的步骤。不论该研究的类型和目的,仿真的过程是保持不变的。一般要进行如下9步:①问题定义;②制定目标;③描述系统并对所有假设列表;④罗列出所有可能替代方案;⑤收集数据和信息;⑥建立计算机模型;⑦校验和确认模型;⑧运行模型;⑨分析输出。下面对这九步作简洁的定义和说明。它不是为了引出详细的讨论,仅仅起到抛砖引玉的作用。注意仿真研究不能简单遵循这九步的排序,有些项目在获得系统的内在细节之后,可能要返回到先前的步骤中去。同时,验证和确认将贯穿于仿真工程的每一个步骤当中,如图1-1所示。

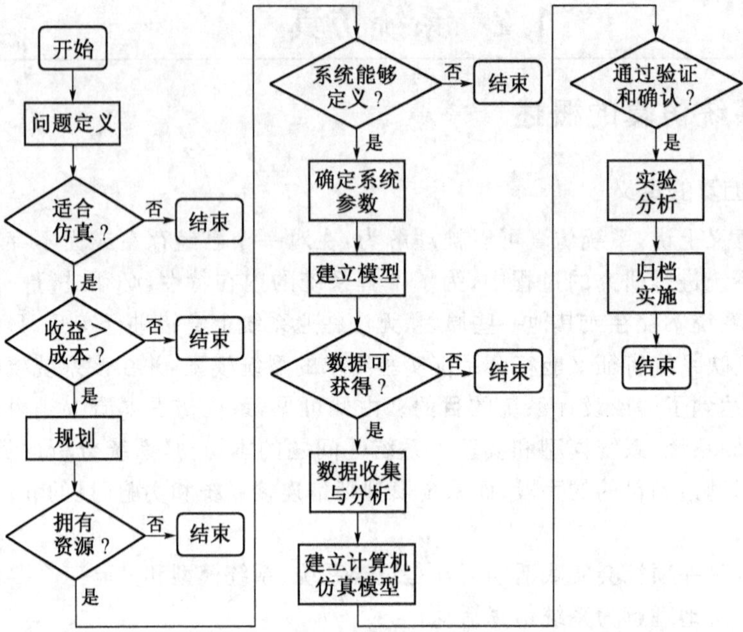

图 1－1

给出一个系统的数学模型之后，有时用分析手段就可以求解系统有关的信息，但是当不能应用分析法的时候，就需要应用仿真方法求解。

与应用数学分析方法求解问题相比较，仿真方法求解问题的主要缺点就是它只能给出问题的特解而不能给出问题的通解。然而，能用数学分析法求解的问题的范围毕竟有限，用数学分析法求解问题时，要对系统加以抽象和近似处理，以使模型适于用数学分析方法求解。在许多方面，理想情况下是把仿真方法的应用，作为已经得到的、过于简化的数学分析解答的一种补充。

系统、模型与仿真三者之间有着十分密切的关系，系统是研究对象，模型是系统特性的描述，仿真则包含建立模型及对模型进行试验两个过程。

1.3 系统仿真技术的发展

系统仿真方法的研究和应用已经有了很长的历史。在古代，人们已经从长期的生产劳动实践活动中总结出朴素的仿真思想。例如，古代的房屋屋顶多数为桁梁式建筑，在建房过程中需要使用大量的木料。为了使屋顶稳定牢靠，除了要选择材质较好粗细适当的木料外，整个屋顶的桁架结构必须满足一定的几何形状要求。也就是说，桁梁上的每一根木料都有确定的长度尺寸要求，木料的长短将影响整个屋顶结构的稳定性。那么如何来确定屋顶上每一根木料的具体长度呢？

显然不能拿实际的木料到屋顶上去试,这样既花费工时又可能造成木料不必要的浪费。这个问题对现代人来说是非常简单的,利用几何和三角学的原理立刻可以解决。但在古代科学尚不发达的情况下,解决的办法只有一个,即在地面上按实际尺寸的一定比例模拟制作一个屋顶。经过若干次实验确定了稳定的结构之后,量出模拟屋顶上每一根相应木料的长度,再按比例放大,即可得到实际木料所需的长度。这是一个很典型的通过构造模型,并进行实验,从而获得系统特性的系统仿真实例。

仿真作为一门技术科学,是在19世纪末20世纪初工业技术有了长足发展之后确定下来的。伴随着工业技术的进步,仿真技术也不断地发展。例如,随着电子技术的发展,人们发现可以利用模拟电路去研究工业控制过程中的实际问题,由此产生了现代控制理论。而这个模拟电路就是工业控制系统的一个模型,通过在这个模型上进行实验,就可以解决实际控制过程中产生的问题。又例如,飞机设计过程中,对飞机的外形要求非常严格,因为气动外形将最终影响整个飞机的飞行特性。由于飞机造价昂贵,用真实的飞机去进行实验是不现实的,为了获得飞机外形的气动数据,尤其是飞机机翼的气动数据,必须制作各种不同形状的机翼模型放到风洞中进行实验。风洞实验的结果改进了飞机的设计理论,利用这个理论又可以去设计新型的飞机。在这个时期,人们在利用仿真方法研究或求解问题时,都是利用实物去构造与实际系统成比例的物理模型,再在这个模型上进行实验。如果这种实验是破坏性的,那么每次实验都要重新构造实物模型,带来很大的麻烦和浪费。

1946年,世界上第一台电子计算机在美国诞生。在随后的50年中,计算机技术的发展速度惊人,当今计算机的计算能力和信息处理能力已经比最初的那台笨重的以电子管为主体的机器提高了成千上万倍。如果说早期的仿真主要是利用实际物理模型的比例仿真,那么,现代仿真技术则是与计算机的发展密切相关的。目前所讲的仿真技术一般就是指计算机仿真技术。随着计算机硬件和软件水平的提高,计算机仿真技术也得到了很大的发展。历史上第一个仿真软件是由塞尔弗里奇(R. G. Selfridge)在1955年开发的。他完成了利用辛普森方法进行数值积分的仿真程序设计工作。此后,仿真软件的发展经历了四个阶段:

第一阶段是20世纪50年代到60年代初期,以Fortran语言为代表的通用程序设计语言阶段。Fortran语言是达到成熟的第一个高级程序设计语言。当时几乎所有用于求解数学表达式的程序都是用Fortran语言编写成的,即使在目前,也有许多大型的通用仿真语言是基于Fortran语言编制的。

第二阶段是20世纪60年代到70年代,这个阶段出现了多种仿真程序包及初级仿真语言。这个时期仿真软件主要解决的问题是利用数字仿真方法求解常微分方程组。例如,1961年由贝尔实验室开发的用于实现数据采集系统仿真的面向框图的程序 BLODI(Block Diagram Compiler),1962 年为了工业动力学系统仿真专门开发的语言 DYNAMO(DYNAmic Models),1963 发表的用于求解常微分方程组的仿真程序 MIDAS(Modified Integration Digital Analog Simulator)等等。1967 年,为了促进已有的几十种数字仿真语言的标准化,美国计算机仿真学会 SCS 提出了 CSSL(Continuous System Simulation Language)标准,其后开发的仿真语言大都遵循这个标准。在此阶段的仿真语言中,比较典型的还有 1964 年由 IBM 公司的 G. 戈登(Gordon)开发的、高度结构化的、利用进程交互法进行排队问题仿真的专用仿真语言 GPSS(General Purpose Simulation System)。

第三阶段是 20 世纪 70 年代到 80 年代初期,这个阶段出现了高级完善的商品化仿真语言。这个阶段仿真语言的特点是在以下几个方面比早期的仿真语言更加成熟和全面:

(1) 模型的表达能力;

(2) 数值性能和算法;

(3) 语言的结构特征;

(4) 模型验证;

(5) 程序执行方式;

(6) 数据管理和处理能力;

(7) 输入输出特性。

例如,在 20 世纪 70 年代中期推出的算法全面、功能强大的求解常微分方程和差分方程问题的仿真语言 CSSL-Ⅳ和 ACSL(Advanced Continuous Simulation Language),以及 1971 年推出的用于离散事件仿真的可以用类似自然语言自由格式描述系统模型的仿真语言 Simscript 1.5 和应用广泛的随机网络建模的 SLAM 仿真语言。

第四阶段是 20 世纪 80 年代中期开始的一体化建模与仿真环境研究。其背景是:

(1) 随着建模与仿真工作要求的提高,已开发的各种仿真软件经常不能协调地工作;

(2) 对仿真语言的要求越来越复杂;

(3) 存在大量的数据处理及文档化工作;

(4) 不同的用户(建模者、仿真实验人员、决策者)对仿真工具有不同的要求;

(5) 计算机网络技术和数据库技术有较大的发展。

一体化建模与仿真环境的主要性能表现在:

(1) 支持建模与仿真的全寿命周期活动;

(2) 集成化程度高;

(3) 方便友好的用户接口;

(4) 初步的知识处理能力;

(5) 模型与仿真的质量保证措施;

(6) 开放性。

在当今市面上,仿真可用使用专用软件来实现。下面列举一些仿真软件:20-sim、ED、taraVRbuilder、Proplanner、AnyLogic、arena、Automod、Awesim、Easy5、Idef、Intrax、Manufacturing Engineering、Matlab、Modsim、Promodel、Prosolvia、Quest、SDI supply chain 以及 Witness。

1.4 物流系统建模

1.4.1 物流系统的概念

物流系统是指在一定的时间和空间里,由所需输送的物料和包括有关设备、输送工具、仓储设备、人员以及通信联系等若干相互制约的动态要素构成的具有特定功能的有机整体。随着计算机科学和自动化技术的发展,物流管理系统也从简单方式迅速向自动化管理演变,其主要标志是自动物流设备的出现,如自动导引车(AGV-Automated Guided Vehicle)、自动存储、提取系统(AS/RS-Automated Storage/Retrieve System)、空中单轨自动车(SKY-RAV-Rail Automated Vehicle)、堆垛机(Stacker Crane)、物流计算机管理与控制系统。物流系统的主要目标在于追求时间和空间效益。

1.4.2 物流系统的事件与活动

1. 物流系统的事件

事件是指引起系统状态变化的行为,是系统状态变化的主要驱动力。在物流系统中,一个事件是指能引起某个功能要素的对象在某个时刻状态发生改变的行为。物流系统中事件的特点主要表现在以下两个方面:①它是某一时刻发生的行为;②它的发生能使整个物流系统的作业发生变化。

2. 物流系统的活动

物流系统的活动指实体在两个物流事件之间保持某一状态的持续过程。

物流系统的功能要素是由一系列有序的活动组成的有规则的集合。事件是系统状态转变的起因,而活动则是系统状态转移的标志。在物流系统中,由事件引起的系统状态变化很常见。例如,对于仓储物品的到达这一事件,由于该事件的发生,仓储系统的货位可能会从“空闲”变为“非空闲”。从物品到达直至这一物品从该货位取出,物品都是处于在货位中存储的状态,也可以说是处于“存储”活动中。存储活动的开始或结束标志着物品的到达和离去，也标志着货位的空闲与非空闲的转变。

以下分别介绍仓储、运输和配送过程中的典型事件与活动。

(1) 仓储过程的事件与活动。在整个仓储过程中，货物的到达事件是整个过程发生的驱动力。在该事件的驱动下，仓库中的库位状态、库存数量和库存物品种类等一些行为和属性都会随之发生改变。另外，客户需求的到达事件发生，也会使仓库中的一些实体的状态和属性发生改变，同时仓库中其他活动也会发生，例如，分拣理货、配货作业、对货物的再包装、拆箱拼箱等服务活动。然后出库离开事件发生，再次导致仓库中的库存状态、库存数量等的改变。

(2) 运输过程的事件与活动。运输过程一般包含三个部分，即发送货物、物流运输和接收货物。这三部分通过事件或活动相互作用和相互联系。在发送货物阶段，“客户订单到达”事件的发生标志着订单处理活动的开始，也表示整个运输功能前期工作的开始。然后，进入运送计划活动的执行阶段，系统会根据发生事件的不同而开始进行不同的活动。如果“运送计划到达”事件发生，则会进行物流运输阶段的调配计划车辆活动；如果是“发货请求”或“运货请求”到达，则会进行分拣发货活动。随着“货物确认与接收”命令的到达，进行核对货物和确认货物。在货物确认结束后，接收货物活动则会开始进行，而接收货物的结束则标志着整个运输过程的结束。

(3) 配送过程的事件与活动。在配送的过程中，系统接到用户的配送指令，标志着配送中心或其他物流据点配送计划制订与下达活动的开始。首先，根据用户配送指令中的品种要求和数量要求，进行集货活动；然后，根据货物的时间要求进行储存方式的选择和货物的储存；接着，根据客户对货物的包装、运输方式、数量、品种等的要求，进行配送加工、分拣、配货和配装活动；并在确定运输路线后，对货物进行配送运输；最后根据客户反馈的意见进行送达服务。

1.4.3 物流系统建模的原则

物流系统是一个复杂的离散事件动态系统，具有随机性、非线性、复杂性、适应性、多样性、离散性和动态性等特点。物流系统模型是对物流系统的特征要素及其相互关系和变化趋势的一种抽象描述，反映了物流系统的一些本质特征。物流系统模型用于描述物流系统要素之间的相互关系、系统与外部环境的相互作用等。物流系统的复杂性，决定了物流系统模型建立的复杂性。建立一个简明、适用的物流系统模型，将为物流系统的分析、评价和决策提供可靠的依据。一般而言，建立系统模型要满足现实性、简明性和标准化三条最基本的要求：

(1) 现实性是指系统模型要在一定程度上较好地反映系统的客观实际，反映系统本质特征及其关系，去掉非本质的东西。

(2) 简明性是指在满足现实性要求的基础上,应尽量使系统模型简单明了,以节约建模的费用和时间。如果一个简单的模型能解决问题,就不要去建一个复杂的模型,因为建立一个复杂的模型并求解要付出很高代价。

(3) 标准化是指如果已有标准化模型可供借鉴,则应尽量采用标准化模型,或者对标准化模型做某些修改,使之适合对象系统。

然而,上述三个要求通常会相互抵触,容易顾此失彼。例如,如果模型复杂一些,则现实性很强,但建模和求解都相当困难,也很难满足标准化的要求。一般的处理原则是,在现实性的基础上,达到简明性,再尽可能满足标准化要求。

根据系统建模的这三条基本要求,建立物流系统模型时,必须遵循以下基本原则:

(1) 准确性。模型必须反映现实系统的本质规律。模型中包含各种变量、数据、公式和图表,模型一旦确定,就必须根据这些数据、公式和图表,来求解和研究模型。因此,数据必须可靠,公式和图表必须正确,有科学依据,合乎科学规律和经济规律。

(2) 现实性。模型既然是实际系统的替代物,就必须能反映实际系统的本质,而且必须具有一定的精确度。如果一个模型不能在本质上反映实际系统,或者在某些关键部分缺乏一定的精确度,那么就存在着潜在的危险。

(3) 简明性。模型的表达方式应明确、简单、抓住本质。一个实际系统可能是相当复杂的,如果模型也很复杂,则构造和求解模型的费用太大,甚至由于因素太多,模型难以控制和操纵,从而失去建模的意义。

(4) 规范性。模型必须能方便用户,因此要努力使模型标准化、规范化,要尽量采用已有的模型。在建立一个实际系统模型时,如果已经有人建立过类似的模型,甚至已经有了标准模型,则应该尽量利用现有的模型,这样既可以节省时间和精力,又可以节约建模费用。

(5) 渐进性。人对系统的认识有一个由浅入深的过程,因此建模不是一蹴而就的事情。开始建模时,可以设计得粗一些,参数和变量不宜太多,但是要注意灵敏性问题,即关注模型对哪些参数或变量的改变特别敏感;然后逐步增加有关细节,逐渐增加参数和变量,最后达到一定的精度。

1.4.4 物流系统建模的步骤

不同条件下建模方法虽然不同,但是建模的全过程始终离不开了解实际系统、掌握真实情况、抓住主要因素、弄清变量关系、构建模型、反馈使用效果、不断改进以逐渐向实际逼近。

不同条件下的建模方法不同,但建模的全过程始终离不开了解实际系统,其步骤可归纳如下:

(1) 弄清问题,掌握实际情况,确定输出输入变量及其表达方式。

(2) 搜集资料,对资料进行分类,概括出本质内涵,分清主次变量。

(3) 确定因素之间的关系,列出必要的表格,绘制出图形和曲线等。

(4) 构造模型。在充分了解资料的基础上,构造一个能代表所研究系统的数量变换数学模型。

(5) 求解模型。用解析法或数值法求解模型最优解。

(6) 检验模型的正确性。

建立了物流系统模型以后,就可以通过系统模型来代替现实的系统进行试验,用以解决物流系统实际运作中的某些问题,指导生产管理。

1.4.5 物流系统建模方法概述

物流系统的建模方法主要有以下几种:

1. 优化方法

优化方法是指运用线性规划、整数规划、非线性规划等数学规划技术来描述物流系统的数量关系,以便求得最优决策。物流系统庞大而复杂,建立整个系统的优化模型一般比较困难,用计算机求解大型优化问题的时间和费用太大,因此优化模型常用于物流系统的局部优化,并结合其他方法求得物流系统的次优解。

2. 模拟方法

模拟方法是指利用数学公式、逻辑表达式、图表、坐标等抽象概念来表示实际物流系统的内部状态和输入输出关系,以便通过计算机对模型进行试验,通过试验取得改善物流系统或设计新的物流系统所需要的信息。虽然模拟方法在模拟构造、程序调试、数据整理等方面的工作量大,但由于物流系统结构复杂,不确定情形多,所以模拟方法仍以其描述和求解问题的能力优势,成为物流建模的主要方法。

3. 启发式方法

启发式方法是指针对优化方法的不足,运用一些经验法则来降低优化模型的数学精确程度,并通过模仿人的跟踪校正过程求取物流系统的满意解。启发式方法能同时满足详细描绘问题和求解的需要,比优化方法更为实用;其缺点是难以知道什么时候好的启发式解已经被求得。因此,只有当优化方法和模拟方法不必要或不实用时,才使用启发式方法。

除了上面三种主要方法外,还有其他的建模方法,如用于预测的统计分析法、用于评价的加权函数法、功效系统法及模糊数学方法。

本章小结

本章首先对系统的基本概念与思想进行了叙述，并介绍了系统的特点、构成要素及系统的分类，接着介绍了系统模型的概念及分类，然后阐述了系统仿真的概念、实质及方法，并按照历史的梗概介绍了系统仿真技术的发展，本章的最后，在兼顾物流系统一般特性与特殊特性的基础上，对物流系统理论进行了阐述，包括对物流系统的基本概念、物流系统的事件与活动、物流系统建模的原则、物流系统建模的步骤及物流系统建模方法进行了阐述。

习 题

1. 如何理解系统的概念和特性？系统如何分类？
2. 如何理解系统模型的概念？系统模型包括哪些？
3. 如何理解系统、系统模型和系统实验的关系？
4. 简述系统仿真的发展。
5. 列举系统仿真技术包括哪些。
6. 以物流系统中的某一过程为例，描述这个系统中的事件与活动。

第 2 章 仿真数据的输入分析

2.1 随机变量和概率分布

2.1.1 随机变量与随机数

1. 随机变量的概念

在许多仿真过程中，事件的发生是随机的，或者事件的属性值的确定具有偶然性。仿真广泛应用的决策逻辑中，偶然性的影响和作用非常大，这就需要有一个决策模块，它能够指导仿真器在某些运行中采用一条给定的路径，而在其他的运行中采用其他的路径。由于随机因素的存在，在建模过程中就可能需要用服从各种分布的随机变量来描述系统中存在的随机和偶然性问题。

如果试验的每个结果用变量的一个值来表示，即 ξ 的值根据试验结果来确定，因而它取什么值是随机的，而且对任意实数 χ，$\xi<\chi$ 是一个随机事件，这种变量称为随机变量。

一个随机试验有很多种结果，怎样能方便地把这一系列结果及其相应的概率一起表达出来，并且应用现代数学的方法来研究呢？

很多随机试验，其一系列结果可以用一数值变量取一系列值来表示。例如：

(1) 某段时间内某寻呼台接到的呼叫数可以用一变量 ξ 取非负整数值表示：$\xi=0,1,2,\cdots$。“$\xi=2$”表示随机事件{这段时间内有 2 人要求传呼}，“$\xi=0$”则表示事件{这段时间内没有人要求传呼}。

(2) 对某物体的长度进行测量，一切可能的测量值构成一样本空间 $\{\omega:\omega\in(a,b)\}$。可以直接用一变量 η 跟测量的结果联系起来：“$\eta\in[1.5,2.5]$”表示事件{测量值在 1.5 与 2.5 之间}。

这些变量所取的值是由随机试验的结果决定的，因此可以说是样本点的函数，我们把它叫做随机变量，常用希腊字母 ξ,η,ζ 等或用大写的英文字母 X、Y 等来表示。也就是说，一个随机变量 ξ 是 ω 的函数：$\xi=\xi(\omega),\omega\in\Omega,\xi(\omega)\in R^1$。

我们不仅关心随机变量可取哪些值，更重要的是关心取某些值的概率。由于随机变量本身取实数值，而对实数来说，我们通常感兴趣的是单点集或某个区间

$[a,b]$或若干个这种区间的并、交,因此希望:$\{\omega:\xi(\omega)\in[a,b]\}$是事件,以便有概率可言。更进一步,为了进行事件的运算与概率的运算,还要求这些区间的可列并、交、逆都代表事件。我们把直线上由左开右闭区间经过并、交、逆等运算得到的点集 B 称为波雷尔集,包括一切单点集,有限或无限的开区间,闭区间,半开半闭区间,以及它们的有限个或可列个的并、交。波雷尔集的全体 B 称为波雷尔域。上述要求相当于把直线上的波雷尔集 B 与事件$\{\omega:\xi(\omega)\in B\}$相对应,把波雷尔域 B 与事件域 F 相对应。

由上述说明,我们给出随机变量在数学上的严格定义:

定义 1 设 $\xi(\omega)$是定义在概率空间$\{\Omega,F,P\}$上的单值实函数,且对于 $\mathbf{R}$ 上的任一波雷尔集 B,有

$$\xi^{-1}(B)=\{\omega:\xi(\omega)\in B\}\in F \tag{2.1}$$

就称 $\xi(\omega)$为随机变量(Random Variable),而称$\{P[\xi(\omega)\in B]\}$①为随机变量 $\xi(\omega)$的概率分布(Probability Distribution)。

写出一个随机变量的概率分布是很复杂的问题,它是对一个随机变量的完整描述。而在很多情况下,只需要对一系列特殊的波雷尔集求得①的概率就能决定整个概率分布了。

物流系统中工件的到达、运输车辆的到达和运输时间等一般都是随机的。对于有随机因素影响的系统进行仿真时,首先要建立随机变量模型,即确定系统的随机变量并确定这些随机变量的分布类型和参数。对于分布类型是已知的或者是可以根据经验确定的随机变量,只要确定它们的参数就可以了。

建立了随机变量模型后,还必须能够在计算机中产生一系列不同分布的随机变量的抽样值来模拟系统中的各种随机现象。随机变量的产生基础是随机数,随机数可以通过对$[0,1]$区间上均匀分布抽样生成。随机变量的抽样值产生的实际做法通常是,首先产生一个$[0,1]$区间的、连续的、均匀分布的随机数,然后通过某种变换和运算产生其所需要的随机变量。得到$[0,1]$区间均匀分布的、有良好的独立性、周期长的随机数后,下面的问题是如何产生与实际系统相应的随机变量。产生随机变量的前提是根据实际系统随机变量的观测值确定随机变量的分布及其参数。

2.1.2 常用概率分布

1. 概率定义

在许多仿真过程中,事件的发生是随机的,或者事件的属性值的确定具有偶然性。例如,仿真中广泛应用的决策逻辑中,偶然性的影响和作用是非常大的,在一个系统的运行中,已知按照一条给定的路径运行有一定的可能性。在对系统的

仿真中需要有一种方法能够选定这条路径，从而使仿真器的长期行为更加接近于真实系统。由于在多数情况下这个决策是不确定的，对路径的选择通常要基于概率关系。

数学中对概率如此解释：如果对某项试验重复进行了 n 次，事件 A 发生了 m 次，则称 A 在这次试验中的概率为 m/n。在大量重复某项试验时，就会发现事件的频率在试验次数很大而且不断增大的过程中呈现稳定性。这种统计规律性表明：事件发生的可能性大小是事件本身固有的客观属性。称事件 A 发生可能性的大小为事件 A 的概率，记为 $P(A)$。当试验次数 n 足够大时，可以用事件的频率作为事件概率的近似值，即 $P(A)\approx m/n$ 概率是一个在区间[0,1]上取值的实数。

随机变量 ξ 取值小于实数 χ 的可能性大小，即随机事件 $\{\xi<\chi\}$ 发生的概率，介于数 0 和 1 之间：

$$0\leqslant P(\xi<\chi)\leqslant 1$$

2. 常用概率分布

(1) 二点分布和均匀分布。

①两点分布。许多随机事件只有两个结果。如抽检产品的结果合格或不合格；产品或者可靠的工作，或者失效。描述这类随机事件变量只有两个取值，一般取 0 和 1。它服从的分布称两点分布。其概率分布为：

X	1	0
P_k	P	$1-P$

其中 $P_k=P(X=X_k)$，表示 X 取 X_k 值的概率：$0\leqslant P\leqslant 1$。

X 的期望

$$E(X)=P$$

X 的方差

$$D(X)=P(1-P)$$

②均匀分布。如果连续随机变量 X 的概率密度函数 $f(x)$ 在有限的区间 $[a,b]$ 上等于一个常数，则 X 服从的分布为均匀分布。

其概率分布为：

$$f(x)=\begin{cases}1/(b-a) & a\leqslant x\leqslant b\\ 0 & x<a \text{ 或 } x>b\end{cases}$$

X 的期望

$$E(X)=(a+b)/2$$

X 的方差

$$D(X)=(b-a)^2/12$$

(2) 抽样检验中应用的分布。

①超几何分布。假设有一批产品，总数为 N，其中不合格数为 d，从这批产品中随机地抽出 n 件作为被检样品，样品中的不合格数 X 服从的分布称超几何分布。

X 的分布概率为：

$$P(X=)=C_d^x C_{N-d}^{n-x}/C_N^n \qquad X=0,1,\cdots$$

X 的期望

$$E(X)=nd/N$$

X 的方差

$$D(X)=[(nd/N)][(N-d)/N][(N-n)/N](1/2)$$

②二项分布。超几何分布的概率公式可以写成阶乘的形式，共有 9 个阶乘，因而计算起来十分繁琐。二项分布就可以看成是超几何分布的一个简化。

假设有一批产品，不合格品率为 P，从这批产品中随机地抽出 n 件作为被检样品，其中不合格品数 X 服从的分布为二项分布。

X 的概率分布为：

$$P(X=x)=C_n^x P^x(1-p)^{n-x} \qquad 0<p<1 \qquad x=0,1,\cdots,n$$

X 的期望

$$E(X)=np$$

X 的方差

$$D(X)=np(1-p)$$

③泊松分布。泊松分布比二项分布更重要。我们从产品受冲击(指瞬时高电压、高环境应力、高负载应力等)而失效的事实引入泊松分布。假设产品只有经过一定的冲击次数后，产品才失效，又设这些冲击满足三个条件：

a. 两个不相重叠的时间间隔内产品所受冲击次数相互独立；

b. 在充分小的时间间隔内发生两次或更多次冲击的机会可忽略不计；

c. 在单位时间内发生冲击的平均次数 $\lambda(\lambda>0)$ 不随时间变化，即在时间间隔 Δt 内平均发生 $\lambda\Delta t$ 次冲击，它和 Δt 的起点无关。

则在$[0,t]$时间内发生冲击的次数 X 服从泊松分布，其分布概率为：

$$P(X=x)=\frac{(\lambda t)^x}{x!}e^{-\lambda t}$$

X 的期望

$$E(X)=\lambda t$$

X 的方差

$$D(X)=\lambda t$$

假设仪表受到 n 次冲击即发生故障，则仪表在$[0,t]$时间内的可靠度为：

$$R(t) = P(X < n) = \sum_{x=0}^{n-1} \frac{(\lambda t)^x}{x\,!} e^{-\lambda t}$$

其中：$x=0,1,2,\cdots,\lambda>0,t>0$。

④ x_2 分布。本分布是可靠性工程中最常用的分布之一，虽然其概率密度形式较复杂，但可由标准正态分布推出。

设有 v 个相互独立的随机变量 $X_1,X_2,\cdots,X_v$，它们服从于标准正态分布 $N(0,1)$。记 $x_2=X_{12}+X_{22}+\cdots+X_{v_2}$，$x_2$ 读作“卡方”，则 x_2 服从的分布称为 x_2 分布。它的概率密度函数为：

$$f(x^2,v)=\frac{1}{2\Gamma(v/2)}\left(\frac{x^2}{2}\right)e^{-(x^2/2)}$$

该式称为随机变量 x_2 服从自由度为 v 的 x 分布。

式中：v 为自由度，是个自然数

x_2 分布最重要的性质是：

$$\Gamma(m)=(m-1)\Gamma(m-1)$$

当 m 为整数时：

$$\Gamma(m)=m!$$

(3) 产品的寿命分布。

①指数分布。指数分布是电子产品在可靠性工程学中最重要的分布。通常情况下，电子产品在剔除了早期故障后，到发生元器件或材料的老化变质之前的随机失效阶段其寿命服从指数分布规律。

指数分布是唯一的失效率不随时间变化而变化的连续随机变量的概率分布。容易推出：

$$R(t)=e^{-\lambda t} \qquad F(t)=1-e^{-\lambda t} \qquad f(t)=\lambda e^{-\lambda t}$$

$$E(T)=1/\lambda \qquad D(T)=1/\lambda^2$$

指数分布有如下三个特点：

a. 平均寿命和失效率互为倒数；

$$\text{MTBF}=1/\lambda$$

b. 特征寿命就是平均寿命；

c. 指数分布具有无记忆性。即产品以前的工作时间对以后的可能工作时间没有影响。

②威布尔分布。从上面的描述可知，指数分布只适用于浴盆曲线的底部，但任何产品都有早期故障，也总有耗损失效期。在可靠性工程学中用威布尔分布来描述产品在整个寿命期的分布情况。

将指数分布中的$(-\lambda t)$替换为$-(t/\eta)m$，就得到威布尔分布。容易得到：

$$R(t)=e^{-(t/\eta)^m} \qquad F(t)=1-e^{-(t/\eta)^m}$$

$$f(t)=(m/n)(t/\eta)^{m-1}\mathrm{e}^{-(t/\eta)^m}$$

③正态分布与对数正态分布。正态分布又称为常态分布或高斯分布。它的概率密度函数为：

$$f(x)=\frac{1}{\sigma\sqrt{2\pi}}\mathrm{e}^{-\frac{(x-\mu)^2}{2\sigma^2}}$$

式中：$-\infty<x<\infty$

分布函数记为：

$$F(x)=\frac{1}{\sigma\sqrt{2\pi}}\int_{-\infty}^{x}\mathrm{e}^{-\frac{(s-\mu)^2}{2\sigma^2}}\mathrm{d}s$$

对数正态分布是指：若寿命 x 的对数 $\ln x$ 服从正态分布 $N(u,\sigma)$，则 x 服从对数正态分布。它的概率密度函数为：

$$f(x)=\frac{1}{t\sigma\sqrt{2\pi}}\mathrm{e}^{-\frac{(\ln x-\mu)^2}{2\sigma^2}}$$

式中：x,σ 为正数，μ 和 σ 分别称为对数正态分布的“对数均值”和“对数标准差”。

3. 为进行统计推断所构造的分布

(1) t-分布

t-分布常用于区间估计、正态总体的假设检验以及机械概率设计之中。服从 t-分布的随机变量记为 t。它是服从标准正态分布 $N(0,1)$ 的随机变量 U 和服从自由度为 v 的 x_2 分布的随机变量 $x_2(v)$ 的函数。

它的概率密度函数 $f(t)$ 为：

$$f(t)=\frac{\Gamma[(v+1)/2]}{\sqrt{v\pi}\,\Gamma(v/2)}\left(1+\frac{t^2}{v}\right)^{-(v+1)/2}$$

(2) F-分布

F-分布主要用于两个总体的假设检验与方差分析。服从 F-分布的随机变量 F 是两个相互独立的 x_2 分布随机变量 $x_2(v_1)$ 和 $x_2(v_2)$ 的函数：

$$F(v_1,v_2)=\frac{x^2(v_1)/v_1}{x^2(v_2)/v_2}$$

式中：F 只能取正值。F 分布的概率密度函数为：

$$f(F,v_1,v_2)=\frac{\Gamma[(v_1+v_2)/2]}{\Gamma(v_1/2)\Gamma(v_2/2)}\cdot v_1^{(v_1/2)}\cdot v_2^{(v_2/2)}\cdot\frac{F(v_1/2-1)}{F(v_1+v_2)^{(v_1+v_2)/2}}$$

另外还有 β-分布等。

中位秩是 β-分布的中位数，一般用下式求出：

中位秩值≈$(i-0.3)/(n+0.4)$

式中：n 为样本总数。

2.2 随机数和随机变量的生成

2.2.1 随机变量的类型

简单地说，随机变量是指随机事件的数量表现。例如一批注入某种毒物的动物，在一定时间内死亡的只数；某地若干名男性健康成人中，每人血红蛋白量的测定值；等等。另有一些现象并不直接表现为数量，例如人口的男女性别、试验结果的阳性或阴性等，但我们可以规定男性为1，女性为0，则非数量标志也可以用数量来表示。这些例子中所提到的量，尽管它们的具体内容是各式各样的，但从数学观点来看，它们表现了同一种情况，这就是每个变量都可以随机地取得不同的数值，而在进行试验或测量之前，我们要预言这个变量将取得某个确定的数值是不可能的。

按照随机变量可能取得的值，可以把它们分为两种基本类型：①离散型随机变量，即在一定区间内变量取值为有限个，或数值可以一一列举出来。例如某地区某年人口的出生数、死亡数，某药治疗某病病人的有效数、无效数等。②连续型随机变量，即在一定区间内变量取值有无限个，或数值无法一一列举出来。例如某地区男性健康成人的身长值、体重值，一批传染性肝炎患者的血清转氨酶测定值等。

2.2.2 随机数发生器

1. 随机数发生器概念

产生[0,1]区间上均匀分布的随机变量，称为随机数发生器。

2. 对随机数发生器的要求

(1) 所产生的数必须服从均匀分布。至于拟合的优良程度，建议采用大样本量的 χ_2 检验。样本容量 N 可以取 1 000 至 10 000 之间的数。

(2) 所产生的数必须是统计独立的。随机数序列中一个数的值不能影响下一个数的值。如果随机数序列缺少独立性就可能被拒绝，但随机数序列被接受并不能证明它的独立性。

(3) 所产生的随机数序列必须是可以重现的，这样就允许仿真试验重复进行。

(4) 所产生的随机数序列在任何需要的长度内必须是不重复的。这在理论上可能做不到，但从实践目的角度讲，在很多数目之后才出现重复性循环。这项要求已经能充分保证。随机数发生器的重复性循环出现的长度称为它的周期。

(5) 随机数产生的速度必须快，因为在仿真运行中通常需要处理大量的随机数,如果随机数发生器速度慢,就必然大大增加仿真运行的时间和费用。

(6) 用于产生随机数的方法应当占用尽可能小的存储空间,仿真模型通常需要大量的存储空间,而存储空间总是有限的,如此宝贵的资源在产生随机数的过程中占用得越少越好。

一个随机数序列,$R_1, R_2, \cdots, R_N$ 必须具备两个重要的性质,即均匀性和独立性。所谓均匀性是指,如果把随机数的采样区间分成 n 个相等长度的子区间,那么在每一个子区间上观察到的期望数为 N/n,其中 N 为观察总次数;独立性是指一个数值出现在一个特定子区间的概率与前面已经取到的数值无关。在最简单的情况下,一个随机数序列中的每一个随机数都是[0,1]区间上均匀分布的独立采样值。

$$p(x)=\begin{cases}1 & 0\leqslant x\leqslant 1\\ 0 & \text{其他}\end{cases}$$

该分布的概率密度函数由下式给出:这样可以得到每一个随机数的期望值为:

$$E(R)=\int_0^1 x\mathrm{d}x-\frac{1}{2}$$

$$V(R)=\int_0^1 x^2\mathrm{d}x-[E(R)]^2-\frac{1}{12}$$

运用某种算法产生随机数可能会破坏随机的基本性质,因此利用算法所产生的随机数被称为伪随机数。这些数满足一定的随机性准则,但它们的产生总是以某个称之为种子的确定的初始值开始,并且是一个完全确定的、重复的过程。

当使用伪随机序列时必须极其小心才能保证有良好的随机度以及保证重复周期足够地长。在仿真研究中对利用算法产生的伪随机数序列进行合理性检验也是非常重要的。

注意伪随机数中的"伪"字。所谓的"伪"并不意味着产生了一个假的随机数或随机数序列。这里使用"伪"字是指由一个已知的方法所产生的随机数的真正作用是排除了真正的随机性。

如果知道了产生随机数的方法,那么任何一个随机数序列便可以重复地产生出来,这样就可以认为这些数不是真正的随机数。然而,不管采用什么方法,产生随机数的目的是使所产生的随机数序列能尽可能地接近均匀分布和独立性的理想性质。

当然,利用这种方法产生的伪随机数会与理想随机性产生一定的偏差。例如所产生的数可能不服从均匀分布,数的均值太高或太低,数的方差可能太高或太低,可能存在一定的周期性变化等。正因为如此,才需要对所产生的伪随机数序列进行均匀性和独立性检验。如果检验出的偏差超出许可范围,就不能接受相应的伪随机数产生方法。

3. 常见的随机数发生器举例

(1) 线性同余发生器。

Lehmer 在 1951 年提出

$$Z_i=(aZ_{i-1}+C)(\text{mod } m)$$

其中 Z_i 是第 i 个随机数，a 为乘子，C 为增量，m 为模数，Z_0 称为随机数源或种子，均为非负整数。

Z_i 满足：$0\leqslant Z_i\leqslant m-1$，为了得到[0,1]区间上所需要的随机数 U_i，可令：

$$U_i=Z_i/m$$

Z_i 实质上完全不是随机的，因为：设

$$K_i=\text{mod}(aZ_{i-1}+C,m)$$

则

$$Z_1=aZ_0+C-mK_1$$

$$Z_2=a^2Z_0+aC-maK_1+C-mK_2=a^2Z_0+C(1+a)-m(K_2+aK_1),$$

$$\cdots$$

$$\begin{aligned}Z_n&=a^nZ_0+C(1+a+\cdots+a^{n-1})-m(K_n+K_{n-1}a+\cdots+K_1a^{n-1})\\&=a^nZ_0+C\frac{a^n-1}{a-1}(\text{mod } m)\end{aligned}$$

即一旦 m,a,C,Z_0 确定，则 Z_i 就完全确定下来了。

由于 Z_i 是[0,$m-1$]区间上的整数，那么由 Z_i 得到的 U_i 仅仅是有限个数，即为 $0,1/m,2/m,\cdots,m-1/m$，而不可能位于这些数值之外。

例 观察 $m=16,a=5,C=3,Z_0=7$ 的线性同余发生器。

i	Z_i	U_i	i	Z_i	U_i
0	7		10	9	0.563
1	6	0.375	11	0	0.000
2	1	0.063	12	3	0.188
3	8	0.500	13	2	0.125
4	11	0.688	14	13	0.813
5	10	0.625	15	4	0.250
6	5	0.313	16	7	0.438
7	12	0.750	17	6	0.375
8	15	0.938	18	1	0.063
9	14	0.875	19	8	0.500

$$Z_i = 5(Z_{i-1} + 3)(\text{mod } 16) Z_0 = 7$$

特点：

① Z_i 值确位于[0，$m-1$]区间上，因而 U_i 位于[0，1]区间内。

②适当选择 m，a，C，可使 Z_i 循环产生，无论 Z_0 取何值，其循环顺序是相同的。循环一次称为发生器的一个周期，记为 P。如果 $P=m$，则称该发生器具有满周期。

③适当地选择 m，a，C，可保证 Z_i 在[0，$m-1$]区间上一个周期内每个整数正好出现一次，从而保证了均匀性。

④为提高 U_i 的均匀性，要加大 m。

如果 m 足够大，且发生器具有满周期，那么可以预计，所得到的 U_i 在[0，1]区间上是均匀分布的，且取值是相当密的。这样就可足够近似于真正的[0，1]区间上的均匀分布 $U(0,1)$。

如何选择 m，a，C，才能保证线性同余发生器具有满周期呢？

定理：当且仅当下列条件满足时，线性同余发生器具有满周期：

① m 与 C 能同时被整除的唯一正整数是 1。

② 如果 q 是整除 m 的素数（q 只能被自身及 1 整除），则 q 能整除 $a-1$。

③ 如果 m 能被 4 整除，则 $a-1$ 也能被 4 整除。

混合乘同余发生器：一般选择 $m=2^b$，C 为奇数，而 a 可被 4 整除，将得到满周期。

乘同余发生器：$C=0$，无论怎样选择 m，则定理的条件①满足不了，因而不可能得到满周期。是否存在一个大缺口亦难以确定。

素数取模乘同余法（PMMLCG）：m 是小于 2^b 的最大素数，而 a 的选择满足 a^l-1 被 m 整除的最小整数 $l=m-1$，也就说能被 m 整除的(a^l-1)的最小整数为 $a^{m-1}-1$，那么得到的 Z_i 的周期为 $m-1$，且在每个周期内，1，2，…，$m-1$ 这些整数严格地只出现一次。

PMMLCG 的优点：它能避免"缺口"问题，m 能容易确定，不需要选择 C，若 m 足够大，其周期也很长。两个经过检验的、性能较好的 PMMLCG 为：

$$Z_i = 5^5 Z_{i-1}(\text{mod } 235-31) \qquad Z_i = 8^5 Z_{i-1}(\text{mod } 231-1)$$

(2)组合发生器。

将两个独立的线性同余发生器组合起来，即用一个发生器控制另一个发生器产生随机数，因而称为组合发生器。

控制方法：

①首先从第一个发生器产生 K 个 $Z_i(U_i)$，得到数组 $U=(U_1,U_2,\cdots,U_K)$ 或 $Z=(Z_1,Z_2,\cdots,Z_K)$；然后用第二个随机数发生器产生在[1，K]区间上均匀分布的随机整数 I；以 I 作为数组 U（或 Z）的元素下标，将 U_I 或 Z_I 作为组合发生器产

生的随机数,然后从第一个发生器再产生一个随机数来取代 U_I 或 Z_I,依次下去。

②设 $Z_i^{(1)}$ 与 $Z_i^{(2)}$ 分别是由第一个与第二个线性同余发生器产生的随机数,则令 $Z_i^{(2)}$ 的二进制表示的数循环移位 $Z_i^{(1)}$ 次,得到一个新的位于 0 到 $m-1$ 间的整数 $Z_i^{(2)\prime}$;然后将 $Z_i^{(1)}$ 与 $Z_i^{(2)\prime}$的相应二进制位"异或"相加得到组合发生器的随机变量 Z_i,且令 $U_i=Z_i/m$。

优点:大大减少自相关,提高了独立性;还可以加长发生器的周期,提高随机数的密度,从而提高了均匀性;而且它一般对构成组合发生器的线性同余发生器的统计特性要求较低,得到的随机数的统计特性却比较好。

缺点:速度慢,要得到一个随机数,需要产生两个基础的随机数,并执行一些辅助操作。

2.2.3 随机变量的产生方法

(1) 平方取中法。平方取中法是冯·纽曼(John Van Neumann)在 40 年代中期提出的。这个方法首先从某个初始的种子数开始,求出这个数的平方。取这个平方数的中间几位作为随机数序列中的第 2 个数;再求出第 2 个数的平方,又取这个平方数的中间几位作为随机数序列中的第 3 个数;不断按这个方式继续此算法,即可得到相应的伪随机序列。

(2) 线性同余法。线性同余法在 1951 年由莱默尔(Lehmer)首先提出。目前大多数随机数发生器都采用这种方法。在这个算法中,随机数序列中的数由如下的递推关系产生。它依据的递归公式是:

$$N_{j+1}=(A\times N_j+B)\ \mathrm{mod}\ M$$

其中 A、B、M 是产生器设定的常数。

(3) 加同余法。加同余法需要 n 个数的序列作为它的种子,这 n 个数的序列可以应用其他的方法产生,应用加同余法可以使这个序列不断扩大,加同余法的算法是

$$x\ x\ x\ m\ j\ j\ j\ n\ (\ )\ \mathrm{mod}-1-=+(5)$$

这种方法的主要好处是速度快,因为它不需要做乘法运算。它可以得到大于 m 的周期。但这种方法产生随机数的过程不像混合同余法那样清楚,因此由此方法产生的随机数序列需要经过仔细的确认。

2.2.4 随机数的检验

随机数发生器是伪随机数发生器,在使用之前必须进行检验。

1. 均匀性检验

频率检验：将随机数发生器的取值范围[0,1]分成 K 个互不重叠的等长的子区间，由该随机数发生器产生 N 个随机数 $U_i(i=1,2,\cdots,N)$。按照均匀性的要求，随机数落在每一个子区间上的理论概率 $P=1/K$，即落在每一个子区间上的随机数个数的理论值为 $n=N/K$，称为理论频率。实际 U_i 落在每一个子区间上的个数为 $n_j(j=1,2,\cdots,K)$，这样就会有偏差。采用 χ^2 检验实际频率与理论频率之间的偏差大小，即

$$\chi^2=\sum_{i=1}^{K}\frac{(n_j-n)^2}{n}$$

χ^2 检验步骤：

(1) 原假设 H_0：给定随机数发生器产生的 U_i 是独立同分 $U(0,1)$ 的随机变量。

(2) 将[0,1]分成 K 个等长的子区间。

(3) 由该随机数发生器产生 N 个随机数 U_i。

(4) 统计计算在每个子区间上的随机数的个数 $n_j(j=1,2,\cdots,K)$。

(5) 计算 $\chi^2=\sum\limits_{i=1}^{K}(n_j-N/K)^2/(N/K)$。

(6) 在原假设条件下，χ^2 接近 $K-1$ 自由度的 χ^2 分布。规定检验水平 α，若 $\chi^2>\chi^2_{K-1,1-\alpha}$ 则拒绝 H_0；否则不拒绝 H_0。

2. 独立性检验

因为相关系数为 0 是两个随机变量相互独立的必要条件，其值大小可以评价相关程度。

独立性检验：计算相邻一定间隔的随机数之间的相关系数，然后判断其相关程度。

对于给定的随机数发生器，由它产生 N 个随机数 $U_i(i=1,2,\cdots,N)$，则前后相隔为 j 个数的相关系数之均值为：

$$\bar{\rho}_j=\left[\frac{1}{N-j}\sum_{i=1}^{N-j}U_iU_{i+j}-\left(\frac{1}{2}\right)^2\right]/S^2$$

其中 S^2 为随机数的方差：

$$S^2=\frac{1}{N-1}\sum_{i=1}^{N}\left(U_i-\frac{1}{2}\right)^2$$

检验步骤：

(1) 原假设 H_0：给定随机数发生器产生的 U_i 是独立同分布 $U(0,1)$ 随机变量，即 $\rho=0$；

(2) 由该随机数发生器产生 N 个 U_i，并计算 $\bar{\rho}_j$；

(3) 若 $N-j$ 充分大(一般要求>50),取统计量 $\mu=\bar{\rho}_j\sqrt{N-j}$ 渐近服从标准正态分布 $N(0,1)$;

(4) 给定检验水平 α,记 $Z_{1-\alpha}$ 为 $N(0,1)$ 的上 $1-\alpha$ 的临界点,则当 $|\mu|>Z_{1-\alpha}$ 拒绝 H_0;$|\mu|\leqslant Z_{1-\alpha}$ 不拒绝 H_0。

2.3 随机变量的统计检验

2.3.1 随机变量的分布

对离散型随机变量,设 $\{x_j\}$ 为其可能取值的集合,关键问题是写出概率 $P(\xi=x_i)$[简记作 $p(x_i)$ 或 p_i],$i=1,2,\cdots$。称

$$\begin{pmatrix} x_1 & x_2 & \cdots & x_n & \cdots \\ p(x_1) & p(x_2) & \cdots & p(x_n) & \cdots \end{pmatrix} \tag{2.2}$$

为 ξ 的分布列(Distribution Sequence),有时也就称它为 ξ 的概率分布。它包含两个方面:① ξ 可能取什么值;②取这些值的概率。

显然,分布列具有性质:

$$p(x_i)\geqslant 0,\qquad i=1,2,\cdots;$$

$$\sum_{i=1}^{\infty}p(x_i)=1 \tag{2.3}$$

有了分布列(2.2),就可求得与 ξ 有关的一切事件的概率。事实上,由概率的可列可加性,对直线上任一波雷尔集 B,有

$$P\{\xi(\omega)\in B\}=\sum_{i\in B}p(x_i) \tag{2.4}$$

例 2.1 设随机变量 ξ 的分布列为 $\begin{pmatrix} -2 & -1 & 0 & 1 & 2 \\ \frac{a-1}{4} & \frac{a+1}{4} & 0.1 & 0.2 & 0.2 \end{pmatrix}$,

(1) 求常数 a;

(2) 求 $P\{1<\xi\leqslant 2\}$。

解 (1) 由 $\frac{a-1}{4}+\frac{a+1}{4}+0.1+0.2+0.2=1$ 解得 $a=1$,故分布列为 $\begin{pmatrix} -2 & -1 & 0 & 1 & 2 \\ 0 & 0.5 & 0.1 & 0.2 & 0.2 \end{pmatrix}$。

(2) $P\{1<\xi\leqslant 2\}=\sum\limits_{-1<x_i\leqslant 2}p(x_i)=0.1+0.2+0.2=0.5$。

例 2.2 在伯努利概型中,每次成功的概率为 p。记直至得到第 r 次成功时的试验次数为 ξ,求 ξ 的分布列。

解 $P(\xi=k)cv=P\{$“前 $k-1$ 次试验中有 $r-1$ 次成功，$k-r$ 次不成功”且“第 k 次成功”$\}$

$$=C_{k-1}^{r-1}p^{r-1}q^{k-r}p=C_{k-1}^{r-1}p^{r}q^{k-r},\qquad k=r,r+1,r+2,\cdots,$$

它称为巴斯卡分布。

下面是一些常见的离散型随机变量，它们在实际工作中经常碰到，在理论研究中也有其特殊的重要性。

1. 退化分布

设随机变量 ξ 只取一个常数值 c，即

$$P=(\xi=c)=1,\tag{2.5}$$

称它为退化(Degenerate)分布，又称为单点分布。事实上，$\{\xi=c\}$是一概率为1的事件，ξ 可以看作一个常数，但有时我们宁愿把它看作(退化的)随机变量。

2. 两点分布

若一个随机试验只取两个可能值 x_1,x_2，则相应的概率分布为

$$\begin{pmatrix} x_1 & x_2 \\ p & q \end{pmatrix},\qquad p,q>0,\qquad p+q=1,\tag{2.6}$$

称为两点分布。

在伯努利试验中，每次试验只有两个结果——事件A发生或不发生。本来这结果与数值无关，但我们可以把它数量化，用一随机变量的取值与它相对应，就得到一个服从两点分布的随机变量。特别地，人们往往用A的示性函数表示随机变量，即令

$$\xi=\begin{cases}1, & \text{如果 A 发生,}\\ 0, & \text{如果 A 不发生}\end{cases}$$

其分布列为

$$\begin{pmatrix} 0 & 1 \\ q & p \end{pmatrix}\qquad p,q>0,\qquad p+q=1,\tag{2.7}$$

称为伯努利分布，也称0—1分布。任一伯努里试验的结果(电路“断”与“不断”，产品“合格”与“不合格”，种子“发芽”与“不发芽”，掷硬币得“正面”与“反面”等等)，都可用伯努利分布描述。

3. 二项分布

若一随机变量 ξ 的分布列为

$$P(\xi=k)=C_n^k p^k q^{n-k},\qquad p+q=1,\qquad p,q>0,\qquad k=0,1,2,\cdots,n\tag{2.8}$$

称 ξ 服从二项分布(Binomial Distribution)，记作 $\xi\sim B(n,p)$。n 和 p 称为它的两个参数。$P(\xi=k)$就是前面讲到的伯努利概型中 k 次成功的概率 $b(k,n,p)$。它

是二项式$(p+q)^n$的展开式的各项，其和恰好为1。

二项分布是概率论中最重要的分布之一，应用很广，举例如下：

(1) 检查一人是否患某种非流行性疾病是一次伯努利试验。各人是否生这病可认为相互独立，并可近似认为患病的概率p相等。因此考察某地n个人是否患此病可作为n重伯努利试验，其中患病的人数ξ服从二项分布。

(2) 保险公司对某种灾害（自行车被盗，火灾等等）保险，各人发生此种灾害与否可认为相互独立，并假定概率相等。设一年间一人发生此种灾害的概率为p，则在参加此种保险的n人中发生此种灾害的人数η服从二项分布。

(3) n台同类机器，在一段时间内每台损坏的概率为p，则在这段时间内损坏的机器数服从二项分布。

下面介绍二项分布的重要性质。

① $b(k;n,p)=b(n-k;n,1-p)$ (2.9)

这从(2.8)式以及$C_n^k=C_n^{n-k}$立即可得。也可以这样理解：n次试验中，事件{k次成功}与{$n-k$次不成功}是同样的，而{$n-k$次不成功}的概率即为$b(n-k,n,1-p)$。

很多情况下二项分布的计算很复杂，有时备有相应的计算表格，但只限于$p\leqslant 0.5$的情况，当$p>0.5$时就可利用(2.9)式来计算。

②增减性以及最可能成功次数。

对固定的n,p，由于

$$\frac{b(k;n,p)}{b(k-1;n,p)}=\frac{(n-k+1)p}{kq}=1+\frac{(n+1)p-k}{kq}$$

故当$k<(n+1)p$时，$\dfrac{b(k;n,p)}{b(k-1;n,p)}>1$，$b(k;n,p)$单调增加；

当$k>(n+1)p$时，$\dfrac{b(k;n,p)}{b(k-1;n,p)}<1$，$b(k;n,p)$单调减少；

当$(n+1)p$是整数且$k=(n+1)p$时，$b(k;n,p)=b(n-k;n,1-p)$达最大值，我们称

$$m=(n+1)p \quad 或 \quad (n+1)p-1 \tag{2.10}$$

为最可能成功次数。

当$(n+1)p$不是整数时，最可能成功次数为：

$$m=[(n+1)p](取整) \tag{2.11}$$

下面是一个二项分布表，n都是20，p分别为0.1，0.3，0.5，它们具体地显示了性质②。

表 2-1 $b(k;20,p)$表

$k\backslash p$	0.1	0.3	0.5	$k\backslash p$	0.1	0.3	0.5
0	0.121 6	0.000 8	—	11	—	0.012 0	0.160 2
1	0.270 2	0.006 8	—	12	—	0.003 9	0.120 1
2	0.285 2	0.027 8	0.000 2	13	—	0.001 0	0.073 9
3	0.190 1	0.071 6	0.001 1	14	—	0.000 2	0.037 0
4	0.089 8	0.130 4	0.004 6	15	—	—	0.014 8
5	0.031 9	0.178 9	0.014 8	16	—	—	0.004 6
6	0.008 9	0.191 6	0.037 0	17	—	—	0.001 1
7	0.002 0	0.164 3	0.073 9	18	—	—	0.001 1
8	0.000 4	0.114 4	0.120 1	19		—	0.000 2
9	0.000 1	0.065 4	0.160 2	20		—	—
10	—	0.030 8	0.176 2				—

③ $n\to\infty$时的渐近性质。

假定 p 与 n 有关，记作 p_n。考虑 $n\to\infty$的情况，有下面的定理：

泊松(Poisson)定理 如果存在正常数 λ，当 $n\to\infty$时，有 $np_n\to\lambda$，则

$$\lim_{n\to\infty} b(k;n,p)=\frac{\lambda^k}{k!}e^{-\lambda}, \qquad k=0,1,2,\cdots \tag{2.12}$$

证 记 $\lambda_n=np_n$，则

$$p_n=\frac{\lambda_n}{n},$$

$$\begin{aligned} b(k;n,p)&=C_n^k p_n^k(1-p_n)^{n-k}\\ &=\frac{n(n-1)(n-2)\cdots(n-k+1)}{k!}\left(\frac{\lambda_n}{n}\right)^k\left(1-\frac{\lambda_n}{n}\right)^{n-k}\\ &=\frac{\lambda_n^k}{k!}\frac{n(n-1)(n-2)\cdots(n-k+1)}{n^k}\left(1-\frac{\lambda_n}{n}\right)^n\Big/\left(1-\frac{\lambda_n}{n}\right)^k\\ &\to\frac{\lambda^k}{k!}e^{-\lambda} \qquad (n\to\infty), \end{aligned}$$

此即所证。上述定理称为“二项分布的泊松逼近”。

通常，p 与 n 无关。但当 n 很大(一般 $n\geqslant 50$)，p 很小(一般 $p\leqslant 0.1$)，而 np 不很大时，可近似地取 $np=\lambda$，且

$$b(k;n,p)\approx\frac{\lambda^k}{k!}e^{-\lambda}=\frac{(np)^k}{k!}e^{-\lambda} \tag{2.13}$$

(2.13)式右边的计算比较容易，可供查阅的表也更多，这就解决了这种场合 $b(k;n,p)$的计算问题。

例 2.3 某人每次射击时击中目标的概率为 0.001，射击 5 000 次，求击中两弹或两弹以上的概率。

解　记 ξ 为击中的弹数，$P(\xi=k)=b(k,5\,000,0.001)$，$n=5\,000$ 很大，而 $p=0.001$ 很小，$np=5$，故 $P(\xi=k)\approx\frac{5^k}{k!}\mathrm{e}^{-5}$，所求概率为

$$\sum_{k=2}^{5\,000}P(\xi=k)=1-P(\xi=0)-P(\xi=1)$$
$$\approx 1-\mathrm{e}^{-5}-5\mathrm{e}^{-5}\approx 0.959\,6$$

4. 泊松分布

从上面的泊松定理可引入另一类重要的分布。

设随机变量 ξ 可取一切非负整数值，取这些值的概率为

$$P(\xi=k)=\frac{\lambda^k}{k!}\mathrm{e}^{-\lambda},\quad (\lambda>0),\quad k=0,1,2,\cdots \tag{2.14}$$

就称 ξ 服从泊松分布，简记作 $\xi\sim P(\lambda)$，其中 λ 称为它的参数，以后将会证明，它就是 ξ 的平均值。

当 $n\to\infty$ 时，二项分布逼近泊松分布；当 n 很大 p 很小时，泊松分布可作为二项分布的近似。然而泊松分布的作用不尽于此。近数十年来，人们发现很多随机现象都可利用泊松分布去描述，例如：

(1) 在社会生活中，各种服务需求量，如一定时间内，某电话交换台接到的呼叫数，某公共汽车站来到的乘客数，某商场来到的顾客数或出售的某种货物数等等，它们都服从泊松分布，因此泊松分布在管理科学和运筹学中占很重要的地位。

(2) 在生物学中，某区域内某种微生物的个数，某生物繁殖后代的数量等也服从泊松分布。

(3) 放射性物质在一定时间内放射到指定地区的粒子数也是服从泊松分布的。

例 2.4　考察通过某交叉路口的汽车流。若在一分钟内没有汽车通过的概率为 0.2，求在 2 分钟内有多于一辆汽车通过的概率。

记 ξ 为一分钟内通过的车辆数，假设 $\xi\sim P(\lambda)$。记 η 为两分钟内通过的车辆数，则 $\eta\sim P(2\lambda)$。又 $P(\xi=0)=\mathrm{e}^{-\lambda}=0.2$，故 $\lambda=\ln 5$，所求为

$$P(\eta>1)=\sum_{k=2}^{\infty}P(\eta=k)=1-P(\eta=0)-P(\eta=1)$$
$$=1-\mathrm{e}^{-2\lambda}-2\lambda\mathrm{e}^{-2\lambda}=24/25-(2/25)\ln 5\approx 0.831。$$

5. 几何分布

若随机变量 ξ 可能取的值是正整数，且相应的概率为

$$P(\xi=k)=q^{k-1}p,\quad p,q>0,\quad p+q=1,\quad k=1,2,\cdots \tag{2.15}$$

则称 ξ 服从几何(Geometric)分布。

在伯努利概型中，若一次试验成功的概率为 p，则直到首次成功的试验次数

就服从几何分布，也就是例 2 中 $r=1$ 的特例。

几何分布有一个很有趣的性质——无记忆性。若伯努利试验中前 m 次失败，则从第 $m+1$ 次开始直到成功的次数 η 也服从同样的几何分布（好像把前面 m 次失败“忘记”了）。

这是因为若记 $\xi=m+\eta$，则 $\eta=k$ 时，$\xi=m+k$，显然，ξ 服从参数为 p 的几何分布，而所求为

$$P(\eta=k \mid \text{前 } m \text{ 次失败})=\frac{P(\eta=k \text{ 且前 } m \text{ 次失败})}{P(\text{前 } m \text{ 次失败})}$$

$$=\frac{P(\xi=m+k)}{q^m}=pq^{m+k-1}/q^m=pq^{k-1}$$

反过来，若 ξ 是取正整数的随机变量，且具有无记忆性，则 ξ 服从几何分布（证明从略）。

6. 超几何（Hypergeometric）分布

这是如下的概率分布：

$$P(\xi=k)=C_M^k C_{N-M}^{n-k}/C_N^n, \qquad n\leqslant N, M\leqslant N, k=0,1,2,\cdots,\min(n,M)。 \tag{2.16}$$

在产品质量的不放回抽检中，若 N 件产品中有 M 件次品，则抽检 n 件时所得次品数就服从超几何分布。

因为 $\sum_{k=0}^{\min(n,M)} P(\xi=k)=1$，所以我们证明了一个很有用的组合公式：

$$C_M^0 C_{N-M}^n + C_M^1 C_{N-M}^{n-1} + \cdots + C_M^N C_{N-M}^0 = C_N^n$$

二项分布与超几何分布有密切的联系。在(2.16)式中，若 n,k 不变，$N\to\infty$，$M/N\to P$，则

$$C_M^k C_{N-M}^{n-k}/C_N^n \to C_n^k p^k q^{n-k} \qquad (N\to\infty) \tag{2.17}$$

因此，当 N 很大时，超几何分布就可以用二项分布来近似计算。

上述超几何分布也可加以推广。例如，假设某 N 件产品中包含一、二、三级产品各为 $n_1, n_2, N-n_1-n_2$ 件。现从中抽查 r 件，那么包含 k_1 件一级产品，k_2 件二级产品，$r-k_1-k_2$ 件三级产品的概率为

$$C_{n_1}^{k_1} C_{n_2}^{k_2} C_{N-n_1-n_2}^{r-k_1-k_2}/C_N^r, \qquad \text{其中，} k_1\leqslant n_1, k_2\leqslant n_2, r-k_1-k_2\leqslant N-n_1-n_2$$

例 一套扑克 52 张，由四种花色组成，每种花色各 13 张。那么一手 13 张扑克中有 5 张黑桃、4 张红心、3 张方片、1 张梅花的概率为 $C_{13}^5 C_{13}^4 C_{13}^3 C_{13}^1/C_{54}^{13}$。

2.3.2 随机变量的相关与回归分析

2.3.2.1 随机变量的相关分析

1. 相关分析的概念

相关关系是一种非确定性的关系，例如，以 X 和 Y 分别记一个人的身高和体

重，或分别记每公顷施肥量与每公顷小麦产量，则 X 与 Y 显然有关系，而又没有确切到可由其中的一个去精确地决定另一个的程度，这就是相关关系。

2. 相关分析的分类

(1) 线性相关分析：研究两个变量间线性关系的程度。用相关系数 r 来描述。

①正相关：如果 x，y 变化的方向一致，如身高与体重的关系，$r>0$；一般地：

a. $|r|>0.95$ 存在显著性相关；

b. $|r|\geqslant 0.8$ 高度相关；

c. $0.5\leqslant|r|<0.8$ 中度相关；

d. $0.3\leqslant|r|<0.5$ 低度相关；

e. $|r|<0.3$ 关系极弱，认为不相关。

②负相关：如果 x，y 变化的方向相反，如吸烟与肺功能的关系，$r<0$；

③无线性相关：$r=0$。

如果变量 Y 与 X 间是函数关系，则 $r=1$ 或 $r=-1$；如果变量 Y 与 X 间是统计关系，则 $-1<r<1$。

④ r 的计算有三种：

a. Pearson 相关系数：对定距连续变量的数据进行计算。

b. Spearman 和 Kendall 相关系数：对分类变量的数据或变量值的分布明显非正态或分布不明时，计算时先对离散数据进行排序或对定距变量值排(求)秩。

(2) 偏相关分析：研究两个变量之间的线性相关关系时，控制可能对其产生影响的变量。如控制年龄和工作经验的影响，估计工资收入与受教育水平之间的相关关系。

(3) 距离分析：是对观测量之间或变量之间相似或不相似程度的一种测度，是一种广义的距离，分为观测量之间距离分析和变量之间距离分析。

①不相似性测度：

a. 对等间隔(定距)数据的不相似性(距离)测度可以使用的统计量有 Euclid 欧氏距离、欧氏距离平方等。

b. 对计数数据使用卡方。

c. 对二值(只有两种取值)数据，使用欧氏距离、欧氏距离平方、尺寸差异、模式差异、方差等。

②相似性测度：

a. 等间隔数据使用统计量 Pearson 相关或余弦。

b. 测度二元数据的相似性使用的统计量有 20 余种。

2.3.2.2 回归分析

1. 回归分析概述

回归分析是应用极其广泛的数据分析方法之一。它基于观测数据建立变量间适当的依赖关系，以分析数据内在规律，并可用于预报、控制等问题。

研究一个或多个随机变量 $Y_1, Y_2, \cdots, Y_i$ 与另一些变量 X_1、$X_2, \cdots, X_k$ 之间的关系的统计方法，又称多重回归分析。通常称 $Y_1, Y_2, \cdots, Y_i$ 为因变量，X_1、$X_2, \cdots, X_k$ 为自变量。回归分析是一类数学模型，特别当因变量和自变量为线性关系时，它是一种特殊的线性模型。最简单的情形是一个自变量和一个因变量，且它们大体上有线性关系，这叫一元线性回归，即模型为 $Y = a + bX + \varepsilon$，这里 X 是自变量，Y 是因变量，ε 是随机误差，通常假定随机误差的均值为 0，方差为 σ^2（σ^2 大于 0），σ^2 与 X 的值无关。若进一步假定随机误差遵从正态分布，就叫做正态线性模型。一般的情形，它有 k 个自变量和一个因变量，因变量的值可以分解为两部分：一部分是由于自变量的影响，即表示为自变量的函数，其中函数形式已知，但含一些未知参数；另一部分是由于其他未被考虑的因素和随机性的影响，即随机误差。当函数形式为未知参数的线性函数时，称为线性回归分析模型；当函数形式为未知参数的非线性函数时，称为非线性回归分析模型。当自变量的个数大于 1 时称为多元回归，当因变量个数大于 1 时称为多重回归。

2. 回归分析的主要内容

（1）从一组数据出发，确定某些变量之间的定量关系式，即建立数学模型并估计其中的未知参数。估计参数的常用方法是最小二乘法。

（2）对这些关系式的可信程度进行检验。

（3）在许多自变量共同影响着一个因变量的关系中，判断哪个（或哪些）自变量的影响是显著的，哪些自变量的影响是不显著的，将影响显著的自变量选入模型中，而剔除影响不显著的变量，通常用逐步回归、向前回归和向后回归等方法。

（4）利用所求的关系式对某一生产过程进行预测或控制。回归分析的应用是非常广泛的，统计软件包使各种回归方法计算十分方便。

在回归分析中，把变量分为两类。一类是因变量，它们通常是实际问题中所关心的一类指标，通常用 Y 表示；而影响因变量取值的另一类变量称为自变量，用 X 来表示。

回归分析研究的主要问题是：

（1）确定 Y 与 X 间的定量关系表达式，这种表达式称为回归方程；

（2）对求得的回归方程的可信度进行检验；

（3）判断自变量 X 对因变量 Y 有无影响；

（4）利用所求得的回归方程进行预测和控制。

3. 回归分析的应用

相关分析研究的是现象之间是否相关、相关的方向和密切程度，一般不区别自变量或因变量。而回归分析则要分析现象之间相关的具体形式，确定其因果关系，并用数学模型来表现其具体关系。比如说，从相关分析中我们可以得知“质量”和“用户满意度”变量密切相关，但是这两个变量之间到底是哪个变量受哪个变量的影响，影响程度如何，则需要通过回归分析方法来确定。

一般来说，回归分析是通过规定因变量和自变量来确定变量之间的因果关系，建立回归模型，并根据实测数据来求解模型的各个参数，然后评价回归模型是否能够很好地拟合实测数据；如果能够很好地拟合，则可以根据自变量作进一步预测。

例如，如果要研究质量和用户满意度之间的因果关系，从实践意义上讲，产品质量会影响用户的满意情况，因此设用户满意度为因变量，记为 Y；质量为自变量，记为 X。根据图 2-1 的散点图，可以建立下面的线性关系：

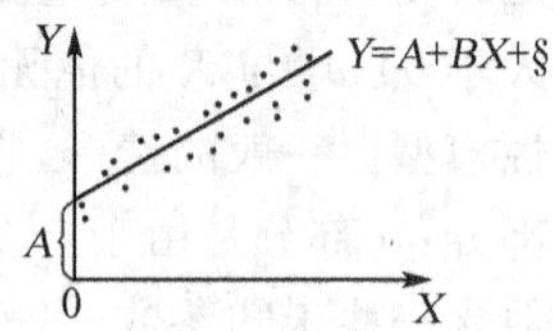

图 2-1

$$Y=A+BX+\S$$

式中：A 和 B 为待定参数，A 为回归直线的截距；B 为回归直线的斜率，表示 X 变化一个单位时，Y 的平均变化情况；§ 为依赖于用户满意度的随机误差项。

对于经验回归方程：

$$y=0.857+0.836x$$

回归直线在 y 轴上的截距为 0.857、斜率 0.836，即质量每提高一分，用户满意度平均上升 0.836 分；或者说质量每提高 1 分对用户满意度的贡献是 0.836 分。

上面所示的例子是简单的一个自变量的线性回归问题，在数据分析的时候，也可以将此推广到多个自变量的多元回归，具体的回归过程和意义请参考相关的统计学书籍。此外，在 SPSS 的结果输出里，还可以汇报 R_2，F 检验值和 T 检验值。R_2 又称为方程的确定性系数(Coefficient of Determination)，表示方程中变量 X 对 Y 的解释程度。R_2 取值在 0 到 1 之间，越接近 1，表明方程中 X 对 Y 的解释能力越强。通常将 R_2 乘以 100% 来表示回归方程解释 Y 变化的百分比。F 检验是通过方差分析表输出的，通过显著性水平(Significant Level)检验回归方程的线性关系是否显著。一般来说，显著性水平在 0.05 以上，均有意义。当 F 检验通过时，意味着方程中至少有一个回归系数是显著的，但是并不一定所有的回归系数都是显著的，这样就需要通过 T 检验来验证回归系数的显著性。同样地，T 检验可以通过显著性水平或查表来确定。在上面所示的例子中，各参数的意义如表 2-2 所示。

表 2-2 线性回归方程检验

指标	数据	显著性水平	意 义
R_2	0.89		“质量”解释了 89%的“用户满意度”的变化程度
F	276.82	0.001	回归方程的线性关系显著
T	16.64	0.001	回归方程的系数显著

我们以 SIM 手机的用户满意度与相关变量的线性回归分析为例，来进一步说明线性回归的应用。从实践意义讲上，手机的用户满意度应该与产品的质量、价格和形象有关，因此我们以“用户满意度”为因变量，“质量”、“形象”和“价格”为自变量，作线性回归分析。利用 SPSS 软件的回归分析，得到回归方程如下：

用户满意度＝0.008×形象＋0.645×质量＋0.221×价格

对于 SIM 手机来说，质量对其用户满意度的贡献比较大，质量每提高 1 分，用户满意度将提高 0.645 分；其次是价格，用户对价格的评价每提高 1 分，其满意度将提高 0.221 分；而形象对产品用户满意度的贡献相对较小，形象每提高 1 分，用户满意度仅提高 0.008 分。

方程各检验指标及含义如下：

表 2-3

指标	数据	显著性水平	意 义
R_2	0.89		“质量”和“价格”解释了 89%的“用户满意度”的变化程度
F	248.53	0.001	回归方程的线性关系显著
T(形象)	0.00	1.000	“形象”变量对回归方程几乎没有贡献
T(质量)	13.93	0.001	“质量”变量对回归方程有很大贡献
T(价格)	5.00	0.001	“价格”变量对回归方程有很大贡献

从方程的检验指标来看，“形象”对整个回归方程的贡献不大，应予以删除。所以重新做“用户满意度”与“质量”、“价格”的回归方程如下：

满意度＝0.645×质量＋0.221×价格

用户对价格的评价每提高 1 分，其满意度将提高 0.221 分(在本示例中，因为“形象”对方程几乎没有贡献，所以得到的方程与前面的回归方程系数差不多)。

方程各检验指标及含义如下：

表 2-4

指标	数据	显著性水平	意 义
R	0.89		"质量"和"价格"解释了 89%的"用户满意度"的变化程度
F	374.69	0.001	回归方程的线性关系显著
T(质量)	15.15	0.001	"质量"变量对回归方程有很大贡献
T(价格)	5.06	0.001	"价格"变量对回归方程有很大贡献

3. 回归分析的步骤

(1) 确定变量。明确预测的具体目标,也就确定了因变量。如预测具体目标是下一年度的销售量,那么销售量 Y 就是因变量。通过市场调查和查阅资料,寻找与预测目标的相关影响因素,即自变量,并从中选出主要的影响因素。

(2) 建立预测模型。依据自变量和因变量的历史统计资料进行计算,在此基础上建立回归分析方程,即回归分析预测模型。

(3) 进行相关分析。回归分析是对具有因果关系的影响因素(自变量)和预测对象(因变量)所进行的数理统计分析处理。只有当变量与因变量确实存在某种关系时,建立的回归方程才有意义。因此,作为自变量的因素与作为因变量的预测对象是否有关,相关程度如何,以及判断这种相关程度的把握性多大,就成为进行回归分析必须要解决的问题。进行相关分析,一般要求出相关关系,以相关系数的大小来判断自变量和因变量的相关程度。

(4) 计算预测误差。回归预测模型是否可用于实际预测,取决于对回归预测模型的检验和对预测误差的计算。回归方程只有通过各种检验,且预测误差较小,才能将回归方程作为预测模型进行预测。

(5) 确定预测值。利用回归预测模型计算预测值,并对预测值进行综合分析,确定最后的预测值。

4. 回归分析应的注意问题

应用回归预测法时应首先确定变量之间是否存在相关关系。如果变量之间不存在相关关系,对这些变量应用回归预测法就会得出错误的结果。

正确应用回归分析预测时应注意:

(1) 用定性分析判断现象之间的依存关系;

(2) 避免回归预测的任意外推;

(3) 应用合适的数据资料。

2.3.2.3 相关分析与回归分析的相关关系

相关分析与回归分析在实际应用中有密切关系。然而在回归分析中所关心的是一个随机变量 Y 对另一个(或一组)随机变量 X 的依赖关系的函数形式。而在相关分析中所讨论的变量的地位一样,分析侧重于随机变量之间的种种相关特征。例如,以 X、Y 分别记小学生的数学与语文成绩,感兴趣的是二者的关系如何,而不在于由 X 去预测 Y。

2.4 物流系统数据的收集与分析

2.4.1 数据收集与分析的概述

仿真的输入数据是仿真的基础和源泉,收集和分析仿真输入数据是系统仿真的前提和基础。在仿真模型中输入数据的正确与否直接影响着仿真输出结果分析。

1. 仿真输入数据收集

数据收集是针对实际问题,经过系统分析或经验的总结,以系统的特征为目标,收集与此有关的资料、数据、信息等反映特征的相关数据。数据收集是输入数据分析的基础,需要对数据进行分析,对收集的方法、数据需要做预先的设计和估算。因此收集正确的原始数据是进行系统仿真的一个关键因素。实际系统中会存在很多输入数据,根据仿真目的判断资料和数据的收集是十分重要的,因此数据的收集也是一项工作量很大的工作。收集到的数据通过统计的数学手段(计数统计、频率分析、直方图制作等),得出统计分布的假设函数(如正态分布、负指数分布、Erlang 分布等),对数据进行分析。如果收集到的输入数据不准确或者采用的数据分析方法不正确,即使仿真系统的模型是正确的,利用该数据进行仿真也不能得到正确的结果,最终造成决策失误和损失,仿真的意义得不到充分体现。因此,收集正确的原始数据是系统仿真成败的关键因素之一。

收集输入数据主要有以下几种方法:

(1) 通过实际观测获得系统的输入数据。例如,观测在一段时间内到达医院的病人的数目,观测银行中顾客排队等待服务的时间。

(2) 由系统管理人员提供实际系统的运行数据。例如,仓库在某一时刻某种商品的库存量,自动化立库的堆垛机在一段时间内执行入库或出库的托盘数目等。

(3) 从公开发表的研究成果、论文中收集类似系统的输入数据模型。这是目前非常重要的一种数据收集方法,现在很多研究机构或组织都提供用于测试仿真模型或算法的数据包，使用这些数据进行仿真或进行算法性能对比，具有很高的可信度和权威性，也便于和别人的工作进行对比分析。

实际系统中可能会有很多的变量需要输入，如何收集数据、需要收集哪些数据与研究对象和研究目的密切相关，也就是说在数据的收集过程中只需要收集对研究目的有用的数据。在进行数据收集时应该注意以下几个问题：

(1) 根据问题的特征，进行仿真前期研究。做好仿真计划，确定仿真所需要收集的数据，即分析影响系统的关键因素，使收集的数据更符合仿真对象的数据需要。

(2) 在收集数据的同时要注意分析数据，确定所收集的数据是否足够，是否足以确定仿真中的输入分布，抓住仿真研究的关键，对仿真无用的数据无需收集。

(3) 尽量把性质相同的数据集合在一起，形成不同类型的数据分组，既便于数据本身的管理，也便于仿真的对比分析。

(4) 确定两个随机变量之间是否存在相关关系。要进行回归分析，同时阐述相应的检验，以确定随机变量之间是否存在相关关系。

(5) 对收集的数据进行自相关性检验，考察一个似乎是独立的观察序列数据存在自相关的可能性，自相关可能存在于相继的时间周期或相继的顾客中。数据应该满足独立的要求，通过进行回归分析，判断两个随机变量之间的相关性。

2. 仿真输入数据分析

多数实际系统会体现出某种随机特征，即所收集的数据会体现出某种随机特性。例如，在一段时间内到达餐厅的顾客数目、测量某个零件长度的误差等服从正态分布。对具有随机变量的系统进行仿真，首先必须确定其随机变量的概率分布，以便在仿真模型中对这些不确定性进行模拟取样，以得到需要的随机变量。

一般情况下，要得到一个输入数据的正确分布模型需要经过以下四个步骤：

(1) 数据收集：收集原始数据并对其进行适当预处理，如进行独立性检验等。

(2) 分布类型的识别：通过点统计法、直方图(线图)法、实验分布法等确定随机变量的分布类型，即确定随机变量服从什么分布。

(3) 参数估计：采用合适的参数估计方法，确定随机变量分布的参数，这些参数反映了随机变量分布的具体特征，从而确定随机变量的分布。

(4) 拟合优度检验：采用 X_2 检验，$K-S$ 检验等拟合优度检验方法，对观测数据与得到的随机变量的分布吻合程度进行检验，判断所确定分布的正确性与合理性。如果收集到的观测数据与假设的分布形式不相符合，则返回到第(2)步。

对具有随机变量的系统进行仿真时，为了在仿真模型中对这些分布进行取样以得到需要的随机变量，必须确定其随机变量的概率分布。确定随机变量的模型技术是收集随机模型的观测数据，当输入随机变量的分布已知时，可以用合适的方法生成相应分布的随机数作为系统的输入。在实际问题中，常常是只能通过对系统的观察收集到感兴趣的输入随机变量的观察数据，而对输入的总体分布一无所知或仅有部分信息。确定随机变量的分布模型通常采用两种方法：一是利用观察数据建立实验分布函数，并用实验分布抽样法生成相应的输入随机数；二是通过对这些数据的分布形式假定、参数估计和分布拟合优度检验等过程，确定输入随机变量的分布模型。

2.4.2 物流系统仿真模型中几个典型的仿真概率分布

在物流系统仿真模型中几乎所有的数据输入都包含了随机输入，例如，在排队系统仿真中，典型的输入数据可以是到达的时间间隔和服务时间的分布；在库存系统仿真中，输入数据包括需求的分布和提前期的分布；在生产系统中，输入数据包括作业到达的时间间隔、作业类型的概率分布以及每种作业、每道工序服务时间的分布。所以在物流系统建模时要经常研究一些不确定的随机事件，需要引入概率分布，以下分别介绍 3 个典型的离散事件系统——排队系统、库存系统以及系统可靠性、维修性实例。

1. 系统仿真概率分布——排队系统

在排队系统中，主要有两种类型的活动，即实体到达和实体接受服务。一般情况下，实体到达的时间间隔是不确定的，从而在一定时间内到达的实体数目也是一个随机变量；另一方面，实体接受服务的时间也总是不确定的，从而造成队列的长短也是随机的。

实体到达的模式一般用泊松分布来描述，即在固定的时间内到达系统的实体数目服从泊松分布。这种模式的特点是：

(1) 在一定时间间隔内到达实体的数目仅与时间间隔的长短有关，而与这段时间间隔的起始时刻无关。

(2) 在某个时间间隔内，到达的实体数目与在此之前到达的实体数目无关，也不影响在此之后实体的到达。

(3) 不存在两个或两个以上实体同时到达的情况。

(4) 若在一定时间内到达系统的实体数目 χ 服从参数为 A 的泊松分布，则相邻到达的两个实体之间的到达时间间隔 T 服从参数为 λ 的指数分布。

如果服务时间完全是随机的，通常在建模过程中用指数分布描述。服务时间也可能是在某个常数附近波动，例如同样产品的加工时间应当总是相同的，但是由于产品自身或加工工具的原因可能引起加工时间稍有不同。在这种情况下，服务时间可以用正态分布描述。

t-分布和威布尔分布也可以被用于模仿到达时间间隔和服务时间。实际上，指数分布可以看成是 t-分布和威布尔分布的特殊情况。

2. 系统仿真概率分布——库存系统

在现实的库存系统中有三个随机变量：

(1) 每次订货或单位周期内的需求量；

(2) 两次需求间的时间间隔；

(3) 发出订单和收到订货间的时间间隔,也称为提前期。

在最简单的库存系统数学模型中,需求量始终为常数,而提前期也是零或常数。但大多数实际情况中需求的时间是随机出现的,而每次的需求量也是随机的。

从一般意义上讲,订货提前期的分布通常和 t -分布是非常拟合的。但在研究库存系统时,考虑的主要因素是需求量而不是提前期,提前期一般只视为对库存策略的一种制约,因此在多数情况下,将提前期的分布简化为用均匀分布来描述或者用正态分布来描述。

几何分布、二项分布以及泊松分布都可以用来描述需求的分布,它们分别提供了满足各种需求模式的分布形式,即在一定周期内的需求量的分布。几何分布是特殊情况的二项分布,它描述了至少出现一次需求的概率。常用的描述需求的分布形式是泊松分布。

3. 系统仿真概率分布的可靠性与维修性

可靠性对于那些一旦发生故障就会造成重大损失的系统来说是至关重要的。在系统可靠性与维修性建模中,优先考虑的随机变量是系统中部件的无故障工作时间和故障后的修复时间。通常部件发生故障的时间分布和修复时间的分布用指数分布来描述,也可以用 t -分布和威布尔分布来描述。

如果故障是完全随机的,则可以采用指数分布建模。如果部件有储备,且每个备件的故障发生时间服从指数分布,则可以采用 t -分布来建模。威布尔分布已经广泛用于描述故障发生时间,原因是它逼近许多观察结果,当系统中有许多部件的故障是由于大量元件的严重失效或可能失效造成时,适合采用威布尔分布建立模型。正态分布适用于那些大多数故障是由于磨损产生的系统。

综上所述可以看出,在离散事件系统建模过程中,随机变量较常采用的分布形式是指数分布和正态分布,其主要原因为：

(1) 指数分布简单,数据处理容易。

(2) 指数分布的一个重要特点是无记忆性,这与大多数与时间有关的随机现象是一致的。例如在排队服务系统中,经过很长时间才有顾客到达,并不会对下一个顾客到达的时间产生影响。同样,服务台不会因为已经工作了很长时间就会缩短为下一个顾客的服务时间。又如电子元器件在工作了一段时间后继续使用,其在固定的时间内发生故障的概率与一个新的元器件完全一样。

(3) 指数分布与许多其他的分布形式有关，一般作为特例，如泊松分布、威布尔分布、t -分布等。作为指数分布的补充，这些分布形式也大量地应用在离散事件系统的建模过程中。

(4) 正态分布虽然没有指数分布那么多的优点，但也是描述随机变量所必不可少的一种分布形式。正态分布的特点之一是可以使随机变量取值相对集中或者使随机变量散布很大甚至接近于均匀分布，这个特点使它具有很广的应用范围。

实际上，指数分布和正态分布属于完全不同的两种描述随机变量的分布形式。服从指数分布的随机变量的取值概率是从大到小或从小到大(在负指数分布情况下)；而服从正态分布的随机变量概率分布有一个最大值，随机变量的大多数取值都在这个最大值附近的区域之内。例如一个电子元件的平均寿命是 1 000 h，如果它服从正态分布，那么这个电子元件的实际寿命应当离 1 000 h 不远(概率很大)；但若它服从指数分布，那么这个电子元件的实际寿命就可能与 1 000 h 相差很远。

在描述时间间隔这类随机变量时，如果没有任何限制，则可以用指数分布或指数分布的相关分布(泊松分布、威布尔分布等)来对此时间间隔进行描述。而如果时间间隔接近于一个常数或多数时间间隔都在一个固定的时间范围之内，那么这个随机变量最好用正态分布来描述。

选择描述离散事件系统中随机变量的分布形式，其原则是简单适用。在具体分布形式选定之后，还需对其进行拟合度检验。

本章小结

本章首先介绍了物流仿真所涉及的基础属性知识，即随机变量概念、类型、产生方法及分布、相关与回归分析，随机数的概念、发生器，常用概率分布等，最后阐述了物流系统的数据收集及分析，列举了比较典型的离散事件系统如排队系统、库存系统以及系统可靠性、维修性实例。

习 题

1. 什么是随机变量？有哪些类型？
2. 随机数发生器的条件有哪些？
3. 常用概率分布有哪些？
4. 列举物流系统比较典型的几类离散事件概率分布。
5. 随机变量的相关分析与回归分析有哪些不同？

第3章 离散事件仿真模型的构建与实现

离散系统的状态(状态变量)的改变仅发生在一些离散的时间点上。数学方法可以解决简单的离散系统问题,但对于复杂离散系统问题则无能为力。目前解决复杂离散系统问题最有效的方法是通过建立仿真模型进行仿真分析。离散系统是所有具有离散特效的系统的总称,但不同的系统个体之间也有很大的差异。本章主要介绍离散系统仿真的基本理论和方法,它适用于各种离散系统。

3.1 概 述

3.1.1 离散事件系统的基本构成要素

系统由某些相互关联或相互作用的要素组成,离散系统仿真模型是对真实系统关键要素的抽象和组合,抽象和组合的过程必须遵循一定的规律。任何一个系统都可以分为个体、活动、资源与控制等要素。

(1) 个体。个体为主导系统活动的部件,可分为主动体和被动体两类:主动体为在系统中具有自主移动能力的个体,如商店中的顾客、生产线中的搬运工等。被动体指不具有自主移动能力的个体,如产品、工件、托盘等。无论是主动体还是被动体都具有自身特有的属性,它本身的这种属性也标志了每一个体与其他个体的不同之处。

(2) 活动。活动是指系统中所发生的事件或动作,以及会造成系统状态改变的行为。如果活动的发生和结束都是在离散的时间点上,则称为事件,通过这个事件,系统由一种状态转变为另一种状态。而从时间观念上来讲就是系统从一个时间点转换为另一个时间点。而当系统到达另一个时间点后,又会引发或抑制其他事件与活动的发生,因此,活动就构成了系统的动态行为。

(3) 资源。资源是系统中活动被执行所必需的载体,只有当资源准备好后,活动才被允许执行。资源又可分为主动和被动两个部分。主动资源本身具有自我驱动的能力,例如加工设备、传送带、排队系统中的服务机构等;被动资源不具有动力,却是辅助主动资源正常运行所不可缺少的,例如货架、缓冲站等。

(4) 控制。控制是指在什么条件或事件下可激活某一活动，并告诉个体或资源下一步要进行什么活动。当个体或资源遇到需要选择的时候就需要控制。例如产品进入生产线后，面对多个可以完成加工的设备时，如何选择其后面的加工路线就属于控制问题。

对系统仿真而言，其核心工作便是建立能描述系统特性的仿真模型。在系统的四类基本要素的基础上，可将构成仿真模型的基本要素划分为实体、事件、活动、进程、仿真钟等。正确识别和表达这些要素是仿真系统建模的第一步。

(1) 实体。实体是构成系统的人、设备和被加工或被服务对象以及信息等。实体又可分为永久实体和临时实体。永久实体是指在系统仿真期间始终停留在系统中的实体，如仓储的货位、搬运的机器和车辆等。临时实体是指在系统仿真期间流经系统，在仿真结束时已经离开系统的实体，如仓储的货物等。事实上，永久实体代表了系统中的资源，而临时实体代表了系统中活动的个体。实体所具有的特性称为实体的属性，实体可能具有若干特征，但是并不是所有的特征都被称为仿真系统的实体属性，只有那些与系统仿真相关的特征才被称为属性。

(2) 事件。事件可分为两类：一类是引起系统状态变化的行为。这一类事件是系统所固有的，是系统状态变化的主要驱动力。例如，仓储系统物品入库到达被称为一个事件，物品的出库离去也被称为一个事件。另一类事件是所谓的程序事件。程序事件并非系统所固有的，而是根据需要设定的。例如，在仿真过程中为了使仿真结束，专门定义一个事件，使其终止仿真。

(3) 活动。事件与事件之间的过程被称为活动。活动是系统状态转移的标志。例如，仓储物品的到达是一个事件，由于这一事件的发生，仓储系统的货位可能会从“空闲”变为“非空闲”。从物品到达直至这一物品从该货位取出，物品都是处于在货位中存储的状态，也可以说是处于“存储”活动中。存储活动的开始或结束标志着物品的到达和离去，也标志着货位的“空闲”与“非空闲”的转变。

(4) 进程。有序的事件与活动组成的过程称为进程。进程描述了其中的事件、活动的相互逻辑关系和时序关系。例如，一种物品进入仓库，经过在货位的存储直到从仓库中搬出，物品经历了一个进程。可以看出，事件是发生在某一时刻的行为。活动和进程则是发生在某个时间段的过程。三者之间的关系如图 3-1 所示。

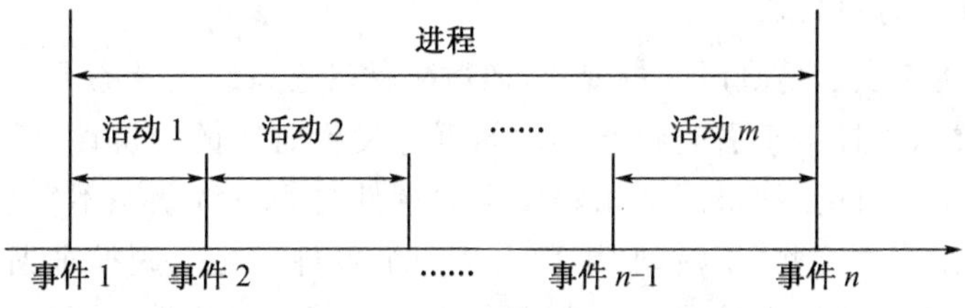

图 3-1 事件、活动与进程的关系

(1) 事件为发生在一些离散的时间点上,并引起系统状态发生变化的行为。

(2) 原发事件:事件发生只与时间有关。

(3) 后续事件:在某个时间之后才可能发生。

(4) 条件事件:除了时间因素外,事件的发生还取决于其他条件。

(5) 非条件事件:某事件之后必然发生。

(6) 程序事件:用于控制仿真进程的事件。

(7) 仿真系统需要将事件保存在事件表中,按事件"原发—后续"的关系,记录事件发生的时刻、顺序和条件。

(8) 活动是相邻两个事件之间的过程,也就是系统状态转移的过程。

(9) 进程是一个被服务实体在系统中经历的所有事件和活动按先后顺序排列成的集合。

(10) 仿真钟是仿真的时间坐标,可以是相对坐标,也可以是绝对坐标。仿真钟的时间单位与真实系统的时间单位相同,但时间长度一般小于真实系统的时间长度。仿真过程主要靠仿真钟控制和推进。

3.1.2 仿真钟

1. 仿真时间与真实时间

为了表示仿真模型中时间的变化,在仿真模型中设定了一个仿真的时间坐标。真实系统在真实的时间坐标中运行,仿真模型则在仿真时间坐标中运行。仿真的时间坐标采用仿真钟来实现。仿真钟在模型中是一个用正整数表示的变量,它的数值表示了仿真模型的运行时刻,同时模拟真实系统的运行时刻。仿真钟是仿真过程中的时间控制部件,是任何离散事件系统仿真中不可缺少的组成部分。

在真实的时间系统里有秒、分、时、天等多个时间计量单位,而仿真钟只设定一个时间计量单位,该时间单位的量纲可以根据不同的仿真模型而定,它可以表示真实时间系统中的任何一个时间计量单位。仿真钟一次推进(时间增量)可以是执行若干条程序的时间,这由电脑程序控制,它可以比真实的时间快,因此仿真模型的运行也可以比真实系统运行快。

2. 仿真时间的推进

仿真钟用于表示仿真时间的变化,离散事件动态系统的状态是在离散时间点上发生变化的,并且由于引起状态变化的事件发生时间的随机性,所以仿真钟的推进步长也是随机的:如果两个相邻发生的事件之间系统状态不发生任何变化,则仿真钟可以跨过这些"不活动"周期。从一个事件发生时刻推进到下一个事件发生时刻,仿真钟的推进呈现跳跃性,推进速度也具有随机性。可见,仿真模型中时间控制部件是必不可少的,以便按照一定规律来控制仿真钟的推进。

仿真钟的推进有两种经典的方法：固定步长推进法和变步长推进法（或称为下一事件推进法），通常变步长推进法应用较多。

（1）固定步长推进法。确定一个固定的增量，以此增量逐步推进仿真钟。每推进一个增量，就在被推进的时刻观察有无事件发生。如没有事件发生，则继续以相同的增量推进仿真钟；如果有事件发生，则根据事件类型进入事件处理程序，对事件发生后的状态变化进行相应处理，然后再推进仿真钟。如果恰好在推进的增量中间时刻有事件发生，一般采取简化的方法，把该事件假定为是在增量推进的时刻发生的。

（2）变步长推进法。变步长推进法即事先没有确定时钟推进步长，而是根据随机事件的发生而进行随机步长的推进，推进的步长为最后已发生事件与下一事件之间的时间间隔。图 3－2 解释了变步长推进机制的含义，由于离散事件系统的状态多数是随时间离散变化的，在仿真时不需要考虑那些没有发生状态变化的时段。因此，这种变步长的推进方法，其节奏性与系统状态变化更加吻合。

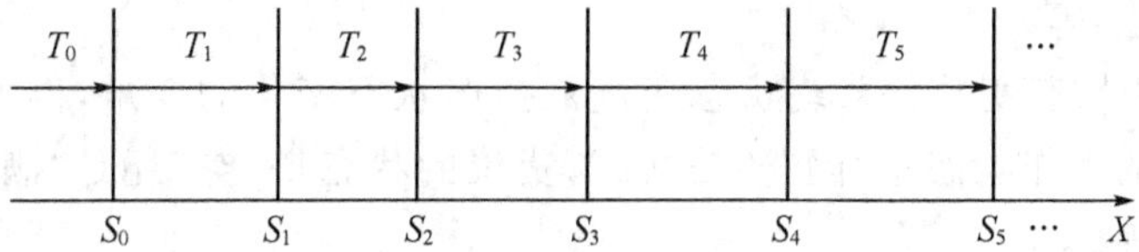

T_i：i 时刻的仿真钟；S_i：事件 i

图 3－2 仿真钟的变步长推进法

3.1.3 离散系统仿真基本步骤

离散事件系统仿真基本步骤为：确定仿真目标；系统调研；建立系统模型；确定仿真算法；建立仿真模型；模型验证与模型确认；运行仿真模型；仿真结果分析；仿真结果输出。

1. 确定仿真目标

对一个系统的仿真目的可以各不相同。例如，研究一个物流配送中心，可以提出各种不同的问题，如管理调度策略问题、设备配置问题、运作流程协调问题等。针对所关心的问题不同，建立的系统模型、设定的输入变量、输出变量等都各不相同。因此，在进行系统仿真时，要先确定仿真的目标，也就是确定仿真要解决的问题。这是系统调研和建模的依据。

2. 系统调研

系统调研的目的是为了深入了解系统的总体流程、各种建模参数，以便建立系统模型。系统调研是了解系统运行状况和采集系统数据资料的过程，其所期望获取的资料有：

(1) 系统结构参数。系统结构参数是描述系统结构的物理或几何的参数。例如,对于一个自动化立体仓库系统的调研,要先了解自动化立体仓库的平面布局、设备组成和存放的物品形状、尺寸等静态的参数。

(2) 系统工艺参数。系统工艺参数是系统运行的工艺流程、各流程之间的相互逻辑关系。如自动化立体仓库每种工件入出库经过的设备、工序,在每个工序滞留的时间等。

(3) 系统动态参数。系统动态参数是描述系统在运行过程中动态变化的一些参数。如自动化立体仓库中堆垛机、运输机的加速度和速度、出入库物品的到达时间间隔、运输车的装卸时间等。

(4) 系统逻辑参数。系统逻辑参数描述了系统运行过程中各种流程和作业之间的逻辑关系。例如,立体化自动仓库系统中堆垛机三个方向运行之间的互相关系、运输机与堆垛机之间的衔接关系、立库与分拣系统运作之间的时序关系等。逻辑参数还包括各种优先级的约定、排队规则的设定、各种解结的原则(如出现死锁的应对措施)等。

(5) 系统状态变量。系统状态变量是描述状态变化的变量,例如,自动化仓库中堆垛机的工作状态是“闲”还是“忙”,货位的状态是“空”还是“满”,物品排队的队列长度等。

(6) 系统输入、输出变量。系统仿真的输入变量可分为确定性变量和随机变量。如果是随机变量则需要确定其分布和特征值。系统仿真的输出变量是根据仿真目标设定的,仿真目标不同,输出变量也不同。

(7) 事件表。事件表列举了系统运行过程所发生的各种事件的类型与描述、事件发生的时间及其相关性。

3. 建立系统模型

系统模型由模型和模型参数两部分组成。离散事件系统仿真模型最常用的是建立系统的流程图模型,也被称为流程模型。流程模型中应包含临时实体到达模型、永久实体服务模型和排队规则。

4. 确定仿真算法

仿真算法是控制仿真钟推进的方法,是系统仿真的核心。常用的仿真算法有:事件调度法、活动描述法、三段扫描法和进程交互法。

5. 建立仿真模型

系统模型仅仅是对系统的抽象化描述,无法使其在计算机上运行。为此还需建立计算机可运行的模型,即仿真模型。仿真模型是将系统模型规范化和数字化的过程,同时也需要根据计算机运行的特点增加一些必要的部件。仿真模型主要部件包括初始化模块、输入模块、仿真钟、随机数发生器、状态统计计数器、事件表、事件处理子程序和输出模块等。

6. 模型验证与模型确认

模型验证主要检验所建立的仿真模型(包括系统组成的假设、系统结构、参数及其取值、对系统的简化和抽象)是否被准确地描述成可执行的模型(如计算机程序)。模型确认则是考察所建立的模型及模型的运行特征是否能够代表所要研究的实际系统。

7. 运行仿真模型

运行仿真模型的关键问题是运行仿真模型时需要确定终止仿真的时间。一般有两种终止方法:一是确定一个仿真时间长度;二是确定仿真事件的数量。

8. 仿真结果分析

仿真结果可以有两种角度的分析:一种是从系统优化的角度考虑问题,即对照仿真目标考察仿真结果是否满意,如果满意则表明系统的参数无须再做改动;另一种分析是从仿真结果可信度的角度来考虑,也就是说仿真结果以多大的可信度和精度能够反映我们所研究的真实系统。仿真结果分析常采用统计学方法。即对仿真结果的可信度和精度进行分析,不断增加仿真次数(或仿真时间)以提高统计结果的可信度和精度,直至令人满意为止。

9. 仿真结果输出

仿真结果输出有实时在线输出和在仿真结束时输出两种方式。当对系统进行动态分析时,往往需要了解各种中间变量或输出变量的实时变化情况。对于这些变量可以设定在仿真钟推进的每一或某一时刻输出该变量的瞬时值,即实时在线结果输出,输出的是仿真阶段性的结果。最后在仿真结束后,需要输出最终的仿真结果。目前成熟的仿真软件一般都可以提供多种仿真结果输出形式,如表格输出、直方图、饼图、曲线图等以及数据文件等输出。

3.2 离散事件仿真模型的构造

3.2.1 实体流图法(Entity Flow Chart, EFC)

实体流图(Entity Flow Chart, EFC)建模法是采用与计算机程序流程图类似的图示符号和原理,建立描述临时实体产生、在系统中的流动、接受永久实体“服务”和消亡等过程的流程图。借助于实体流图,可以表示事件、状态变化以及实体之间相互作用的逻辑关系;所建立的实体流图模型易于转换为面向事件的仿真模型。

实体流图建模方法常用的图示符号包括菱形框(表示判断)、矩形框(表示事件、状态、活动等中间过程)、圆端矩形框(表示开始和结束)和箭头线(表示逻辑关系)等。

1. 实体流图法建模思路

采用实体流图法建模时,可以按照以下思路进行:

(1) 辨识组成系统的实体和属性。

(2) 分析各种实体的状态和活动及其相互之间的作用。

(3) 考察有哪些事情导致了活动的开始或结束,或者可以作为活动开始或结束的标志,以确定引起实体状态变化的事件,并合并条件事件。

(4) 分析各种事件发生时,实体状态的变化规律。

(5) 在一定的服务流程下,分析与队列实体有关的特殊操作(如换队等)。

(6) 通过以上分析,以临时实体的活动为主线,用约定的图示符号画出被仿真系统的实体流程图。

(7) 给出模型参数的取值、参变量的计算方法以及属性描述变量的取值方法。属性描述变量,如顾客到达时间、服务时间等,可以取一组固定值,也可以由某个计算公式取值,还可以是一个随机变量。当属性描述的变量是随机变量时,应给出其分布函数。

(8) 给出队列的排队规则。当存在多个队列时,还应给出其服务规则,包括队列的优先次序和换队规则等。

2. 实体流图法建模实例

实体流图法的符号和原理与程序流程图类似,表示事件、状态变化以及实体间相互作用的逻辑关系。下面通过两个例子来具体介绍实体流图建模方法。例3.1是一个单服务台、单队列服务系统——理发店服务系统,其中的顾客和服务员分别具备了离散时间系统中临时实体和永久实体的基本行为,两者之间的关系则代表了永久实体和临时实体之间典型的服务与被服务关系。例3.2则出现了两类顾客相互竞争资源,因而使得实体流图法建模时有些力不从心。

例 3.1 理发店服务系统。

设理发店只有一个理发员。顾客来到理发店后,如果有人正在理发,就坐在一旁等候。理发员按照先到先服务的原则为每一位顾客服务,而且只要有顾客就不停歇。建模目的是在假定顾客到达间隔和理发花费的时间服从一定的概率分布时,考察理发员的忙闲情况。

对该系统详细分析如下:

(1) 实体。

临时实体:顾客。

永久实体:理发员。

特殊实体:顾客队列。

(2) 状态。

理发员:“忙”和“闲”。

顾客:“等待服务”和“接受服务”。

顾客队列:其状态用队长来标识。

(3) 活动。

存在排队和服务两种活动。

(4) 事件。

存在顾客到达、顾客结束排队(条件事件)以及顾客服务完毕并离去三种事件。

图 3-3 描述了实体流图法建模的一般原则,即:“如果事件 A 导致条件 1 成立(此时为状态),而条件 1(状态)又导致事件 B 发生,则事件 B 并入事件 A。”

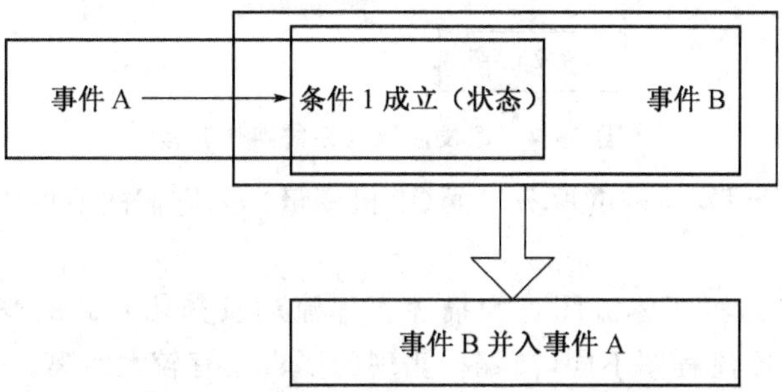

图 3-3 事件并入原则

在上述三种事件中,“顾客到达”或“顾客结束排队”可以导致“服务”活动的开始,而“顾客服务完毕并离去”可以导致“服务”活动的结束,因此均可以作为事件看待。但是,由于“顾客结束排队”(事件 B)以理发员状态是“闲”(状态)为条件的,因此是条件事件;而队列状态为“非零”时理发员状态为“闲”(状态)是由事件“顾客服务完毕并离去”(事件 A)导致的,因此将“顾客结束排队”事件(事件 B)并入“顾客服务完毕并离去”(事件 A),不予单独考虑。

(5) 排队规则。

先到先服务(FIFO),即新来的顾客排在队尾,理发员先为排在队首的顾客服务。

在该系统中,三类实体的活动及状态之间存在的逻辑联系如下:①某一顾客到达时,如果理发员处于“忙”状态,则该顾客进入“等待服务”状态;否则,进入“接受服务”状态。②理发员完成对某一顾客的服务时,如果队列处于“非零”状态,则立即开始服务活动;否则,进入“闲”状态。

通过上述分析,以临时实体顾客的流动为主线,可以画出该系统的实体流图,如图 3-4 所示。需要给出的模型属性变量包括顾客的到达时间(随机变量)、理

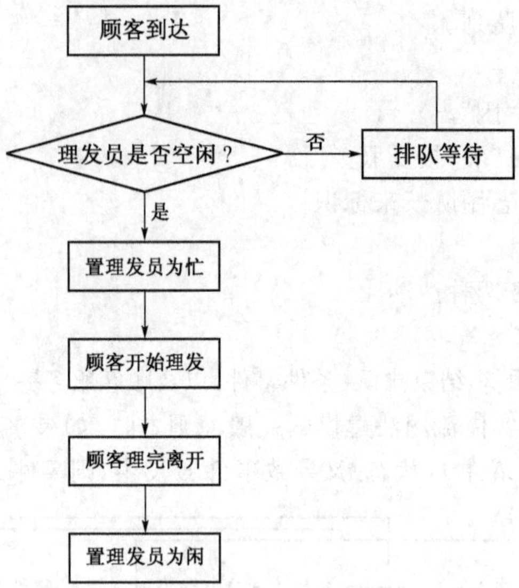

图 3－4 理发店服务系统实体流程

发员为每位顾客理发所需的服务时间(随机变量)等,它们的值可以从不同的分布函数中抽取。

需要指出的是:实体流图是为描述实体流动及其相互间的逻辑关系而绘制的,与计算机程序流程图不同,离编程实现的要求还有较大距离。

例 3.2 售票窗口服务系统。

剧院雇用一名售票员同时负责剧票的窗口销售和对电话问询者的咨询服务。窗口服务比电话服务具有更高的优先级。问询者打来的电话由电话系统存储以后,按先来先服务的原则逐一予以答复。建模的目的是研究售票员的忙闲率。

对该系统详细分析如下:

(1) 实体。

永久实体:售票员。

临时实体:窗口购票者和电话问询者。

特殊实体:购票队列和问询队列。

(2) 实体状态。

售票员:空闲、售票和接电话。

购票者:等待和服务。

电话问询者:等待和服务。

队列:队长。

(3) 实体活动。

售票员:窗口售票和电话服务。

购票者:排队和服务。

问询者：排队和服务。

(4) 系统事件。

购票者：到达，结束排队(开始服务)，服务完毕离去。

问询者：到达，结束排队(开始服务)，服务完毕离去。

(5) 排队和服务规则。

排队规则：FIFO(先到先服务)。

服务规则：窗口购票者和电话问询者分别排队，优先进行售票服务。

以临时实体窗口购票者和电话问询者的流动为主线，可以画出该系统的实体流程图，如图 3－5 所示。需要给出的模型属性变量包括窗口购票者到达时间、电

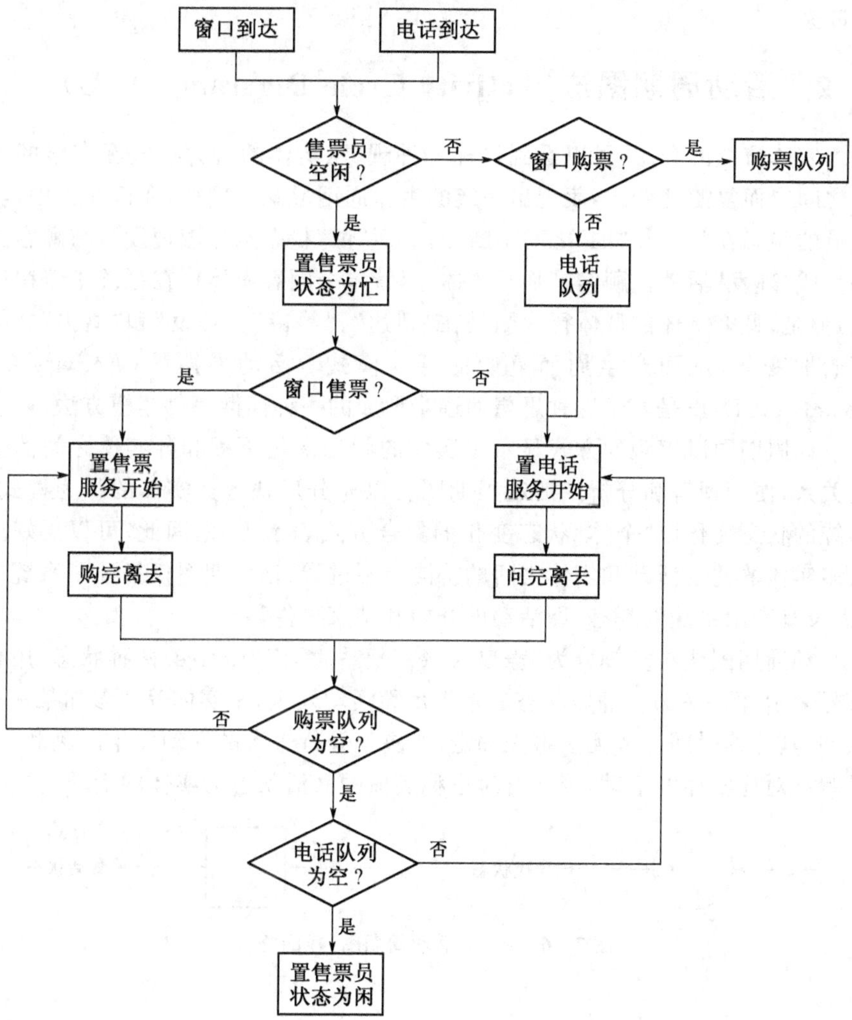

图 3－5　售票窗口服务系统实体流图

话问询者到达时间、售票服务时间和电话服务时间等，它们均为随机变量，其值可以从不同的分布函数中抽取。

与例 3.1 的主要区别在于，例 3.2 存在两条服务途径，因此可以同时存在两个队列，但是顾客不能换队。

另外要注意的是，在图 3－5 中存在两处与服务规则相关的判断和特殊操作。当“电话问询者”和“窗口购票者”同时到达而售票员处于“空闲”状态时，前者加入电话问询者队列，后者接受服务；当服务完毕而窗口购票者队列和电话问询者队列均不为空时，优先为窗口购票者服务。

需要说明的是，由于例 3.2 系统存在两类临时实体同时流动，因此可能出现资源冲突。

3.2.2 活动周期图法（Activity Cycle Diagram，ACD）

由实体流图的介绍，可以看到这样一种现象：实体的行为模式在有限的几种情况之间周而复始地变化，表现出一定的生命周期形式。例如，在例 3.1 中，实体理发员的状态在“闲”和“忙”之间不断变化，而“忙”状态意味着理发员与顾客正在协同完成“理发”活动。顾客是临时实体，尽管单个顾客实体仅在系统中停留一段时间，但是，顾客实体的群体行为则是在“到达”、“等待”、“理发”和“离去”之间周而复始地变化，从而产生周而复始的行为模式。活动周期图（Activity Cycle Diagram，ACD）正是基于这种思想而逐步形成的一种离散事件建模方法。

活动周期图以直观的方式显示了实体的状态变化历程和各实体之间的交互作用关系，便于理解和分析。活动周期图可以充分反映各类实体的行为模式，并将系统的状态变化以“个体”状态变化的集合方式表示出来，因此，可以更好地表达众多实体的并发活动和实体之间的协同。不过，活动周期图仅描述了系统的稳态，而没有表示系统的瞬态，即活动的开始和结束事件。

活动周期图法将实体分为“静寂”（Dead）和“激活”（Active）两种状态，用相应的符号表示（图 3－6）。静寂状态通常表示无活动发生，是实体等待参加某一活动的状态，其持续时间一般无法事先确定，取决于等待进入的活动发生时刻和忙期。激活状态对应实体的活动，因此有时也称实体的激活状态为实体的活动。

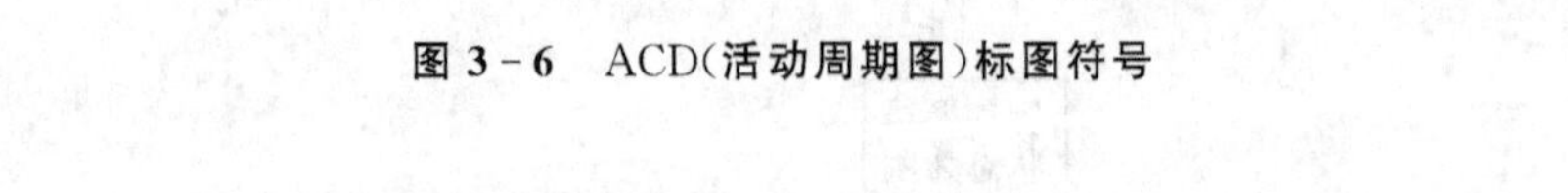

图 3－6 ACD（活动周期图）标图符号

1. 活动周期图的建模过程

(1) 辨识组成系统的实体及其属性。辨识组成系统的永久实体和临时实体，队列不作为实体考虑。

(2) 分别画出各实体的活动周期图。实体活动周期图的绘制要以实际过程为依据，队列作为排队等待状态来处理。在实体流图法中作为事件看待的某些操作或行为，要拓展为活动来处理。活动周期图服从以下两个原则：①交替原则。静寂状态和激活状态必须交替出现。如果实际系统中某一活动完成后，其后续活动就立即开始，则后续活动称为直联活动。为了使直联活动与其前置活动的连接仍然符合交替原则，规定在这两个活动之间存在一个虚拟的队列。②闭合原则。每类实体的活动周期图都必须是闭合的，其中，临时实体的活动周期图表示一个或几个实体从产生到消失的循环过程，而永久实体的活动周期图则表示一个或几个实体被占用和释放的循环往复过程。

(3) 将各实体的活动周期图连接成系统活动周期图。以各实体之间的协同活动为纽带，将各种实体的活动周期图合并在一起。

(4) 增添必要的虚拟实体。在活动周期图中，当一个活动的所有前置静寂状态均取非零值(即队列不为空)时，该活动才有可能发生。利用这个特性，可以增添某些必要的虚拟实体，并假定它们与另外的实体协同完成某项活动。通过这种方法，可以为实体活动的发生增加某种附加条件，从而实现“隔时发生”的建模效果。

(5) 标明活动发生的约束条件和占用资源的数量，包括：①活动是否可以发生的判断条件，而这些条件应是用 ACD 图示符号无法或不便表达的；②永久实体在参加一次协同活动时被占用和活动完成时释放的数量。活动发生的条件一般为某种表达式，标在活动框的旁边。协同活动发生时占用/释放永久实体(资源)的数量标在相应箭头线的旁边(带有＋/－符号)，数量为 1 时不标。

(6) 给出模型参数的取值、参变量的计算方法以及属性描述变量的取值方法，并给出排队规则和服务规则。

2. 活动周期法建模实例

例 3.3 机床加工系统。

考虑一个简单的加工车间。车间内有数台自动机床，由一名工人负责看管。工人的任务是：①如果机床的刀具完好，则为机床安装工件，然后按下运行按钮；②如果机床的刀具损坏，则先要重装刀具，然后完成任务①。只有当机床完成一次自动加工工序，并停止运行后，工人才能执行上述两项任务。假定每台机床均可加工各种工件，并且不会发生工件短缺的现象。建模的目的是为了研究工人的忙闲率。

显然,建模时需要考虑两类实体,即工人和机床。

(1) 工人。工人的主要活动是:“安装工件(RESET)”和“安装刀具(RETOOL)”。另外,也可能由于在一定的时间内离开去干一些其他事情(如饮水)而暂时无法看管机床。为了处理这种情况,可以增加一种“其他活动(AWAY)”,该活动的忙期可以按照某种规律事先确定。上述三种活动均为激活状态。

当工人不处于三种激活状态时,就处于静寂状态“等待(WAITING)”,该状态的持续时间可能较长,也可能较短,取决于激活状态的情况。工人的活动周期图如图 3-7 所示。

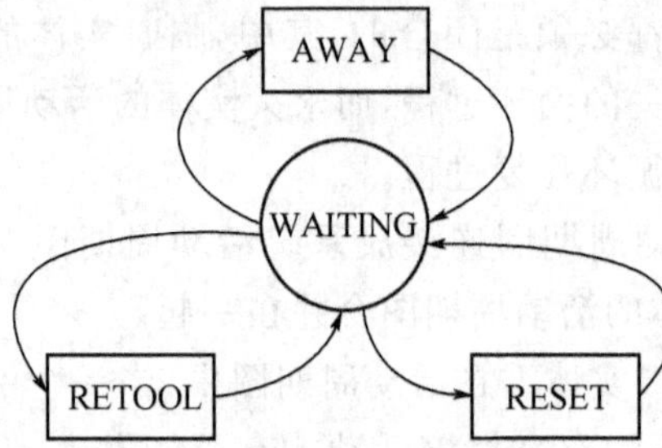

图 3-7 工人的活动周期图

(2) 机床。机床有三种激活状态:“安装刀具”、“安装工件”和“加工(RUNNING)”,其中前两项是与工人协同完成的活动。

机床的活动周期图如图 3-8 所示。图中,激活状态之间均有静寂状态相隔,符合交替原则。虽然“预备(READY)”和“停机(STOPPED)”两种静寂状态在实际工作过程中也许非常短暂,但是这两种状态的引入既满足了交替原则的要求,又便于研究的深化。例如,可以很方便地将模型扩充到两名操作工的情景:一人负责所有机床的刀具安装,另一人负责工件安装。

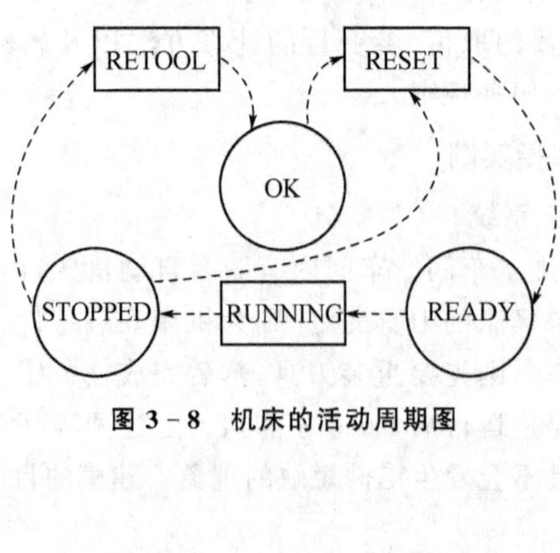

图 3-8 机床的活动周期图

合并工人和机床的活动周期图，可以得到机床加工系统的活动周期图，如图 3－9 所示。由图可知，工人和机床的活动周期图是通过“安装工件”和“安装刀具”两个协同活动相互联系的。每个静寂状态对应唯一的实体，例如，只有工人才有“等待”状态，只有机床才有“预备”、“停机”和“完毕”状态。

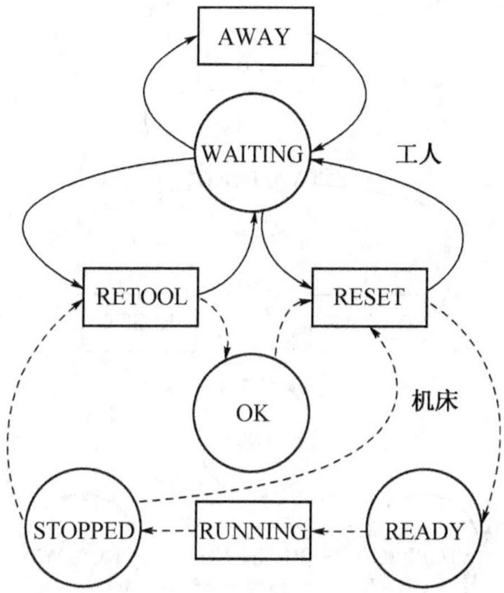

图 3－9　机床加工系统的活动周期图

但是，图 3－9 还并不是一个完善的活动周期图模型，图中的工人只要不从事“安装工件”和“安装刀具”的工作，即处于等待状态，就可以从事“其他活动”，如“饮茶(TEA)”，因为“等待”是“其他活动”的唯一前置状态。假如限定工人每隔 2 h 才能休息 10 min 饮水，那么如何在活动周期图中加以表示呢？

解决方法是引入虚拟实体——工人休息饮茶的权利，这里简称“权利”。权利实体协同工人实体完成“饮茶”活动，其生命周期中要完成“计时(RECORD)”活动。为了满足交替原则，还增加了两种状态：“有权(YES)”和“无权(NO)”，如图 3－10 所示。这样，当权力实体停留在“有权”状态时，处于“等待”状态的工人实体方可进行 10 min 的饮茶活动。饮茶后，权利实体进入“无权”状态，并开始计时活动。当计时 2 h 后，又进入“有权”状态。可见，虚拟实体——权利的引入，满足了每隔一段时间方可进入某个活动的建模需求。

“机床数量”应该作为模型参数加以考虑。每台机床“累计加工的工件数”作为模型的参变量，用以判断当机床处于“停机”状态而工人处于“等待”状态时，机床是否需要重换刀具，从而决定是进入“安装刀具”活动还是“安装工件”活动。属性变量包括“加工时间”、“安装刀具时间”和“安装工件时间”(随机变量)，以及“饮茶时间”(10 min)和“轮休时间”(2 h)。在服务规则中应该明确规定，当工人处于“等待”状态时，是先饮茶休息，还是先工作(假定机床处于“停机”状态且权利处于

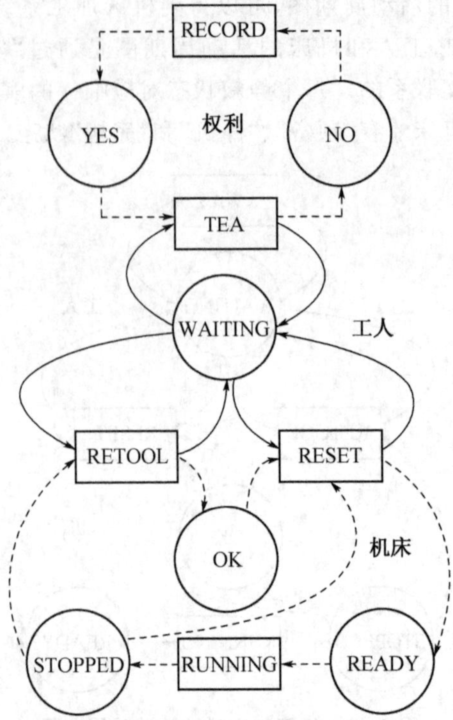

图 3-10 引入权利实体后的机床加工系统活动周期图

"有权"状态)，这里的工作是指"安装刀具"或者"安装工件"中的一种，其选择取决于模型参数的值，如前面的"累计加工的工件数"。当然，也可以采用引入虚拟实体的方法进行处理。

说明：活动周期图中允许进行分支处理，即从同一活动(或静寂)状态引出多个供选择的后续静寂(或活动)状态，以表示实体行为模式中存在的多种可能性。此时，分支状态(这里是停机状态)需要有一个判断变量，根据该判断变量的取值情况，可以确定实体的走向。

3. 实体流图与活动周期图的比较

下面对实体流图和活动周期图之间的区别和各自特点简要分析如下：

(1) 实体流图(以下简称 EFC)是以临时实体在系统中的流动过程为主线建立的模型，永久实体浓缩于表示状态和事件的图式符号中，队列则被作为一种特殊的实体来对待。三类实体的描述相互交织，这使得各类临时实体和永久实体没有单独的图示。活动周期图(以下简称 ACD)则是基于各类临时实体和永久实体的行为模式，两类实体均具有单独的图示表达，因而队列就很自然地成为实体生命周期中的一种状态。

(2) 在ACD中,各类实体的图示是"环形"的循环图,整个系统的ACD有多个环套在一起组成;而EFC则是带有小循环的"树形"流程图。

(3) 事件是EFC的重要组成部分,在EFC中有显式的表达;而在ACD中,事件蕴含在活动之中,没有显式表达。

(4) 状态判断框在EFC中的作用非常重要。ACD则将EFC中需作判断的状态用"空闲"、"等待"等静寂状态表示,而实体是否处于该状态的判断则无须标在图中,因为它已经升华为模型运行时的一般规则。实际上,根据ACD人工运行规则,每个静寂状态都有"条件"的底蕴。

(5) ACD更易于用面向对象的技术实现,软件上也更易于实现仿真程序的自动生成。此外,ACD表示冲突和并发现象更方便、直观。

(6) 尽管EFC不像ACD那样规范,但是,如果不考虑模型的运行问题,EFC比ACD的使用范围更广。此外,EFC可以对队列的排队规则和服务规则进行较详细的描述。

3.2.3 Petri网

如果对活动周期图建模方法进行以下修改:

(1) 取消临时实体活动周期图中的"源"状态,即不再考虑临时实体的生命周期循环。

(2) 将活动看作是"开始事件+状态+结束事件",从而使建模元素变为"事件"和"状态",后者包括活动周期图中的激活状态和静寂状态。

(3) 不强调实体模型之间的独立性。

则可以得到一种新的建模思想,应用集合论的语言加以描述后,就可以建立规范的Petri网建模方法。

Petri网是德国Carl Adam Petri博士在其博士论文"Communication with Automata"(用自动机通信)中首次提出的一种网状结构的信息流模型。它具有并行、不确定性、异步和分布描述能力以及分析能力,是一种适合于并发、异步、分布式系统描述与分析的图形数学工具。作为图形工具,它具有类似流程框图和网图的可视描述功能,还可以通过托肯(Token)的流动模拟系统的动态和活动行为,是一种高效的图形化的研究离散事件动态系统的建模工具。

离散事件系统的本质是事件的发生和状态的变化,事件和状态可分别用Petri网中的变迁和库所来描述,而时间的发生和状态的变化又可由Petri网系统的运行来体现。因而Petri网成功地应用于生产系统、数据流计算、通信协议、形式语言、多处理器系统等的建模中,目前已成为离散事件系统的主要建模工具。

1. 基本术语

(1) 资源。与系统状态发生变化有关的因素称为资源,例如原料、零部件、产品、工具、设备、数据、信息等均是资源。

(2) 状态元素。资源在系统的作用各不相同,根据它们的作用分类,把每一类放在一起并抽象为一个相应的状态元素。

(3) 库所(Place)。库所是存放资源的场所。在库所存放一定数量的资源。

(4) 变迁(Transition)。资源的消耗、使用以及对应状态元素的变化称为变迁。

(5) 条件。若一库所只有两种状态:有标记和无标记,则称该库所为条件。

(6) 事件。事件是涉及条件的变迁。

(7) 容量。库所能够储存资源的最大数量称为库所的容量。

2. Petri 网的结构

Petri 网是一种有向图。组成 Petri 网的节点有两类:用圆圈"○"表示的库所(或简称库),通常对应于事件发生的条件;以及用短竖线"|"或矩形"□"表示的变迁,通常对应于事件发生的结果;库所与变迁用有向弧连接,表示事件间的流关系。因此 Petri 网是一个三元组 $N=\langle P,T,F\rangle$,其中:P、T 是库所和变迁的非空有限集合,满足 $P\cap T=\varnothing$,$P\cup T\neq\varnothing$;F 是连接库所与变迁的弧的集合,可进一步分为子集 $I:P\times T$(库所到某变迁的有向弧),以及子集 $O:T\times P$(变迁到库所的有向弧)。Petri 网也定义为四元组 $N=\langle P,T,I,O\rangle$。

由上可知,Petri 网有两类节点——库所 p 及变迁 t,两种有向弧——从库所到变迁的弧(p,t)及从变迁到库所的有向弧(t,p)。网络的有向弧可赋予权值,表示某一变迁对资源的消耗量或产品的生产值。通常在弧上标以正整数,未标明的弧的权值为 1。网络图中的 K 表示某一库所的容量,未加标注的库所的容量值为无穷大:库中的黑点称为"令牌"(Token),并称黑点个数为令牌数,记为 $m(p)$,表示库所有关数据项或条件的数目(如当前的实际资源/产品数);各库的令牌数列矩阵称为标识(Marking),也称托肯数,记为 M,表示系统所处的状态。M 的初始配置 M_0 称为初始标识。例如,图 3-11 中的 $M_0=[m(p_1),m(p_2),m(p_3),m(p_4),m(p_5)]^T=[1,2,3,0,0]^T$。

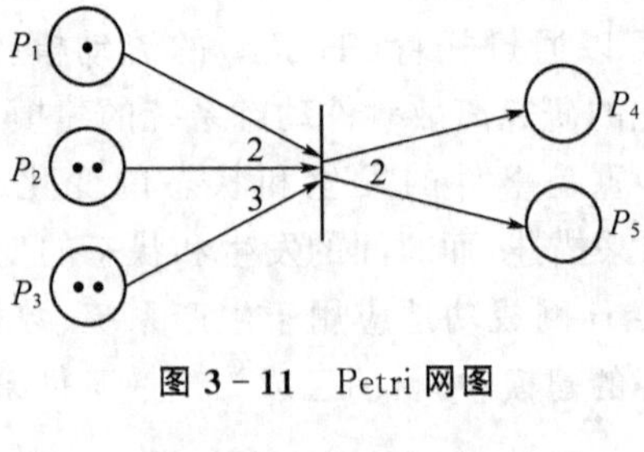

图 3-11 Petri 网图

例 3.4 工业生产线 Petri 网。

有一条工业生产线，它要完成两项操作，这两项操作分别用变迁 t_1 和 t_2 表示。第一个变迁 t_1 将传入生产线的半成品 S_1 和部件 S_2 用两个螺丝钉 S_3 固定在一起，变成半成品 S_4；第二个变迁 t_2 再将半成品 S_4 和部件 S_5 用三个螺丝钉 S_3 固定在一起，变成半成品 S_6。操作 t_1 和 t_2 均需用到工具 S_7。假设由于空间所限，部件 S_2 和 S_5 最多不超过 500 件，放在生产线上的半成品 S_4 最多不超过 5 件，螺丝钉最多不超过 1 000 件。

该生产线可用如图 3－12 所示的 Petri 网表示。

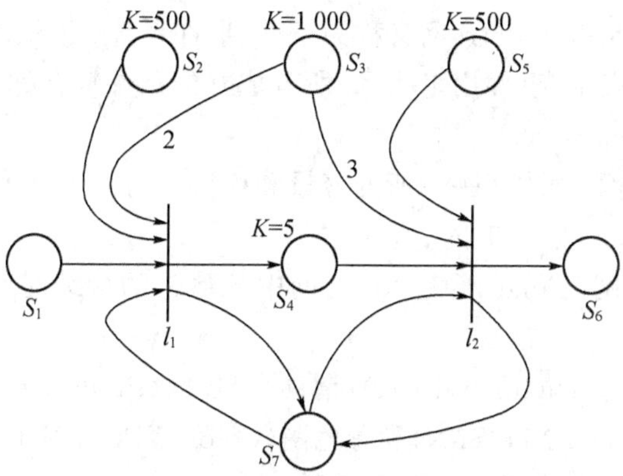

图 3－12 生产线 Petri 网模型

3. Petri 网的运行规则

根据定义可得到 Petri 网的静态结构描述。在仿真中，需要描述网系统的动态行为，为此需给出变迁产生的条件和规则。

由上可见，一个 Petri 网系统由节点、有向弧、权、库所的容量 K 及标识(托肯数)M 构成，因此可表示为一个七元组 $PN=\langle P,T,I,O,W,K,M\rangle$，其中 P,T,I,O 如前，W,K,M 分别是权、容量以及标识(托肯数)的集合。

定义 若 M 为网上的一个标识，则一个变迁 $t_j\in T$ 发生的条件是：

$$p\in t^0\Rightarrow M(p)\geqslant w(p,t)$$

$$p\in t^0\Rightarrow M(p)\leqslant[K(p)-w(t,p)]$$

$$p\in t^0\wedge p\in t^0\Rightarrow M(p)\leqslant[K(p)+w(p,t)-w(t,p)]$$

此时，称 M 授权 t 发生或 t 在 M 下有效，记为 $M[t>O]$。

定义 若 t 在 M 有发生权(有效)，则 t 就可以发生。其结果从 t 的各输入库所移去一个托肯，并向 t 的各输出库所加入一个托肯，M 变成如下定义的新标识 M'：

$$M'(p)=\begin{cases} M(p)-w(p,t), & p\in t^0 \\ M(p)+w(t,p), & p\in t^0 \\ M(p)+w(t,p)-w(p,t), & p\in t^0 \wedge p\in t^0 \\ M(p), & \text{其他} \end{cases}$$

t 的发生把标识 M 变成 M'，记为 $M[t>M']$。

4. Petri 网的类型和特点

(1) Petri 网的类型。

①基本 Petri 网：网中每一库所的容量和权重均为 1。其库所也可称为条件，变迁称为事件，因此基本 Petri 网又称为条件/事件系统，记为 C/E 系统。在 C/E 系统中，条件用户表示，事件用£表示，所有成立的条件集合称为事例，用于 Petri 图中。

②低级 Petri 网：网中每一库所的容量和权重均为大于等于 1 的整数，则称该网为库所/变迁网，记为 P/T 网。

③定时 Petri 网(Time Petri Net)：网中各事件的持续时间标在库所边或变迁上。

④高级 Petri 网(High-Level Net)：谓词/变迁网(Predicate/Transition Nets)、随机网(Statistic Petri Net，SPN)和着色网(Colored Petri Nets，CPN)等，可以表示更多的信息，进而简化复杂的网络模型。

(2) Petri 网的主要特点。

①能很好地表达和描述离散事件动态系统(DEDS)建模中常遇到的并行、同步、冲突和因果依赖等关系。

②为形式化分析提供便利的工具。

③由于用图形来描述的系统形象、直观且易于理解，从而可降低建模的难度，提高模型的可读性。

④可通过分层建立 Petri 图，进而建立如柔性制造系统(FMS)那样的分布式递阶结构。

⑤与系统结构关系密切，可描述系统内部的数据流和物流，并且易在控制模型的基础上直接实现控制系统。

经过 40 多年的发展，Petri 网建模方法已在机械加工、计算机通讯系统和作战指挥系统等多领域得到广泛应用。

3.3 离散事件系统仿真的实现

仿真算法是确定仿真钟推进策略的控制方法，是仿真控制的核心。对同一个系统，所确定的算法不同，仿真模型结构也不同。目前，最常用的仿真算法有事件调度法(Event Scheduling, ES)、活动扫描法(Activity Scanning, AS)、三段扫描法(Three Phase, TP)和进程交互法(Process Interaction, PI)。当今的各种仿真程序、仿真软件几乎都是基于这些算法编制的。为了适应不同系统的仿真，往往综合运用这些算法。

3.2.1 事件调度法

1. 事件调度法概述

事件调度法(Event Scheduling, ES)是面向事件的方法。仿真方法主要是研究系统状态变化，有事件发生就会有状态变化。事件调度法是通过定义事件，并按照时间顺序处理所发生的一系列事件，记录每一事件发生时所引起的系统状态的变化来完成系统的整个动态过程的仿真。由于事件都是预定的，状态变化发生在明确的预定时刻，所以这种方法适合于活动持续时间比较确定的系统。

事件调度法最早出现在 1963 年兰德公司的 Markowitz 等人推出的 SIMSCRIPT 语言的早期版本中，在美国广泛使用，在欧洲则不那么流行。事件调度法的仿真钟采用变步长的推进方法。每推进一次仿真钟，对每一个事件发生所引起的系统状态变化进行处理和记录。事件调度法的基本部件包括事件表、时间控制程序和事件处理子程序。事件表按时间顺序存放所发生的事件以及这些事件的相关属性。事件控制程序根据事件发生的间隔推进仿真钟。事件处理子程序处理每种事件发生时系统状态所发生的变化。事件调度法的程序结构如图 3-13 所示。

2. 事件调度法的算法

(1) 初始化：需要初始化的对象包括时间、事件表、系统初始时间和成分状态。

(2) 将仿真钟设置为系统初始事件的时间。

(3) 执行事件子程序，修改事件表。

(4) 取出 $t(s)=\min\{t_a \mid a\in C_A\}$ 的事件记录，推进仿真钟 TIME$=t(s)$，修改事件表。

上述过程用程序流程表示如下：

while(TIME$\leqslant T_\infty$)则执行

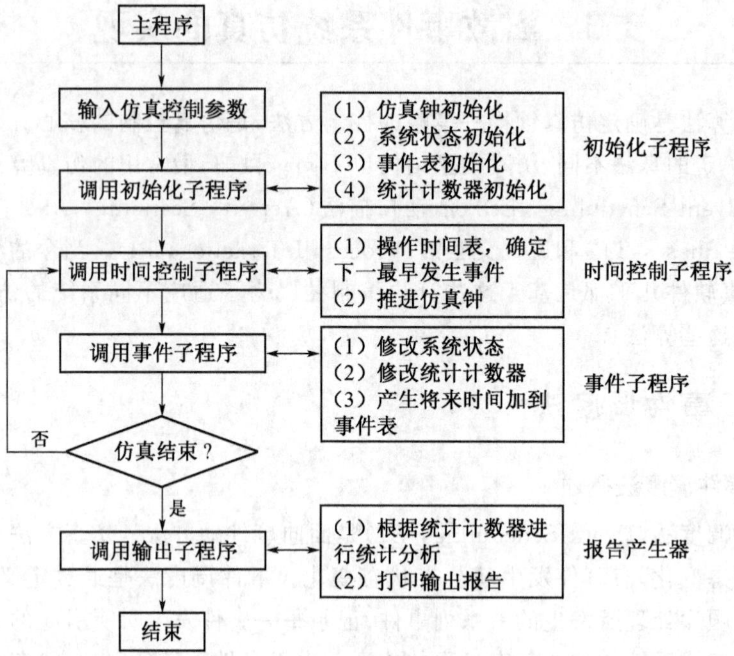

图 3-13 事件调度法程序结构

case 根据事件类型

$i=1$ 执行 1 类事件

$i=2$ 执行 2 类事件

……

$i=m$ 执行 m 类事件

end case

取出具有 $t(s)=\min\{t_a|C_A\}$ 的事件记录

置仿真时间 TIME$=t(s)$

end while

应用链表法对事件表进行处理

3. 事件表的处理

复杂系统运行中事件表规模巨大，如果采用传统的处理方式，每处理完一个事件要将事件表中的所有项向上平移一行。这样的处理显然需要占用时间。为了提高处理效率，采用链表分配法是可取的。

图 3-14 描述了用链表分配法对事件表存储和操作的过程。

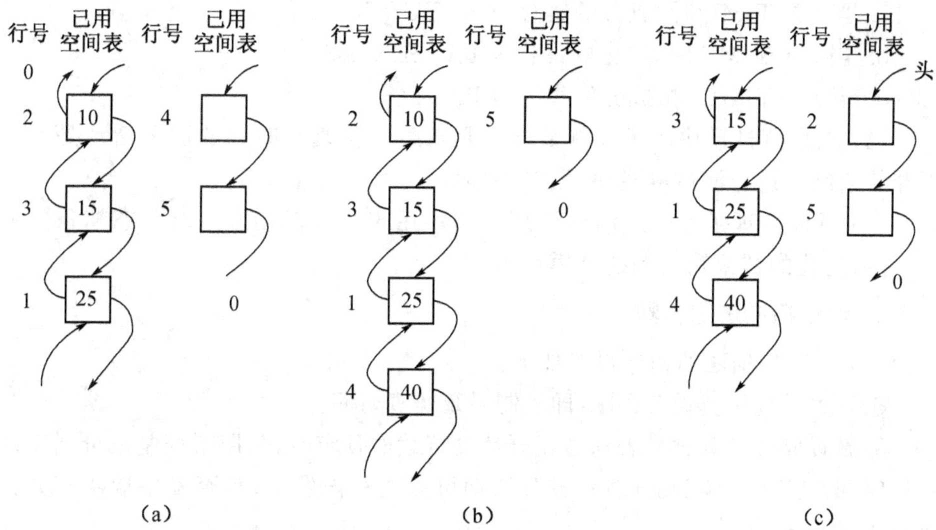

图 3 - 14 链表分配法处理事件表的原理

在图 3 - 14 中,(a)表示在事件表中已有 3 个未来事件,事件发生时间分别为 10,15 和 25 占用了链表中的链节 2、3 和 1,另有链节 4、5 未被使用;(b)表示又产生了一个新的未来事件,事件发生时间为 40,占用链节 4,还剩链节 5 未被使用;(c)表示发生时间为 10 的未来事件被移出事件表,释放链节 2。

3.2.2 活动扫描法

1. 活动扫描法概述

活动扫描法(Activity Scanning, AS)是面向活动的。活动开始和结束是系统状态变化的标志。而活动的开始与结束不仅取决于时间因素,还取决于其他的因素。活动扫描法在英国很流行,最早出现在 1962 年 Buxton 和 Laski 发布的 CSL 语言中。

活动扫描法建立在设立系统仿真钟、成分仿真钟和条件测试模块的基础之上。

(1) 系统仿真钟。与事件调度法一样,活动扫描法也需要设置一个系统仿真钟 TIME,用以标识仿真的进程时刻。

(2) 成分仿真钟。与事件调度法不同的是,活动扫描法不仅要设置系统仿真钟,同时还要设置成分仿真钟 t_a,t_a是成分 a 的仿真钟。这里的成分就是系统模型中的临时实体,只是在仿真模型中取了不同的名称。成分仿真钟用于标识每个成分活动发生的时刻。由于成分的进程包含若干活动,因此 t_a是一个变量。

在仿真的每一时刻,成分仿真钟与系统仿真钟的关系可以归结为如下三种。

a. 当 t_a>TIME 时，成分的集合为 FUTURE(S)。

b. 当 t_a=TIME 时，成分的集合为 PRESENT(S)。

c. 当 t_a<TIME 时，成分的集合为 PAST(S)。

(3) 条件测试模块。条件测试模块是对每一仿真钟时刻的成分活动是否可以开始或结束进行测试的模块，用 D(S)表示。

(4) 活动处理子程序。活动处理子程序用来处理活动发生时状态变量的变化，并将变化的结果输出到统计模块中。

2. 活动扫描法的步骤

(1) 活动扫描法的初始设置如下：

①设置系统仿真钟 TIME，即控制系统仿真时间。

②设置成分仿真钟 t_a 表示各成分活动持续的预定时刻，用来控制成分活动的持续时间。其中 $t_a \leqslant$ Time 表示成分活动可以或早该发生，是否发生取决于条件是否满足。

③设置条件测试模块，测试成分活动开始与结束的条件是否满足。

④设置成分活动处理子程序，处理活动开始与结束时系统的状态变化。

(2) 活动扫描法的处理按以下步骤进行。

①扫描所有的活动。

② $t_a \leqslant$ TIME 的成分进行条件检测，看其活动开始与结束的条件是否满足，满足则可激活成分。

③对所有激活的成分，处理其相应的活动子程序，即修改系统的有关状态，并修改成分仿真钟。

④推进系统仿真钟 TIME。

⑤继续上面的步骤，直至仿真结束。

(3) 上述过程用程序流程表示如下：

```
While(TIME<=T∞)则执行扫描
    for j=最高优先级数到最低优先数
    将优先数为 j 的成分置成 I,
    If t0(i)<=TIME 且 D0(S)=true
    执行活动子程序 I
    退出重新扫描
    end for
    TIME=min{ta|a∈FUTURE(S)}
    end while
```

图 3-15 为活动扫描法的程序框图。

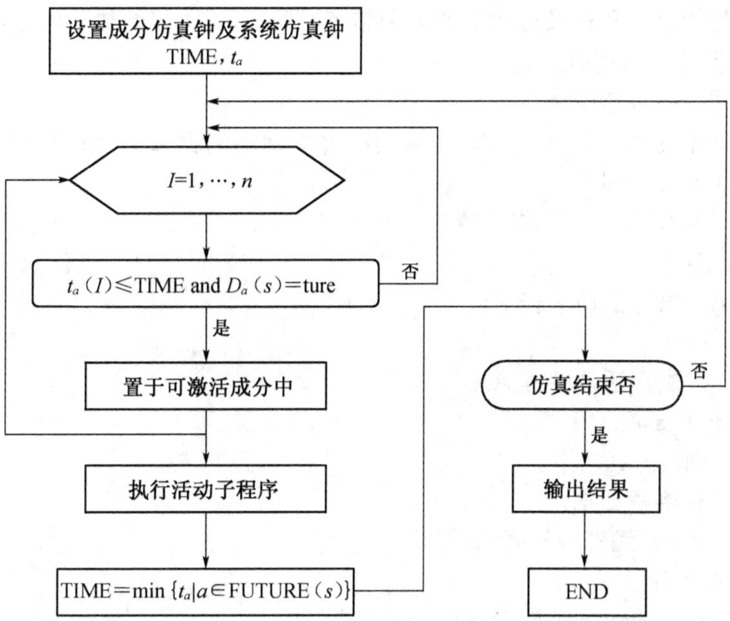

图 3-15 活动扫描法程序框图

3.3.3 三段扫描法

1. 三段式扫描法概述

由于活动扫描法将确定事件和条件事件的活动例程同等对待，都要通过反复扫描来执行，因此效率较低。1963 年，Tocher 借鉴事件调度法的某些思想对活动扫描法进行了改进，提出了三段扫描法(Three Phase, TP)。三段扫描法兼有活动扫描法简单和事件调度法高效的优点，因此被广泛采用，并逐步取代了最初的活动扫描法。在三段扫描法中，活动例程被分为两类。

B 类活动：描述确定事件的活动处理，在某一排定时刻必然会被执行，也称确定活动处理。B 源于英文 Bound，表示可以明确预知活动的起始时间，该活动将在界定时间范围内发生。

C 类活动：描述条件事件的活动处理，在协同活动开始(满足状态条件)或满足其他特定条件时被执行，也称条件活动处理或合作活动处理。C 源于英文 Condition，表示该类活动的发生和结束是有条件的，其发生时间是不可预知的。

显然，像事件调度法中的事件处理一样，B 类活动处理可以在排定时刻直接执行，只有 C 类活动处理才需要扫描执行。在这种仿真策略下，仿真过程不断地执行一个三阶段的循环，以实现活动的平行性，同时防止死锁。

2. 三段扫描法的步骤

(1) 初始化。置仿真开始时间 t_0 和结束时间 t_s，置实体的初始状态，置初始 B 类活动例程及其调用时间 t_s。

(2) 仿真钟 TIME=t_s。

(3) 确定在当前时钟 TIME 下调用的 B 类活动例程 A_i，$i=1,2,\cdots,n$。

(4) B 类例程调用。

如果 TIME≤t_s，按优先序执行。

{case A_i of

A_1：执行活动例程 A_1；

……

A_n：执行活动例程 A_n。

end case}

否则，仿真结束。

(5) C 类例程扫描。

for $j=1,m$(优先序从高到低)

执行活动 A_j；

若 A_j 的测试条件 D[j]=true，则

{退出当前循环，重新开始扫描}；

end for

(6) 推进仿真钟 TIME 到下一最早 B 类例程调用时刻，转至步骤(3)。

(7) 仿真结束。

3.2.4 进程交互法

1. 进程交互法概述

事件调度法和活动扫描法的基本模型单元分别是事件例程和活动例程，这些例程都是针对事件而建立的；而且在事件调度法和活动扫描法策略中，各个例程都是独立存在的。

进程交互法(Process Interaction, PI)面向进程。进程交互法的基本模型单元是进程。进程与例程的概念有着本质的区别，进程是针对某类实体的生命周期而建立的，因此一个进程中要处理实体流动中发生的所有事件(包括确定事件和条件事件)。进程是由若干个有序的事件，以及由相邻事件组成的若干活动组成的过程。一个成分进入系统，完成各项活动的过程可以由一个进程来描述。进程交互法是事件调度法与活动扫描法的结合。它以模型的各种成分的活动为主线来调度事件生成的顺序。其处理方法如下：

(1) 设置一张当前事件表(Current Events List, CEL)，它包含了从当前时间点开始有资格执行事件的事件记录。但是该事件是否发生的条件尚需要判断。

(2) 设置一张将来事件表(Future Events List, FEL),它包含了将来某个仿真时刻发生的事件的事件记录。

(3) 设置系统仿真钟 TIME 和成分仿真钟 t_a。

进程交互法的处理过程如下:

①推进仿真钟 TIME。

②把满足 $t_a \leqslant$TIME 的所有事件从 FEL 移至 CEL 中。

③取出 CEL 中的每一个事件,判断其所属的进程及在进程中的位置。

④判断该事件发生的条件是否满足。

⑤如果条件允许,该进程尽可能连续推进,直到进程结束,该成分离开系统。

⑥该进程推进过程中,遇到条件不满足时,记录下进程的位置,并退出该进程。

⑦重复步骤③~⑥,直至 CEL 中的事件处理完毕。

⑧重复步骤①~⑦,直到仿真结束。

图 3-16 为进程交互法的程序框图。

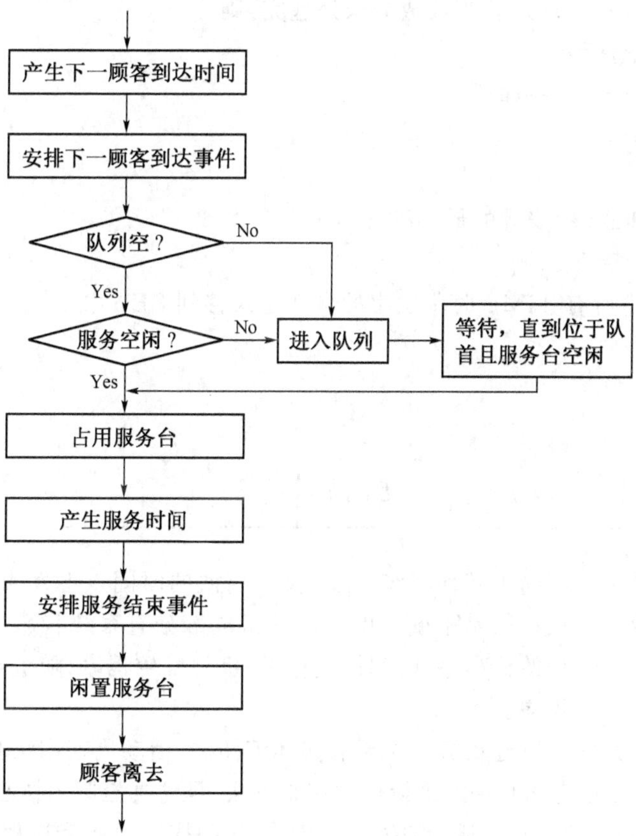

图 3-16 进程交互法的程序框图

进程交互法的设置主要包括:系统仿真钟、成分仿真钟、条件测试模块、将来事件表、当前事件表、进程表等几部分。

将时间与活动按时间顺序进行组合,一个成分一旦进入进程,在条件允许的情况下,它将完成该进程的全部过程。这种处理方法有别于活动扫描法。活动扫描法是每推进系统;仿真钟对所有的活动进行扫描,对每一个条件满足的活动仅进行一次处理,因此所有进程的推进是齐头并进的。而进程交互法的各进程推进则是交替进行的。

2. 进程交互法的流程

```
初始化时间、成分状态和事件表
设置系统仿真钟 TIME=t0
while(TIME≤T∞)则执行
while(CEL 中最后一个记录未处理完)则
while(Da(S)=true 且当前成分未处理完)则
执行该成分活动
确定该成分的下一事件
end while
end while
TIME=FEL 中安排的最早事件
if(TIME<=T∞)则
将 FEL 中所有 TIME 时刻发生的事件记录移到 CEL 中
end if
end while
```

本章小结

离散事件系统不同于其他系统,是指仅在离散的时间点上发生变化的系统,而且这些离散时间点一般是不确定的。它的组成部分有系统状态、仿真钟、事件列表、统计计数器、初始化程序、时间推进程序、事件发生程序、随机观测生成程序库、报告生成器、主程序。

离散事件系统仿真建模方法主要有实体流图法、活动周期图法和 Petri 网。

仿真算法是确定仿真钟推进策略的控制方法,是仿真控制的核心,最常用的仿真算法有事件调度法(ES)、活动扫描法(AS)、三段扫描法(TP)和进程交互法(PI)。

习 题

1. 构成仿真模型的基本要素有哪些?
2. 在系统仿真中,仿真钟起什么作用?
3. 离散事件系统建模方法有哪些? 它们有什么区别?
4. 离散事件系统仿真实现的算法有哪几种? 各有什么特点?

第 4 章 仿真结果分析与评价

系统仿真的目的就是分析比较系统的性能。在多数情况下,仿真实验的结果是由计算机计算得出的,而计算机输出的数据往往并不能反映系统的性能,需要经过分析整理并形成仿真报告。所以仿真输出的数据分析与评价是系统仿真中的一个重要环节。

4.1 系统仿真的类型

通常情况下,根据研究目的和系统特征不同,可以把系统仿真分为两种不同类型:终态型仿真(Terminating Simulation)和非终态型仿真(Nonterminating Simulation)。在非终态型仿真中,考虑稳态仿真(Steady-State Simulation)和稳态周期仿真(Steady-State Cycle Simulation)两种情况。在很多情况下,系统仿真的类型更多地取决于研究目的。

1. 终态型仿真

终态型仿真是由一个"固有事件"E 来确定仿真运行时间长短的一类仿真。固有事件 E 发生的时刻记为 T_E。被仿真的系统满足一定的初始条件,在零时刻开始运行,在 T_E 时刻结束运行。终态型仿真具有以下特点:

(1) 在零时刻的系统初始条件相同;

(2) 必须定义结束事件或结束时刻;

(3) 在 T_E 时刻系统被"清零",或在该时刻以后的数据均没有意义。

例 4.1 某发动机制造商接到了生产 100 台飞机发动机的订单,要求在 18 个月内交货。公司用仿真方法来确定满足交货期要求的、成本最小的生产方案。

例 4.2 某公司只销售一种产品,要确定在 120 个月内需要维持多少库存。给定初始库存水平,系统仿真的目标为:确定每个月的采购量,使得平均每个月的库存维护成本最低。

例 4.3 某公司每天运行 16 小时(分 2 个班次),当天未完成的工作留在第二天继续进行。用仿真方法确定每个班次的平均产量。

例4.1、例4.2两个实例中，都可以找到明显的结束仿真运行的事件。例4.1的结束事件应该定义为$E=\{100$台飞机发动机制造完毕$\}$，而不是仿真结束时刻为仿真运行时间正好够18个月。由于生产方案不同，实际的仿真运行时间不一定正好是18个月。例4.2的仿真结束时刻就是仿真运行时间正好够120个月。在结束事件发生以后，系统的变化状态就不是我们所关心的内容，所以可以停止仿真运行。

不是所有的仿真分析都可以找到一个明确的结束事件或结束时刻。例4.3中，如果把仿真结束时刻设为仿真运行时间刚好够16小时，那么每次仿真运行在零时刻的初始条件并不相同，不满足终态型仿真的条件。由于前一工作日的结束状态被用作后一工作日的初始条件，生产过程本质上是一个连续过程。需要仿真运行足够长的时间才能给出问题的答案。

2. 非终态型仿真

非终态型仿真是没有可以确定运行时间长短的固有事件的一类仿真。仿真对象是连续运行的系统，或至少在很长时间内运行的系统。例4.3就是这样的一个系统，所以需要进行非终态型仿真。在设计新的系统或更新现有系统时，经常需要知道新设计的系统在运行很长一段时间后，系统"正常"运行的情况。这时就需要非终态型仿真。如果作为输出结果的随机变量y具有稳态分布，我们要知道的就是该稳态分布的特征，并不关心系统如何从初始状态过渡到稳定状态。

例4.4 某公司准备建设一套新的生产系统，需要确定这套新系统运行很长时间后平均每小时的产量。假设：(1) 系统每周运行5天，每天16小时；(2) 忽略在每个班次开始和结束时所损失的生产能力，即忽略上班时的准备时间和下班时的整理时间；(3) 在一个工作日中生产连续进行。当系统运行很长时间后，已经排除了系统故障，工人也能熟练操作。

设N_i为在第i个小时内制造的零件数目。如果随机过程$N_1,N_2,\cdots$具有稳态分布，该稳态分布所对应的随机变量为N。那么我们需要知道的是，一小时内制造零件数目的期望值$v=E(N)$。该公司需要知道生产系统经过多长时间才能够达到正常运行状态，为此需要进行稳态仿真(Steady-State Simulation)。

稳态仿真是研究非终止型系统稳态行为的仿真，这些系统行为不受零时刻的初始条件影响。想要使系统的行为不受初始条件影响，需要满足以下条件：

(1) 足够长的仿真时间；

(2) 如果必要，需要规定仿真的预热(Warm Up)时间。

并不是所有非终态型仿真都趋向于存在稳态分布，有时系统状态会出现某种周期性的变动。考虑某航空公司呼叫中心的运作情况，该呼叫中心打入电话的频率在一天中随时间变化，在一周内每天的电话呼叫模式各不相同，但是每周内的电话呼叫模式相同。设D_i为第i个打入电话的等待时间，则随机过程$D_1,D_2,\cdots$

不具备稳态分布。设 D_{ic} 为第 i 周内打人电话的平均等待时间，则随机过程 D_{1c}，D_{2c}，…具有稳态分布。

把系统运行时间划分成等长度的连续时间间隔，称为周期。定义 Y_{ic} 为在第 i 个周期内的随机变量，随机过程 Y_{1c}，Y_{2c}，…具有稳态分布 F_c，对这类过程的仿真被称为稳态周期仿真。

4.2 终止型仿真结果分析

终态(Terminating)仿真是指在模型中明确地规定了仿真开始和结束条件的仿真。这些条件是目标系统实际运行模式的反映，即仿真模型可在某个定义好的规则或条件下终止。对于终态仿真，常常采用所谓的中断式系统(Terminating System)，即系统仿真特定的时间，当 E 事件发生时，系统就停止仿真。此类仿真系统从时间为 0 且在特定的起始状态下开始仿真，并在事件发生时停止。下面要说明中断式系统进行终态仿真时对仿真输出分析的统计方法和步骤。在进行终态仿真时，如果需要通过仿真来估计参数的值，一般采用独立重复法，通过仿真模型做独立重复实验。

4.2.1 重复运行法

一般情况下，终态仿真采用的是重复运行法，又称为复演法。利用重复运行法可以得到独立的仿真结果。所谓重复运行法是指选用不同的独立随机数序列，采用相同的参数、初始条件以及相同的采样次数 n 对系统重复进行仿真运行。用重复运行法进行仿真实验时，采用相同的初始条件，每次仿真运行使用不同的随机数，将终态型仿真重复执行 n 次，每次重复运行是独立的。假定由第 j 次重复运行得到的系统参数值为 X_j，那么 X_j 是独立同分布的随机变量，可以用前面介绍的统计方法求出系统参数的均值和置信区间。不考虑系统模型本身的因素，独立运行的次数 n 越大，统计结果的方差越小，结果越可靠。但是，有时候由于没有足够多的输入数据来支持多次的独立重复运行，或由于仿真运行的时间过长，不能执行足够多的仿真次数，建议取 $n=5$。

对于某一个终态仿真系统，由于每次运行是相互独立的，因此可以认为每次仿真运行结果 $X_i(i=1,2,\cdots,n)$ 是独立同分布的随机数，从而可以直接采用经典的统计分析方法进行仿真结果的分析。由于每次仿真运行的初始条件和参数是相同的，每次仿真运行的结果也必然是相近的，相互之间的偏差不会太大，因此，很自然地可以假设仿真结果 X_1，X_2，…，X_n 是服从正态分布的随机数。设随机变量 x 的期望值的置信区间为 $1-\alpha$，它的估计值 μ 为：

$$\mu = \frac{1}{n}\sum_{j=1}^{n} X_j \pm t_{n-1,\frac{\alpha}{2}}\sqrt{\frac{S^2(n)}{n}} \tag{4.1}$$

其中

$$S^2(n) = \sum_{j=1}^{n} \frac{[\overline{X}(n) - X_j]^2}{n-1}$$

$$\overline{X} = \frac{1}{n}\sum_{j=1}^{n} X_j$$

其中，α 为置信水平。

例 4.5 某银行有 5 位出纳员，到达银行的顾客排成一个队列，每位出纳员一次为一位顾客服务。银行上午 9 点开门，下午 5 点关门，但继续为在下午 5 点时已经在银行内的顾客服务完毕。请问在一天当中顾客的平均排队时间是多少？

表 4-1 银行模型的仿真

序号	顾客数目	服务结束时间	平均排队时间	平均队长	停留时间少于 5 分钟的顾客比例
1	484	8.12	1.53	1.52	0.917
2	475	8.14	1.66	1.62	0.916
3	484	8.19	1.24	1.23	0.952
4	483	8.03	2.34	2.34	0.822
5	455	8.03	2.00	1.89	0.840
6	461	8.32	1.69	1.56	0.866
7	451	8.09	2.69	2.50	0.783
8	486	8.19	2.86	2.83	0.782
9	502	8.15	1.70	1.74	0.873
10	475	8.24	2.60	2.50	0.779

由观测结果计算样本均值和方差：

$\overline{X}(10)=20.3$，　　$S^2(10)=0.31$

构造 90％置信度的置信区间：

$$\overline{X}(10) \pm t_{9,0.95}\sqrt{\frac{S^2(10)}{10}} = 2.03 \pm 0.32$$

即一天当中顾客的平均排队时间在 1.71～2.35 分钟的可能性为 90％。

重复运行法存在一个缺点，即分析人员不能预先控制置信区间的半长。对于固定的重复运行次数 n，置信区间的半长取决于观测值的方差，事先不容易判断运行次数取多少才合适。如果觉得例 4.5 给出的置信区间过大，就需要再补充运行仿真模型若干次。

例 4.6 已经知道单服务台、单队列排队系统的服务时间为均值 1.0 分钟的指数分布，每次到达 1 名顾客，顾客到达的间隔时间为均值 1.5 分钟的指数分布，系统服务时间为 8 小时。用仿真方法来预测顾客的平均排队等待时间，给出显著水平 $\alpha=0.05$ 的置信区间。

解 用重复运行法进行仿真运行，仿真运行的次数分别为 5、10、20，在表 4-2 中给出了输出分析结果。通过多次执行独立仿真运行，才能得到准确程度较高的结果。如果仿真模型比较复杂，单次仿真运行的时间很长，就需要花费比较长的时间。

表 4-2 重复运行法分析单服务台、单队列排队系统

序号	运行次数 n	平均排队等待时间/min	置信区间
1	5	2.515	2.515±1.29
2	10	2.284	2.284±0.60
3	20	1.911	1.911±0.34

4.2.2 序贯程序法

在终态仿真结果分析的重复运行法中，通过规定次数的仿真可以得到随机变量取值的置信区间，置信区间的长度与仿真次数的平方根成反比。显然，若要缩小置信区间的长度就必然要增加运行次数 n。这样就产生了另一个问题，即在一定精度要求下，规定仿真结果的置信区间，无法确定能够达到精度要求的仿真次数。这样就可以对置信区间的长度进行控制，避免得出不适用的结论。

定义均值的绝对误差为 $|\overline{X}-\mu|=\beta$，序贯程序法(Sequential Procedure)的基本思路是选择合适的重复运行次数，在 $1-\alpha$ 的置信水平下，使得置信区间的半长小于绝对误差，即：

$$1-\alpha=P(|\overline{X}-\mu|\leqslant \text{half-lenght})\leqslant P(|\overline{X}-\mu|\leqslant\beta) \tag{4.2}$$

用序贯程序法进行仿真试验的步骤如下：

(1) 预定重复运行的次数 $n\geqslant 3$，建议 $n=5$。

(2) 由 n 次运行的观测值 $X_1, X_2, \cdots, X_n$，计算相应的均值及方差。

(3) 计算置信区间半长 $\beta_n=t_{n-1,1-\frac{\alpha}{2}}\dfrac{\sqrt{S^2(n)}}{n}$。

(4) 若 $\beta_n\leqslant\beta$，则置信区间满足预定的绝对误差，在置信水平 $1-\alpha$ 下的置信区间为 $[\overline{X}(n)-\beta_n, \overline{X}(n)+\beta_n]$，结束仿真。

(5) 若 $\beta_n\geqslant\beta$，假定 $S^2(n)$ 不随仿真运行次数的增加而变化，按照式(4.3)估算达到绝对无差要求所需的仿真运行次数：

$$n_r(\beta)=\min\{i>n; t_{n-1,1-\frac{\alpha}{2}}\sqrt{S^2(n)/i}\leqslant\beta\} \tag{4.3}$$

将仿真模型重复运行 $n_r(\beta)-n$ 次。

(6) 回到第(3)步重新计算置信区间半长，直到满足绝对误差要求为止。

例 4.7 对于例 4.6 中的排队系统，要求统计出的顾客平均等待时间的绝对误差小于 0.60 分钟，用序贯程序法进行仿真。

先执行 5 次仿真运行，得到样本的方差为 $S^2(5)=1.0758$，置信区间的半长为 1.29，不满足绝对误差要求。估算达到绝对误差要求所需的仿真运行次数：

$$n_r(0.6)=\min\{i>5; t_{i-1,0.975}\sqrt{1.0758/i}\leqslant 0.6\}$$

通过试算得到次 $n_r(0.6)=14$。

在应用序贯程序法时，也可以设置相对误差 $\gamma=\frac{|\overline{X}(n)-\mu|}{\mu}$ 作为仿真运行的控制条件。

如何从相对误差来估算仿真运行次数，可以参考式(4.2)、式(4.3)得出结论。

对于终态型仿真问题，如何确定仿真运行次数，选用哪种仿真方法呢？如果系统仿真的主要目的是了解系统运行特征，对置信区间的精度没有特别要求，则采用重复运行法。不论系统有多么复杂、系统仿真的开销有多大，建议至少进行 3～5 次仿真运行，否则无法了解由于随机因素所带来的仿真结果的分散程度。在了解系统运行特征的基础上，给出绝对或相对误差限制，再用式(4.3)来估算所需要的仿真运行次数。

4.3 非终止型仿真结果分析

非终止型仿真，又称稳态(Steady-State)仿真，指对于数量的估计是建立在长期运行的基础上的，理论上运行时间是趋于无穷的。通常很多物流系统都是由初始状态慢慢到达一个稳定的状态，而稳态仿真所关注的就是这个稳定的状态。

4.3.1 重复运行—删除法

对于非终止型仿真来说，只要运行时间足够长，初始条件对仿真结果的影响可以被忽略。但在仿真运行的初期，初始条件对仿真结果的影响十分显著。然而对系统作无限长时间的仿真运行是不现实的，仍然需要规定终止仿真运行的条件。由于初始条件的影响，系统的性能往往会经过一段时间的波动(瞬态过程)以后，才逐渐趋于平稳(稳态过程)。

重复运行—删除法将每次仿真运行分成两个时段：预热阶段$(0, T_0)$和数据收集时段(T_0, T_E)，在 T_E时终止仿真运行，要求 $t=T_0$时系统的状态具有一定的稳态代表性。在此基础上多次独立重复运行，即可对输出结果进行统计分析，如图 4-1 所示，图中 s 为初始队列长度。重复运行—删除法（Replication-deletion Approach）就是在采样时删除那些处于“预热时段”的数据，只统计处于数据收集阶段的数据。

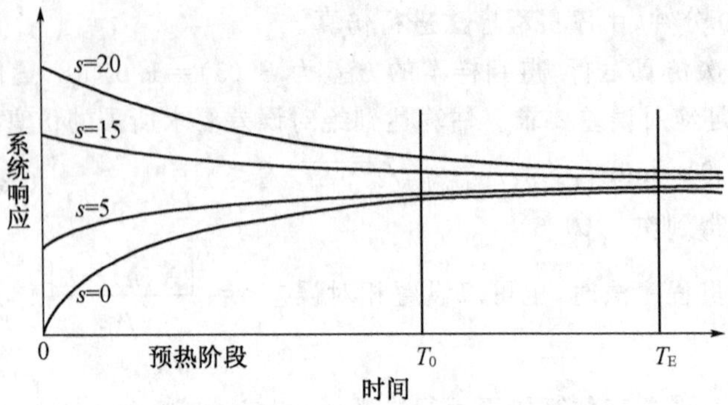

图 4-1 初始条件对仿真结果的影响

观测某个变量的变化曲线是常用的确定预热时段长短的方法。当曲线波动过大时，可以主要采用移动平滑措施来确定预热时段的长度。

采用重复运行—删除法获得输出参数的点估计和置信区间的方法与重复运行法相似。假设仿真运行的总长度为 m，预热时段长度为 l，独立仿真运行的次数为 n。则系统输出变量的点估计为：

$$X_i = \frac{\sum_{i=l+1}^{m} Y_{ji}}{m-1}, \quad \overline{X}(n) = \frac{\sum_{j=1}^{n} X_j}{n-1}$$

构造置信水平 $1-\alpha$ 的置信区间：

$$\overline{X}(n) \pm t_{n-1,1-\alpha/2}\sqrt{S^2(n)/n}$$

重复运行—删除法与重复运行法的区别在于，预热时段内的观测值被剔除，不用来做统计。减少初始条件所引起偏差的方法是，增加预热时段长度和每次仿真运行的长度。

使用重复运行—删除法有几个潜在的困难：①难于正确选择要去除的观察值数目；②使用数据的效率低；③仿真过程必须人为干涉中断仿真运行来收集数据，而且每次运行结束时重新初始化系统。如果系统能够较快进入稳态并运行长度有限，用重复运行—删除法较为适宜。

4.3.2 批平均值法

批平均值法是寻找获得独立同分布随机变量观察值的方法，以便应用经典方法获得置信区间估计。然而，批平均法不是从一些段的独立重复运行中收集数据，而是以单次长时间的仿真运行为基础，这就是批平均值法的本质。批平均值法假定仿真输出 $Y_1,Y_2,\cdots,Y_n$ 满足下述条件：

① $\mu=E(Y_i),i=1,2,\cdots,n$

② $\sigma^2=\text{var}(Y_i),i=1,2,\cdots,n$

③ $C_j=\text{cov}(Y_i,Y_{i+1})$，与 i 无关，$j=1,2,\cdots$

做长时间仿真运行，取足够长的 m 个观测值 $Y_1,Y_2,\cdots,Y_m$。将这些观测值分成 n 批，每批 b 个观测值，即 $m=nb$。设 $\overline{Y}_i(b)(i=1,2,\cdots,n)$ 是第 i 批中 b 个观察值的样本均值(称为批平均值)，即

$$\overline{Y}_i(b)=\frac{1}{b}\sum_{j=1}^{b}Y_{(i-1)b+j},\qquad i=1,2,\cdots,n$$

取总的样本均值为 μ 的点估计。

$$\overline{\overline{Y}}(n,b)=\frac{1}{n}\sum_{i=1}^{n}\overline{Y}_i(b)=\frac{1}{m}\sum_{i=1}^{m}Y_i$$

只要批容量 b 足够大，批平均值 $\overline{Y}_1(b),\overline{Y}_2(b)\cdots$ 将近似不相关，由中心极限定理，还可以选取足够大的 b，使 $\overline{Y}_i(b)(i=1,2,\cdots,n)$ 近似服从正态分布。于是，批平均值可以看做一个独立同服从正态分布的随机变量序列，并获得 μ 的近似 $(1-\alpha)\times100\%$ 置信区间：

$$\overline{\overline{Y}}(n,b)\pm t_{\alpha/2}(n-1)\sqrt{S^2_{r(b)}(n)/n}$$

其中，

$$S^2_{r(b)}(n)=\frac{1}{n-1}\sum_{i=1}^{n}\left[\overline{Y}_i(b)-\overline{\overline{Y}}(n,b)\right]^2$$

重复运行—删除法和批平均值法尽管在原理上和方法上是相同的，但是它们对同一样本空间作了不同的处理。前者是每次运行都从初始状态开始，后者是每次运行的结束状态作为下一次运行的开始状态。重复运行—删除法每次仿真运行都经过初始状态，初始状态的影响会导致较大的均值估计偏差，但是每次仿真运行之间独立性较好。批均值法有利于消除初始状态的影响，但需要注意消除各批观测值之间的相关性。

4.3.3 稳态序贯法

设某次稳态运行得到的观测值是 $Y_1,Y_2,\cdots,Y_n$，其批长度为 l，共 n 批。每批观测值均值为 $\overline{Y}_j(j=1,2,\cdots,n)$，总体样本均值为 $\overline{Y}$。

设仿真运行观测值的批长度为 l，已有观测值 λ 批($\lambda\geqslant2$)，观察相隔为 i 的两批观测值批均值的相关系数：

$$\rho_i(l)=\text{cov}[\overline{Y}_j,\overline{Y}_{j+1}]\qquad(j=1,2,\cdots,n-1)$$

$\rho_i(l)$ 随 l 的变化大致有三种特征。

(1) $\rho_i(l)$为递减函数。

(2) $\rho_i(l)$的值一次或多次改变方向,然后严格地减小到0。

(3) $\rho_i(l)<0$ 或者随 l 变化,无一定规律。

根据 $\rho_i(l)$的以上三种特征,基于批平均值法的稳态序贯法原理如下:

(1) 给定批数因子 n,f 以及仿真长度 m_i(m_i 是 $n \cdot f$ 的整数倍),$\rho_i(l)$的判断值为 u,置信区间的相对精度为 γ,置信水平为 α,令 $i=1$。

(2) 进行长度为 m_i 的仿真运行,获得 m_i 个观测值。

(3) 令 $l=m_i/nf$,计算$\overline{Y}_k(k=1,2,\cdots,nf/2)$,计算 $\rho_j(nf,l)$(可以取 $j=l$)。

(4) $\rho_i(nf,l)\geqslant n$,则表明 m_i 太小,需要加大 m_i,可令 $i=i+l$ 且 $m_i=2m_{i-1}$,返回第(2)步获取其余 m_i-1 个观测值。

(5) $\rho_i(nf,l)\leqslant 0$,则表明增长仿真运行长度无助于 $\rho_i(l)$的判断,执行第(8)步。

(6) 若 $0\leqslant\rho_i(nf,l)\leqslant u$,计算$\overline{Y}_k(2l)(k=1,2,\cdots,nf/2)$,并计算 $\rho_j(nf/2,2l)$($j=1$),判断 $\rho_j(l)$是否具有第2种特征。若 $\rho_j(nf/2,2l)\geqslant\rho_j(nf,l)$,则说明 $\rho_j(l)$确实具有第2种特征。需进一步增大 m_i,令 $i=i+l$ 且 $m_i=2m_{i-1}$,返回第(2)步获取其余 m_i-1 个观测值。

(7) 若 $\rho_j(nf/2,2l)<\rho_j(nf,l)$,则说明 $\rho_j(l)$具有第1种特征,且达到 $\rho_j(l)$判断值 n 的 l 已得到,可以相信 $\rho_j(nf,l)$的值满足独立性要求,此时用平均值法计算该 n 批长度为 fl 的置信区间。

(8) 计算$\overline{Y}_k(nf,l)$以及置信区间的半长 $\delta=t_{n-1,1-\alpha/2}\sqrt{S^2/2}$,最后得 $\hat{\gamma}=\delta/\overline{Y}(nf,l)$。

(9) 如果 $\hat{\gamma}>\gamma$,则未达到精度要求,可令 $i=i+1$ 且 $m_i=2m_{i-1}$,返回第(2)步获取其余 m_i-1 个观测值。

(10) 如果 $\hat{\gamma}\leqslant\gamma$,则达到精度要求,可令估计值 $\gamma=\overline{Y}(nf,l)\pm\delta$,仿真停止。

稳态序贯法较好地解决了批长度及仿真运行总长度的确定问题,并能满足规定置信区间精度的要求。

4.3.4 再生法

再生法的基本思路是识别一些随机时间点,在这些点上输出过程,从概率意义上"重新开始",即再生,并利用这些再生点的独立的随机变量,从而有可能应用经典的统计分析方法。这种方法只能应用于类似简单排队系统这样具有再生特性的系统。在排队系统中,到达间隔时间和服务时间都是同分布的,而所有到达间隔和服务时间是相互独立的,其再生点是顾客到达并发现系统是空闲状态的时刻。这时,顾客在未来时刻的到达和离去将与过去的到达和离去相互独立,而且从任何其他空闲状态之后，它们将是概率意义上的相同的重复运行。这个系统的空闲状态是再生状态(点)。

一个从再生状态开始运行的再生系统，具有数据序列的周期特征。每个周期包含了相继再生点之间收集的数据，而这些循环数据由随机观察值组成。因为不同周期的观察值是独立的，所以由不同周期计算的统计量也是独立的。又由于运行时由一个独立循环数据序列组成，所以不必考虑初始瞬态阶段。

对于再生过程，系统的稳态平均响应是一个周期观察值的均值与这个周期上观察值的平均数目之比。

然而，对于许多系统来说，它们不具有再生系统的特点或很难判断其再生点，这是再生法的困难之一。同时，证明一个状态为再生状态是一个非常复杂的数学过程，因而超出了许多仿真实践者的能力范围。另外，一些系统具有许多再生状态，用户必须对使用哪类再生状态做出决策。

4.4 仿真模型的确认与校验

4.4.1 模型确认与验证的作用

没有可信度的模型和仿真系统毫无意义，甚至会导致错误的决策，因此，确保所建立的模型和所得到的仿真结果可信，对于仿真来说至关重要。

由于仿真是基于模型的实验活动，仿真实验和结果不可能完全准确地代表真实系统的性能，因此，存在可信性的问题。仿真系统的可信性可以通过确认和验证在一定程度上加以把握，从而认为它可以为某一特定的应用目的服务，这个过程就是仿真的确认、验证和鉴定(Validation Verification and Accreditation, VV&A)。目前关于建模与仿真的 VV&A 研究已经形成专门的领域，取得了许多进展。

VV&A 工作的目的是评估对建模和仿真(Modeling and Simulation, M&S)的信任度(Credibility)，评估信任度的过程称为可信度评估(Confidence Assessment)。目前信任度还没有定量的度量方法，仅表示用户对 M&S 主观上的信任程度。验证、确认、版本管理和认定 4 个概念之间存在交叉和包含关系。验证、确认和版本管理是模型认定的途径和手段。

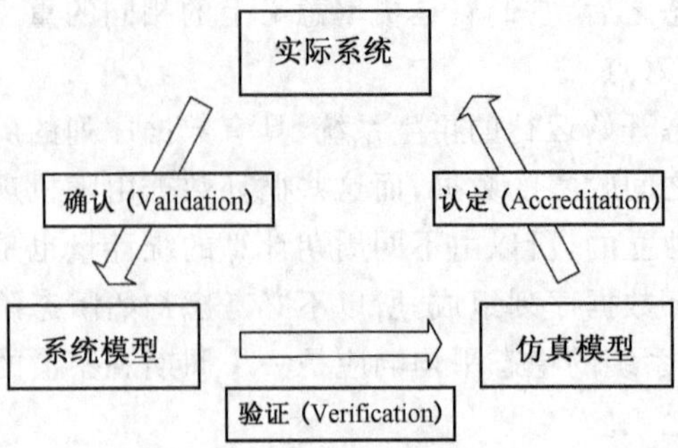

图 4－2　VV&A 的示意图

4.4.2　模型确认与模型验证

1. 模型确认

正确建立系统模型是进行系统仿真的重要前提。模型确认（Validation）是指在特定的研究目的下所建立的系统模型能够准确地表达对象系统的行为。也就是说，能够生成被认为和对象系统等价的有效模型，该模型能够替代真实系统，或者代表所设计的未实现的系统，进行实验分析，对系统的行为和性能做出有效的评价和预测。这样，就使模型的可信度达到可以被管理者和决策者所接受和信任的水平。判定系统模型是否具有足够精度的一个有效的经验准则是，项目经理或项目的主要成员认为系统模型及其结果是正确的。

如果建模的过程主要依靠研究对象领域知识，则系统模型的可信性取决于知识的可信性。如果建模过程主要依靠实验数据，则可对比模型数据与真实数据的偏差来判断系统模型的可信性。模型确认的难易程度取决于如下因素。

(1) 对象系统的复杂程度。建立一个大型的综合配送中心模型要比建立一个单服务台的银行服务系统复杂得多，其模型确认也困难得多。

(2) 是否有现存的实际系统以供观察对比。对比观察实际系统和模型，有助于理解系统的逻辑，发现建模中的错误。但由于仿真经常用来分析未建成的系统，经常没有可以观察的实际系统来帮助确认模型是否有效。

仿真模型的确认是一个复杂的过程，具有明显的不确定性。下面介绍由 Naylor 和 Finger 提出的仿真模型确认的“三步法”。

(1) 直观考察模型的有效性。仿真模型确认的第一步就是使模型具有较好的外观合理性。特别是模型的用户和其他了解所研究实际系统的人员应当承认模型的直观合理性。因此，在仿真建模的过程中，在概念建模和模型执行阶段，最好有用户代表参加，充分听取他们的意见，使模型的结构、数据和简化假设具有较好的实用性。

(2) 检验模型假设。模型假设可以分为两类:一类是结构假设,另一类是数据假设。结构假设包括对实际系统的简化和抽象,或者说系统最低限度的运行条件。数据假设包括对所有输入数据的数值和概率分布所做的规定,这些规定应与实际系统的运行条件基本符合。数据假设应在收集实际系统可靠的运行参数的基础上,进行必要的统计分析之后加以确认。

(3) 模型的输出数据与实际数据的比较。仿真模型可以看做是一种输入/输出变换器。当向模型输入一定的随机变量和决策变量时,经过模型的仿真运行,并通过模型的内部逻辑使之转变为模型的输出响应。将模型的输出数据与实际数据进行比较,是模型确认最具决定性的步骤。如果吻合度很好,则可确定构造的模型是有效的。

如果现有的实际系统与所构建的模型系统十分相似,则可以先构造一个与实际系统一致的仿真模型,并将不同策略环境和数据环境下的仿真运行结果,与相同环境下实际系统输出数据进行比较和分析。两者十分接近,表明该模型对于实际系统已被确认。如果必要,还可以对该仿真模型进行适当的修改,使之与所建的模型在结构上和数据上都有较好的一致性。

如果现有的实际系统与所构模的系统并不相同,但从内部结构上看仍有大部分子系统是相同的,此时,可先对各个子系统分别建立子模型,对这些子模型逐一地进行确认,然后再将这些已被确认的子模型组合起来,使之构成需要的仿真模型。

此外,还有一种对仿真模型的输入/输出进行确认的方法,称为“图灵试验”。其基本思想是将仿真结果和实际系统的运行数据不加标志地送给了解该系统的专家进行鉴别,如果专家们能区分两者之间的区别,则他们的经验就是修改模型的依据。经过这种评议和改进,仿真模型将接近真实系统而达到确认的目的。

需要注意的是,系统模型只是实际系统的一个近似,模型的细化程度是仿真成败的关键之一。进行模型的确认,并非要求所建立的系统模型必须与对象系统完全一致,事实上,完全一致也是做不到的。把系统模型细化到怎样的程度才足够精确,很大程度上取决于研究目标。

进行系统建模,重要的是反映系统运行的机理和状态变化规律,正确地反映系统输入参数与系统性能之间的关系,无须无止境地要求系统模型能够反映实际系统的所有细节。例如,如果要研究自动立体仓库出入库的能力,则必须正确和精确地描述货物出入库过程的逻辑、操作设备的运行时间等,通过精确的时间延迟来模拟作业过程,而不必追究在这个时间延迟中,设备的机构动作细节。

2. 模型验证

模型验证(Verification)是指在已经建立了系统模型的基础上,验证是否正确地由系统模型生成了仿真模型,也就是对模型变换的准确度进行评估。模型验证的目的是确保从系统模型到仿真模型的转换过程是可信的。它把系统模型与实现系统的计算机表达进行比较，确保两者是吻合并准确的。例如，它可能检查模型的逻辑结构是否表达正确（程序代码结构正确），输入参数的数据是否正确。

模型的验证主要采用软件工程中的程序检测方法。应用较普遍的方法是收集实际系统运行的历史数据，用历史数据执行仿真模型，用模型输出和实际系统的输出进行比较，以验证模型的正确性。目前，绝大多数商品化仿真软件都提供动画方式的可视化运行环境，用动画观察可以帮助仿真模型进行有效的模型验证。

模型验证也有多种方法类型，与模型的确认既有区别又有联系，后面将对VV&A方法做分类介绍。这里给出几种最直接、最常用的模型验证的建议方法：

(1) 运行模型，由建模者以外的人员（软件方面的专家）校验；

(2) 画一个详细的流程图，详细到系统逻辑上的每一个事件与活动，以检验模型和实际系统的差别；

(3) 通过记录打印模型输入参数，确信这些参数在模型中使用时，没有被修改过；

(4) 输入—输出分析与检查（改变参数对比分析、历史数据输入输出分析）；

(5) 手工追踪系统实体与参数（仿真结果与手工计算结果比较）；

(6) 使模型结构规范化，变量、子模块、函数、程序等结构清楚，描述注释清楚；

(7) 如果有动画，可从动画过程检查模型，往往能发现问题；

(8) 使用交互式运行控制器或调试器，帮助找到和纠正错误；

(9) 建议使用图形化界面，以快速准确理解模型，从而检验确认。

3. 模型的可信性

一个系统模型若具有可信性（Credibility）至少可以在模型确认（Model Validation）和模型验证（Model Verification）两个层面上进行说明。系统模型只是实际系统的一个近似，模型的细化程度是仿真成败的关键之一。把系统模型细化到怎样的程度才足够准确，很大程度上取决于研究目标。而对模型和仿真系统所做的所有有效性和正确性的确认验证工作往往是必要而非充分的。

究竟要花多大的代价来证明模型的可信性？这也依赖于研究的目的和所要付出的代价。系统建模要在费用与模型价值之间找到一个平衡点。图 4-4 是模型可信性与建模费用的关系示意图。

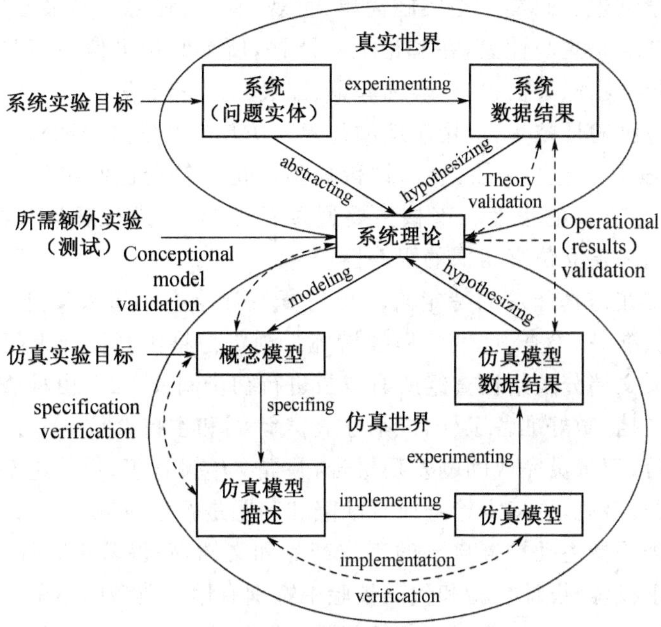

图 4－3　从真实世界到仿真世界的验证与确认

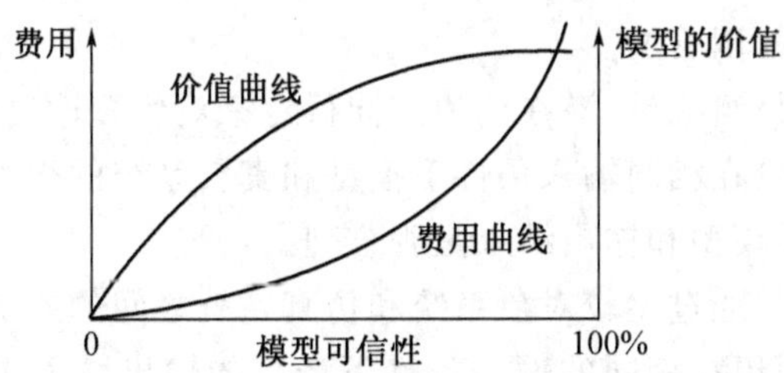

图 4－4　模型可信性与建模费用的关系示意图

4.4.3　VV&A 方法

确认与验证的技术和方法是指在建模与仿真过程中为完成 VV&A 工作而采用的各种技术、方法的总称。由于建模与仿真本身融合了建模技术、系统科学、信息技术、软件工程及其他有关专门领域知识，因此，对建模与仿真的确认和验证也吸收了有关领域的许多成功的测试与评估方法。贯穿整个建模与仿真过程的 VV&A 方法可粗略分为非正规方法、正规方法、静态方法和动态方法 4 大类。

1. 非正规方法

非正规方法是在建模与仿真中使用较普遍的方法，是在一定的、正规的指导下采用的方法，只是这类技术所采用的方法和工具增加人的推理与主观判断，不是严谨的数学推理。此类方法实施简单、直观、省时、省力。如果使用得当，非常有效。它的缺点是主观性大，在理论上不严格，所得结论可信性不足。非正规方法主要有审核、检查、桌前检查、表面验证、图灵测试等方法。

审核是一种验证技术，应用于新的建模与仿真的开发过程和对已有建模与仿真的修改过程中。通过审核，可以评价模型或仿真符合已制定的计划、政策、规程、标准和指导方针的程度。审核主要通过召开会议、进行观察和检查来实施。审核还可被用来建立仿真内部的跟踪性。

检查通常在仿真开发的特定阶段由仿真设计检查小组来实施。检查包括5个阶段：浏览、准备、检查、重做和后续措施。浏览是将仿真设计大纲和建模与仿真需求等相关文档分发给检查组所有成员进行初步阅读，然后由检查组成员审查提供的所有文档，做好准备工作，之后主持人计划和主持会议，进行问题识别，检查识别问题后，记录员完成问题发现报告，并提交给设计组，设计组解决报告中发现的每个问题，最后，主持人检查所有缺陷和问题是否已被解决。

桌前检查是指主动检查自己的工作产品和文档，确保其正确性、完整性和一致性。在需求校验、设计校验和代码校验中特别有用。典型的桌前检查活动有语法审查、交叉引用检查、详细对照规格说明、代码浏览、控制流图分析和激活路径等。检查可以由没有介入实际开发工作的人员来执行，因为对开发人员来说，发现自己的错误是非常困难的。

表面验证是项目组成员、潜在用户和同行专家对仿真输出结果的合理性进行审查。他们通过比较在相同输入条件下模型和真实系统的行为，凭借他们的估算和直觉，主观地判断模型和输出结果是否合理。

图灵测试方法是通过比较对象系统和仿真系统之间的差别，判定仿真的正确性。其方法是：将两组在相同的输入条件下产生的输出数据提供给同行专家，其中一组来自仿真系统，另一组来自实际系统，请专家指出两者的差别。如果专家无法区分两者的差别，模型的可信度就增加了；如果他们能够区分两者差别，则要他们描述区别在哪里；专家的反应提供了关于仿真表示的正确性和适当性的信息。

2. 正规方法

正规方法的基础是用数学形式证明模型的正确性。数学证明是进行建模仿真的最有效的手段。成功应用正规方法，要求模型开发过程必须是良好定义的和结构化的。为了获得最大的效益，正规方法应该在模型开发早期阶段应用。因为正规技术需要付出很大的努力，最好用于那些无法用简单方法解决的复杂问题。由于当前的正式证明技术的局限性，在略为复杂的实际建模与仿真中这种方法还无法应用。

表4-3 Validation的正规方法

动态关联分析法	数量统计方法			时频分析法	其他方法
	参数估计法	参数假设检验	非参数检验		
TIC不等式系统	点估计	t检验	符号检验	时间序列	经验评估
灰色关联分析	区间估计	F检验	秩和检验	古典谱分析	灵敏度分析
回归分析	最小二乘法	X^2检验	游程检验	现代谱分析	模糊方法
	极大似然法	贝叶斯方法	序贯检验	小波分析	
	贝叶斯估计				

3. 静态方法

静态方法评估静态模型设计和源代码,不需要模型的机器执行,需要手工执行。静态方法应用广泛,可以校核验证大量信息,如模型结构、建模技术、模型中的数据、控制流和语法精度等;还可以进行各种分析,如结构分析、因果图分析、数据流分析、语法分析、语义分析、控制分析。

静态方法包括:因果图法、控制分析法、数据分析法、语义分析、缺陷/错误分析、接口分析、结构分析、符号评估、追溯性评价等。

4. 动态方法

动态方法需要模型执行,大多数动态方法需要加入模型探测器,即在执行模型中加入附加的代码,以收集模型执行中行为的信息。探测位置是在模型静态结构分析的基础上,手工或自动获得的。这种方法是实际中较为有效的方法。如白盒法,测试人员了解程序内部结构和处理过程;黑盒法是指测试人员完全不考虑程序的内部结构和处理过程,只在软件接口处进行测试是否满足功能要求。

调试通过几步反复的过程来揭示和纠正导致模型失效的错误,包括反复进行测试揭示存在的错误(Bug)、确定每个错误的原因、确定为纠正已发现的错误必须对模型进行的改动,并实施必要的模型改动。改正一个错误往往可能会引发另一个错误,所以模型改动后应立即重新测试,以确保改动成功。

运行测试包括运行监视、剖面和跟踪技术。运行监视是指通过检查模型运行时发生的活动、事件的低层次信息揭示错误。运行剖面是指通过检查模型运行时发生的活动、事件的高层次信息揭示错误。运行跟踪是通过逐行审查仿真的运行情况来揭示错误,但往往会产生大量的跟踪数据,非常复杂,难以分析。

子模块/模块测试需要自顶向下将模型分解为多个子模型。为可执行模型设置断点,并收集子模型所有输入、输出变量的数据。然后,将每个子模型的行为与对应实际系统的行为进行比较,判定子模型的有效性。如果子系统能够建立解析模型,可以将仿真结果与解析解进行比较,以评价仿真子模型的有效性和正确性。

由于每个子模型允许的错误累计起来可能导致整个模型失效，所以分别验证每个子模型并不意味着整个模型具有充分的正确性。

可视化动画方法是动态验证技术的一个直观方法，模型的动态运行过程可以通过动画表达出来，可以非常直观地揭示一些仿真模型的错误。但动画显示对系统隐藏的有些错误敏感，而对有些错误不敏感，难以发现。

动态验证和校验方法还有很多，如验收测试、Alpha 测试与 Beta 测试、兼容性测试、对象流测试、分支测试、特殊输入测试等。

5. VV&A 作用于建模与仿真全生命周期

人们对客观世界的认识有一个循序渐进的过程，建模活动也是如此。随着人们对系统了解的不断加深，所使用的模型的准确度也越来越高，模型修正和完善的过程实质上正是在 VV&A 的指导下完成的，而且，建模与仿真的每一个步骤都离不开 VV&A。

模型的 VV&A 并不是一个独立的阶段，而是个贯穿于 M&S 全生命周期的持续过程。模型的确认和验证在时间上是并行的，但在建模与仿真的不同阶段又各有侧重，是一个交互迭代反复检查、修改、校验的过程。

上文述及的各种方法在建模与仿真的不同阶段的适用范围也不尽相同。例如，表 4-4 给出了一些 VV&A 方法在建模和仿真(M&S)生命周期不同阶段的适应范围。

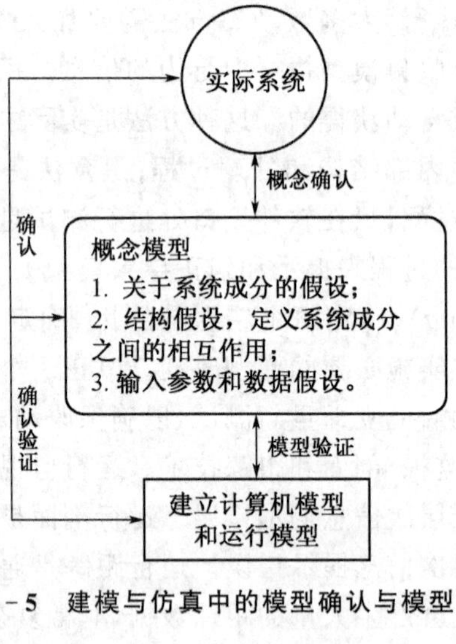

图 4-5 建模与仿真中的模型确认与模型验证

表 4-4 VV&A 方法适用的 M&S 生命周期阶段

VV&A 方法	建模与仿真阶段						VV&A 种类	
	M&S 需求	概念模型	M&S 设计	M&S 开发	M&S 使用	M&S 评估	验证	确认
比较测试	√	√	√	√	√			√
分支测试			√	√			√	√
数据流分析				√			√	
语义分析				√			√	√
测试				√			√	√
灵敏度分析				√	√	√	√	√
运行测试				√	√		√	√
性能测试					√	√	√	
安全性测试					√	√	√	
可视动画				√	√	√	√	√
缺陷/错误分析				√	√		√	√
验收测试					√	√	√	√
模型接口测试				√	√	√	√	
数据接口测试				√	√		√	
用户接口测试				√	√		√	
极值输入测试				√			√	√
实时输入测试				√	√	√		√
……								

尽管人们已经获得了多种验证与确认方法，但是充分证明模型和仿真结果的有效性和正确性仍是十分困难的。证明仿真及其结果的可信性要伴随相应的成本和代价。M&S 的确认与验证也是在可信性与成本之间的均衡。在成本合算的前提下，仿真方法及其确认验证才被鼓励采用，同时要进行模型的确认和验证也需要遵循一定的原则。模型可信性与建模费用之间的矛盾与均衡体现在 VV&A 原则和对具体方法的选择上。

目前关于建模与仿真(M&S)的 VV&A 原则也有许多研究和标准推出，例如美国国防部、IEEE 分布式交互仿真委员会和北约研究与技术组织等各大组织都曾进行过相应的工作并推出一系列标准和原则。例如相对正确原则、全生命周期原则、有限目标原则、必要不充分原则、全局性原则、局部性原则、程度性原则、创造性原则、良好计划和记录原则、分析性原则、相对独立性原则、数据正确性原则，等等。

本章小结

物流系统仿真的目的是通过仿真得到系统性能的测量指标，用来衡量系统性能的优劣，辅助决策。所以，仿真结果的分析是重要的部分。

终态仿真是指在模型中明确地规定了仿真开始和结束条件的仿真。非终态仿真是指对于数量的估计是建立在长期运行的基础上的，理论上运行时间是趋于无穷的。

模型验证、确认和认定（VV&A），国内习惯称为模型校验。VV&A 工作的目的是评估对 M&S 的信任度（Credibility），评估信任度的过程称为可信度评估（Confidence Assessment）。

习　题

1. 终态仿真和非终态仿真的区别及适用范围是什么？

2. 具体说说 VV&A 的四大类型。

3. 用仿真方法分析某电话呼叫中心在每个工作日前两个小时中的运行状态得出接线员的工作效率。4 次独立重复仿真运行得到的接线员工作效率为：0.808，0.875，0.708，0.842。构造接线员工作效率的置信区间，置信度设为 90%。

4. 请分别举 2 个需要进行终态仿真和非终态仿真的系统实例。

第 5 章 ED 软件基础

5.1 ED 软件简介

Enterprise Dynamics(ED)软件是荷兰 INCONTROL 公司旗下的主要产品。INCONTROL 公司总部位于荷兰马尔森市，是一家软件解决方案提供商，同时也是一家物流仿真和定量分析领域的咨询公司。Enterprise Dynamics 是一个以对象为导向的建模、仿真的工具，可仿真模拟任何复杂动态的生产、物流系统，它还提供 3D 可视化仿真环境。

Enterprise Dynamics 软件广泛应用于生产制造领域、物流领域、基础设施建设领域、运输和交通等领域。开放的面向对象的仿真保证你能按照所想的去建模。从细节来说，Enterprise Dynamics 支持多种格式 2D 图片及 3D 模型的导入，使仿真对象无论从功能上还是外观上都更加逼真。可对时间、成本、资源、可靠性、安全性、可持续性等指标建模进行统计分析。

5.1.1 ED 相关产品介绍

Enterprise Dynamics 提供相应行业解决方案，包括：

Enterprise Dynamics Logistics 主要应用于生产、仓储以及其他各种各样的物料处理系统优化仿真，系统提供了装配设备、操作员、机器人、输送器、货架、升降机、起重机、转车台、拖车等丰富的资源对象类型。基于 Enterprise Dynamics Logistics，建模者可以对复杂动态的物流配送中心等相关系统进行快速仿真模拟。

Enterprise Dynamics Airport 是为处理机场地勤事务而设计的综合分析工具，可对机场中的各种独立工序及工序间的依赖关系进行定量分析，如协助平衡机场、航线与旅客运营情况。基于 Enterprise Dynamics Airport，建模者可以验证、规划机场的长期发展、检测瓶颈、评估能力与人员配给等工作。

PLATO 指 Pedestrian Logistics Analysis Tool，即行人物流分析工具，用来模拟仿真并分析行人流、人群以及拥塞状况。基于 PLATO，建模者能够加快建模过程，实现瓶颈可视化，将每一个行人作为一个独立个体进行建模，他们流经一个排队系统，并且拥有独自特征，如始发地、目的地、所偏好的步行速度与路径选择。

Enterprise Dynamics Transport 主要应用于公路运输节点内部和外部的运输流和信息流的建模仿真。例如，对货运公司的全部堆场的管理及内部运输过程的仿真以及对由众多节点和枢纽构成的物流网络的仿真。

Enterprise Dynamics Educational 主要针对学校教学，提供 13 个应用 Enterprise Dynamics 处理实际问题的小模型，便于学习如何应用 Enterprise Dynamics 软件对实际问题进行仿真处理。

5.1.2 ED 软件的功能介绍

ED 软件以对象为导向，拥有多种元件，可对物流情境进行建模、仿真，并且可通过 3D view 使模型呈现三维效果，可视化效果好。ED 为开放式结构，高级用户能建立并使用自己创建的元件。现 ED 包含 100 个标准元件，但是这个数字在不断增长。对于初学者而言，只需从使用最频繁的大约 30 个元件中选择足够的元件配合自己的实际应用即可。ED 同时有一套内置的编程语言，称之为 4DScript，可用于在模型中处理现实中的特殊情况。

表 5-1 ED 主要功能阐述表

	主要功能阐述
建模与输入方式	1. 提供丰富的库/模块，同时也可自定义模块，实现扩展功能。所有的模块都是开源的 2. 多种兼容的输入和控制设备，如键盘、鼠标、条形码扫描仪、轨迹球、触摸板、音频识别仪和 3D 鼠标 3. 多种建模方式——拖 & 拽、从数据库导入、软件提供的建模向导、Active X 控件甚至是纯代码的方式。软件的建模窗口提供了断点追踪和错误提示窗口 4. 模型的最大规模不受限制 5. 可建立大跨度地理距离的模型，在某些模块中加入经纬度来标示它的长度、宽度和高度 6. 支持常用的随机分布（Poisson、Bernoulli、Geometric、Hyper Geometric、Uniform、Erlang、Normal、Exponential、Hyper Exponential、Pareto 等），并支持自定义的随机分布

续表 5-1

	主要功能阐述
建模与输入方式	7. 可使用 4DScript(ED 内置脚本语言)，C++，Delphi 或其他编程语言或通过动态链接库(DLL)来任意修改建模环境。4DScript 提供丰富的函数接口(2 200 个) 8. 支持先进先出(FIFO)、后进先出(LIFO)、最小优先、最大优先、随机、基于对象的变量、模型的状态决定以及用户自定义等的灵活多变的排队规则 9. 面向对象分层建模。代码、空间、函数或者是内置的例程都可以复用，模型可以分为任意层次，放置到预定义的容器中
数据库	1. 支持 ODBC 和 ADO 数据库(现今大部分主流的数据库都支持 ODBC，如：MS Access，Oracle，Sybase，Informix，Paradox，SQL Server…) 2. 可使用 4DScript 的命令来对数据库进行任何操作 3. 内置 Database 窗口帮助显示数据库的任意子集
外部数据链接	1. 多样的外部数据连接方式：DDE、ActiveX、CommPorts、TCP/IP、Databases、Text、CSV、Excel、Word、OPC、CAD Wizard、DLL's、XML 1. 支持 TCP/IP、支持 POP、SMTP、HTTP 和 XML 等上层应用协议 2. 数据连接通过模块进行，模块完全可以根据用户需求设置 3. 4DScript 提供相应命令可使通过互联网通信 4. 可以导入 AutoCAD 的.dxf 文件 5. 可进行高效、大负荷的数据运算和传输 6. 可与其他仿真/建模软件集成，如 Suitcase、Show Flow 7. 可将模型、报告导出为 XML 格式
仿真模块	1. 可自定义模块，所有模块均开源；面向对象，所有模块都可以继承 2. 模型支持模块没有数量限制，目前最高纪录是一个模型中有 50 万个模块同时运行 3. 仿真模块带有空间信息；模块之间可以交互 4. 强大的报表环境，可以读写 Excel、Word 等 5. 强大的模型实验环境，可运行多个场景，可对比运行一个模型的多种参数组合 6. 包含第三方优化工具 OptQuest，同时也在开发自己的优化工具，让通用优化算法的使用成为可能
建模语言	1. 可使用自己的建模语言——4DScript，简单易用 2. 可创建自己的函数 3. 模型混合使用解释和编译的方法，兼顾性能与灵活型 4. 支持各种统计——最大值、最小值、均值、标准方差、吞吐量、积分，可以统计参数数值、时间、事件等 5. 包含离散分布生成器 6. 包含随机数生成器

续表 5-1

	主要功能阐述
运行特点	1. 内置多次运行,可以通过多次的重复运行得到可靠的仿真结果 2. 模型场景批量运行 3. 支持预热期,且预热后可以使用外部来源的数据来干预模型,这些数据可以来源于数据库、文本文件、Excel、TCP/IP 网络传输、OPC 标准 WinCC 输出等 4. 灵活地控制模型运行,如暂停、调整速度、设置模型初始条件等 5. 大模型的运行速度快 6. 模型可导出为可执行程序 7. 支持连续/离散建模 8. 支持建立分布式仿真,并已预留接口
动画效果	1. 接生成即时动画(即可以反映出模型的修改),而非事后动画;支持多种图形格式,.bmp,.rle,.dib,.emf,.wmf,.jpg,.jpeg,.jpe,.jfif,.dxf,.gif,.tga,.win,.vst,.vda,.icb,.pgm,.pbm,.ppm,.tif,.tiff,.fax,.psd,.pdd,.psp,.pgn,.ico,.pcx,.scr,.pcc,.cel,.pic,.pcd,.3ds,.lwo,.wrl. 同时,也可以使用 OLE 容器来展示 OLE 对象(即支持 OPC) 2. 可编辑 3D 图形 3. 支持图形开发
校验功能	提供一个类似于 C/C++,Delphi 的调试器(Debugger),可实现逐段代码的运行,可修改模型中的任意参数和模型的状态
输出方式	1. 多种标准报告模板,也可自定义报告模板 2. 支持数据与图表结合模式,可自定义饼图、柱状图、甘特图等图表 3. 可编辑报告,添加额外信息,可设置板式直接打印 4. 可与其他应用程序集成,提供了 OptQuest,StattFit,Oracle 和其他很多程序的标准接口

5.2 ED 软件用户界面介绍

5.2.1 ED 的启动

通过开始菜单启动 Enterprise Dynamics(以下称 ED),出现一个闪屏可弹出如图 5-1 的对话框,在此根据需要选择一个应用文件(建议选择应用文件 Logistics Suite)开启 ED。

图 5－1 ED 软件启动界面

对于初学者而言，ED 提供了模块案例向导，窗口打开后，会自动弹出各功能模块的相关案例。单击案例名称，即可进入学习。

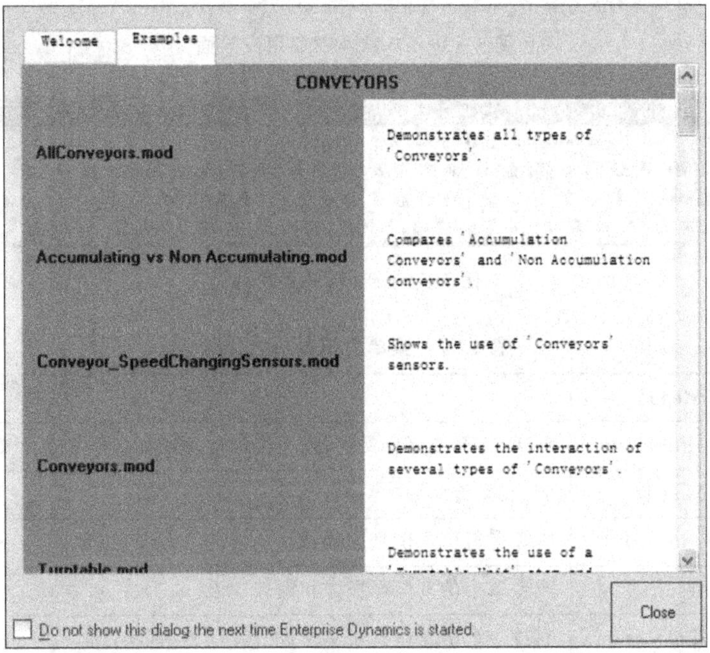

图 5－2 案例向导

5.2.2 窗口的构成

ED 软件窗口可被划分为：

(1) 菜单栏和工具栏。打开 ED 软件，可见其窗口用户界面如图 5－3 所示。

菜单栏提供打开和保存文件以及其他的一些功能，分成文件、模型、仿真等十个子菜单，如图 5-4 所示。菜单栏的相关功能如表 5-2 所示。

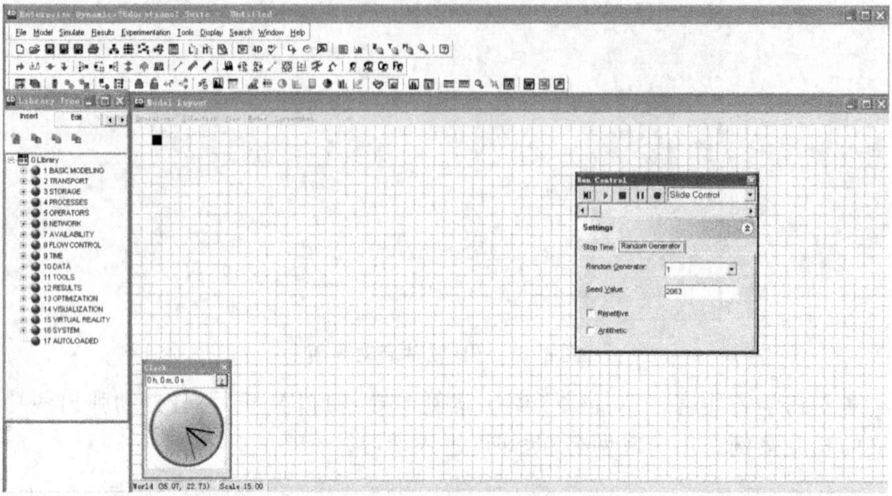

图 5-3　ED 软件窗口用户界面

图 5-4　ED 软件菜单栏

表 5-2　菜单栏相关功能介绍

菜单(Menu)	功　能
文件(File)	创建、打开或保存文件，或控制标准功能如打印和定位文件
模型(Model)	创造、查看模型
仿真(Simulate)	实际运行单个仿真过程
结果(Results)	产生单个仿真运行报告和图表
实验(Experimentation)	通过多个仿真运行对实验进行设计、执行和评估
工具(Tools)	包含一系列的工具，如用于元素的构建、4DScript 语言和自动匹配函数等功能的元件编辑器
显示(Display)	模型在 2D(二维)或 3D(三维)模型的可视化
窗口(Window)	包含多个窗口，如 4DScript 或图标的概述
帮助(Help)	包括完整的使用指南以及公司信息、版本信息

工具栏由多个快捷按钮构成，点击快捷按钮，元件会自动出现在模型中，或者执行一个命令。快捷按钮可分为三排，第一排的相关介绍如下：

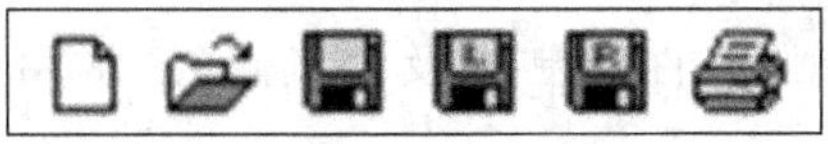 文件的处理，如新建、打开、保存、打印等

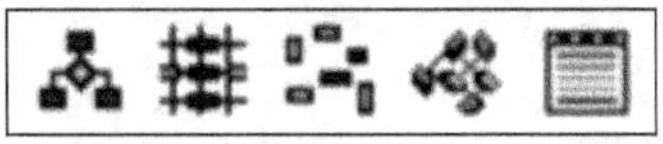 图层，2D、3D视图等

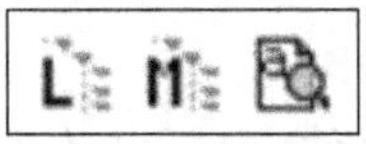 库树、模型树以及元件编辑器

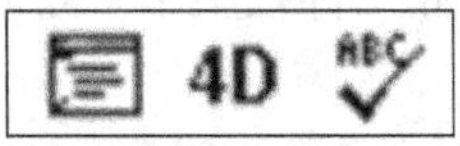 4D语言编辑、4DScript命令及文本编辑

 运行控制器、仿真时钟等

 图文报告

 查找树元件、动态元件以及字符串或元件

 帮助按钮

第二排的按纽包括：

 进入、排队、处理（服务）以及离开按钮，这是基本模型构建的常用元件

 货物的打包、分拆、处理、容器等

 节点、可/不可堆积输送带，可堆积输送带可模拟辊式输送机，不可堆积输送带可用于模拟链式输送机

 起重机、运输机、机器人等

 操作员、工作队伍相关操作

第三排的按纽包括：

 到达列表，组合器

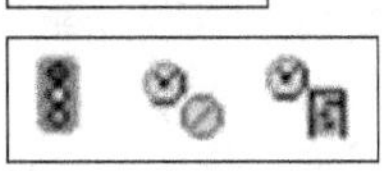 可用性控制、维修等

单个/多个元件的变换

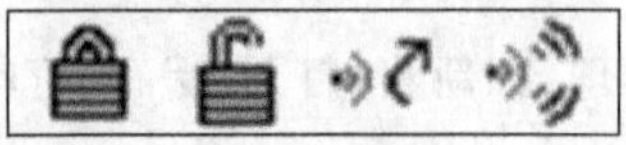锁定、开锁、条件控制以及节点路径，常用于流控制

用户事件、实验分布及表格

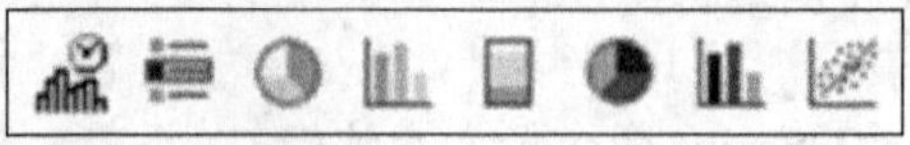均为结果分析元件，包括状态显示、状态图及监视器等

文本及位图编辑器

自动拟合及元件查看标签

跟踪控制、错误监视、语句观测、调试显示以及定语编辑等

与 Word、Excel、Database 实现数据交互

(2) 库树和模型图层窗口。库树中包含用户能置入模型中的所有元件，每个元件有特定的功能，按照功能的不同可分为 17 类，将不同元件合理正确地绑定在一起，用户可以使用这些元件来建立自己的 Enterprise Dynamics 的业务流程或者模型。为方便使用，库树中的常用元件以快捷按钮的形式在工具栏中存放。库树中的元件可以增加和删除，元件拖动到模型图层窗口即可生成模型。每个分类左侧有个"+"号，表示此类下面还分设子类别。

模型图层窗口：可以在窗口内放置元件从而建立模型。点击快捷键菜单中建模所需元件的按钮，元件即出现在模型图层窗口，或左键按住库树中选择建模所需的元件，拖入模型图层窗口模型，下一步就可利用这些元件来建立仿真模型。

模型图层窗口的菜单中五个选项，可对模型图层窗口内元件执行选中、删除、剪切、拷贝等命令，打开 View 菜单，可对模型通道的是否可视化、通道形式、图层窗口网格形式等进行设置。

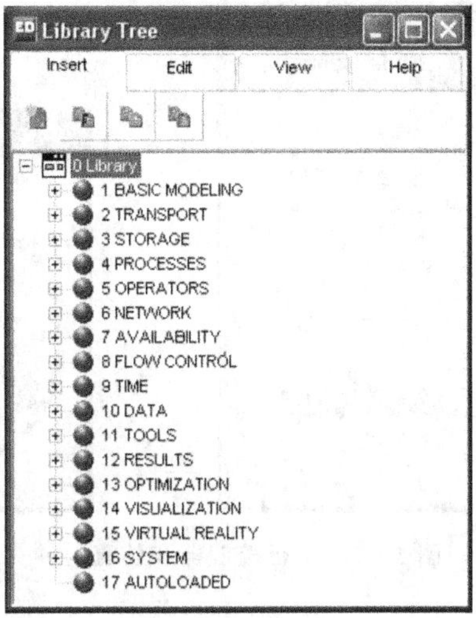

图 5-5　库树窗口

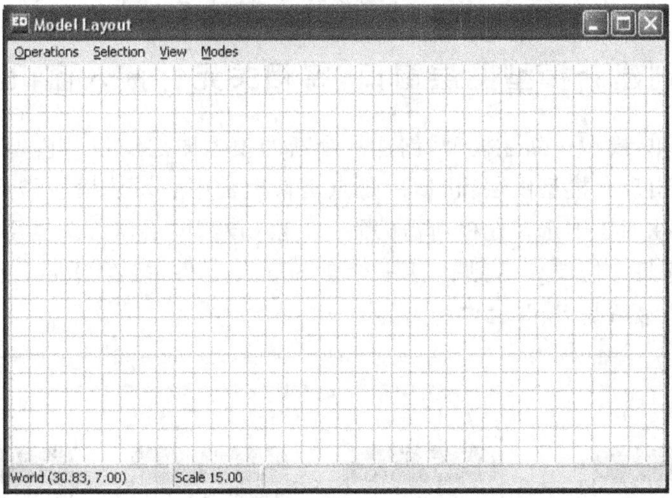

图 5-6　模型图层窗口

(3) 运行控制器和时钟。运行控制器:可重置参数和启动模型,控制运行速度。如选择 Slide Control 项,则可通过拖动滑条来控制模型的运行速度。如需要对运行的时间进行设置,可选择 Settings 下面的 Stop Time,选择停止的时间。

时钟:记录仿真时间。时钟显示在仿真过程中模型所需的模拟时间,并非现实时间。

图 5-7 运行控制器和仿真时钟

5.3 ED 建模的基本步骤

5.3.1 创建新模型图层窗口,将相关元件拖入窗口

点击菜单:模型—新建模型,创建一个新的模型图层窗口。模型元件可以通过两种方式出现在模型图层窗口,一是点击快捷键中表示建模所需元件的按钮,二是左键按住库树中选择建模所需的元件,拖入模型图层窗口。运用 4 个基本元件,并按顺序将它们放入模型中,第一个是 Source 元件,接着 Queue 元件,然后是 Server 元件,最后是 Sink 元件。

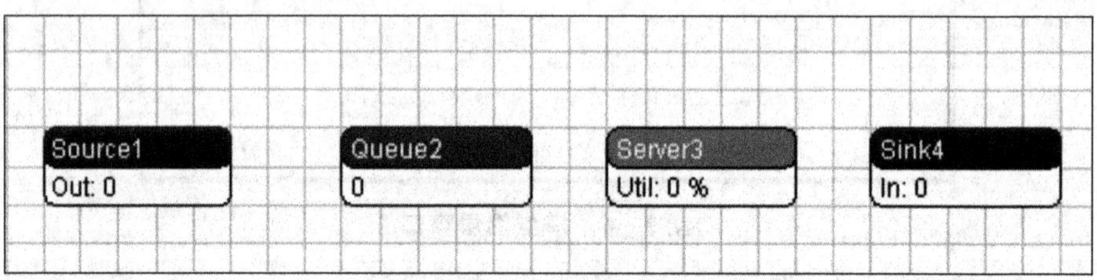

图 5-8 简单模型的建立图

若出现错误,可点击选中相关的元件,按下“Delete”键将元件从模型中删除。点击元件左上角或者右下角并拖动可调整元件大小。点击元件任何部位(左上角与右下角除外)并拖动,可对元件进行移动。同时按下鼠标的左右键,可扩大和缩小窗口。

为了检测顾客是否按正确的顺序经过模型,我们可点击运行控制器的 run 按钮,开启仿真过程。

5.3.2 连接通道

通道的作用是沿着这一路径发送产品并传递信息，起到一个承上启下的作用，把所有的元件连成一个有机的整体。产品通过输入通道进入一个元件，并通过输出通道离开这一元件。通道可分为中央通道和输入/出通道。中央通道是用来指向特定元件的(常用于数据记录输出)，可以连接多个通道。一个输入通道通常需要连接到一个输出通道或一个中心通道，而一个输出通道也通常需要连接到一个输入或中心通道。每个输入或输出通道只能被连接到其他通道上。虽然通道有很多用途，但是通道的基本功能是指示这个元件里的产品的下一个可能去处。

可以通过模型图层菜单中的视图—通道—可见或者同时按下 Ctrl＋R，使得通道可视化。默认颜色设置是：绿色是开放通道，红色是封闭通道。通过点击“＋”和“－”来增加和删除输入和输出通道，点击视图—通道—弧形通道，可改变连接线形状设置。一般元件在拖入模型图层窗口后，通道会自动进行连接，这时可通过手动进行修改。

5.3.3 编辑资源参数

在模型图层或者模型树中双击或者右键单击元件，即可进入元件的参数编辑窗口。不同元件资源参数设置不同，在后面章节中本书会针对常用的元件参数做出详细解释。单击说明文字旁边的空白，可以观看对应的 4DScript 语句并根据需求做出相应的修改。移动滑块，会有多个不同的相应参数可供选择。

5.3.4 运行模型

如果这个窗口不能显示，则选择菜单选项中的仿真选项。开始仿真之前，先点击重置键，即运行控制窗口最左边的按钮。点击重启键后，一个蓝色的圆点将会出现在 source 元件的旁边。这是一个产品元件。系统默认为滑块控制，可通过拖动滑块位置来调节运行速度。在 stop 选型卡下，可自定义运行停止时间，如勾选 run until stop time，时间单位设置为小时，停止时间设置为 8，则模型运行时间达到 8 个小时会自动停止运行。运行结束后，在各元件下方会有信息提示。以前面介绍的简单建模为例，source 元件会显示输出的产品数量，queue 元件会显示排队数量，server 元件会显示该元件利用率，sink 元件则会显示进入或离开的产品数量。

5.3.5 结果分析

结果分析的作用是跟踪并得到仿真研究的结果。可以通过观测得到模型的各方面的数据,了解模型运行的状况,对模型无论是整体布局还是局部细节都可以对模型有一个理性的认识。

在 Enterprise Dynamics 中,有三种结果分析方法:

1. 元件显示的信息

模型在运行一段时间后,各元件的下方会出现相关信息提示。这些信息对于在仿真过程中查看模型是否有条不紊地工作是极其有用的。

2. 库树—Result 的分析

Result 的分析包括实时状态分析、甘特图分析、柱状图分析、时间记录器、实时监控器、运行报告等,各类元件有其不同的用途,在后面的章节中会用一一做出介绍:

(1) Status(状态显示器)。可实时的反映元件的使用情况,可采用柱状图、堆积图、饼状图等多种形式的图形来表示。

(2) Results 菜单中的 Summary Report(总结报告)和 Graphs(图表)。能显示仿真运行时的中间结果,使用系统中表内的变量生成报告或者生成 RTF 格式,这个方法对于快速浏览系统状态及改变各种参数后的效果的快速反馈是很方便的。

(3) Monitor(监控器)。Monitor(监控器)能给出一个具体元件的实时图形信息。用户可选择需要查看的信息。将监控器拖入模型,将监控器与希望观察的元件连接,然后确定需要观测的项目,调整监控器相关参数,即可观察相关参数随时间的变化关系。

3. 实验

由于参数的随机性,无法保证(在相同条件下)每次运行的结果完全相同,因此无法从一次运行得出结论。为得到正确的结果,必须多次运行仿真模型。所谓“实验”就是多次运行仿真,ED 菜单中设有的 Experimentation 栏目,就提供通过多次运行仿真来得到结果的功能。

实验一般分四个步骤:

(1) 确定实验设置。确定实验的设置,如运行次数,观察时间,暖机时间等。

(2) 确定性能测量。确定元件及一组元件的性能测量。

(3) 实验。确定以后实验的实际运行时间。这一步用户不需要做任何事情。

(4) 报告及分析。

5.4 4DScript 语言初步介绍

5.4.1 4DScript 语言基本介绍

4DScript 语言是 Enterprise Dynamics 的编程语言，ED 的所有指令均可通其来实现，当代码写入元件后，在运行时自动编译的，在运行的程序中修改的代码将会立即生效。4DScript 语言常用于触发器的标签处理和条件声明，可帮助模拟实现相对较为复杂情况。本书主要针对初学者，仅对 4DScript 语言做简单介绍。

5.4.2 4DScript 语言的基本结构

4DScript 相关命令可由多达 255 个参数构成，参数形式可以为数字、字符串、表达式语句等多种形式，参数之间用逗号相隔，如参数为具体数字，则放入“(　)”内，如为字符串则放入“[　]”内，如为注解，则放入“{　}”内，运行结果可以是一个值或者是字符串。ED 忽略注释，但是注释对于阅读程序的人很有用，可用注释来说明你的模型是怎样运行的，这对读程序的人来说非常有用。4DScript 语言中允许出现空格和多行，大小写不区分，如 MAX，Max 或者 max 含义均相同。

5.4.3 常见 4DScripts 语句

为了能够迅速找到所需语句的信息，可在窗口一览 4DScript 概况，可查找到所有相关语句。如果对相关语句的使用不熟悉，也可以使用系统自带的帮助文件。下面对常用的相关语句做简要介绍：

1. 数学运算

示例：12+7　　　　　+(12,7)

100/10+6　　　　　+(/(100,10),6)

ED 中数学运算支持相关函数的使用，如：

Sum(e_1,e_2)：累加 e_2，e_1 次然后返回和值

示例：

Sum(4,5)=5+5+5+5=20

Sum(3, Count)=1+2+3=6

Index Min(e_1,e_2)：执行 e_2，e_1 次，然后返回 e_2 的最小值

与此类似，还有 Maximum，Minimum，Mean，stDev 等。

表 5－2　4DScript 语言的常用语句

数学运算符号	＋，－，＊，/，Min，Max，Mod
逻辑运算符号	＞，＜，＜＝，＞＝，＜＞，And，Or
概率分布	Negative，Uniform，DUniform，Normal，Bernoulli
多条语句	Do
时间语句	Time，Hr，Mins
条件语句	If，Case
引用	First，Last，In，Out，i，c，Animation，Atom Byname
元件统计	Input，Output，Avgstay，Content，Avgcontent，Age
标签	Label，Setlabel
循环	Repeat
定义变量	Var，Dim
表格和 EXCEL	Cell，Setcell，Excelread，Excelwrite
流量控制	CloseInput，CloseOutput，OpenInput，OpenOutput
操作者	Calloperators，Freeoperators
视觉效果	Icon，Color

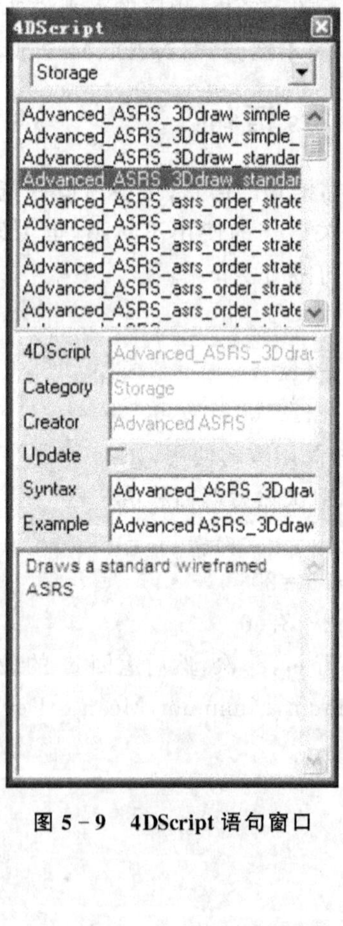

图 5－9　4DScript 语句窗口

2. 逻辑运算

逻辑运算应先写运算符号，后写算式

示例：10＞6　　＞(10,6)

23＜＝12　　＜＝(23,12)

数学运算和逻辑运算的计算顺序是：{＊,/},{＋,－},{＜,＜＝,＝,＞＝,＞},“＊”和“/”有同样的优先级,“＋”和“－”相同。当所有的操作具有相同的优先级时,从左向右计算。

3. 概率分布

概率分布分理论概率分布和经验概率分布两类，目的是近似描述在真实世界中的变化性和不确定性，如货物的到达和处理时间、批次数量、产量等等。在 ED 中常用的理论概率分布有 NegExp(负指数分布)、Lognormal(对数正态分布)、Uniform(均匀分布)等。经验概率分布的概率和值由用户确定，通常是基于有限时间段内采集到的数据来定，在 ED 中理论概率分布用得更多，理论概率分布往往比经验概率分布更实用。

(1) NegExp(e_1)。NegExp(e_1)常用来模拟独立的到达和服务时间，用于生成均值为 e_1 的负指数分布。

示例：NegExp(hr(0.5))表示生成均值为 0.5 h 的负指数分布。

(2) Normal(e_1,e_2)。大多数工作时间在平均值附近，少量很长工作时间，用于生成均值为 e_1、方差 e_2 的正态分布的随机变量。

示例：Normal(120,10)表示均值 120，方差为 10 的正态分布的随机变量。

(3) Uniform(e_1,e_2)。常用来模拟机器或者服务时间，用于产生下限为 e_1、上限为 e_2 的均匀分布的随机变量。

示例：Uniform(Mins(10),Mins(20))，表示生成 10～20 分钟均匀分布的随机变量。

DUniform(e_1,e_2)用于生成上限为 e_1、下限为 e_2 的均匀分布的离散型的随机变量。

示例：DUniform(1,6)，表示将生成 1～6 的均匀分布的离散型随机变量。

(4) Bernoulli(e_1,e_2,e_3)。用来模拟机器故障，表示 e_1％的概率生成 e_2，1－e_1％的概率生成 e_3。

示例：Bernoulli(60,DUniform(5,10),20)，表示 60％的概率生成 5～10 的均匀分布的随机变量，40％的概率为 20。

(5) 经验分布(Empirical Distribntion)。可用于模拟产品结构、路径选择、通过测试等等。

示例：去某银行接受服务的顾客有 5 种类型，每种类型的顾客所要求的服务不同，因此对应服务台所提供的服务时间也不同：

$P(x)$	累积概率	Value
15%	15%	2
25%	40%	7
20%	60%	10
35%	95%	12
5%	100%	30

4. 其他重要语句

(1) 元件统计常用语句。

Input(e_1):进入元件 e_1 的产品数量。

Output(e_1):元件 e_1 输出的产品数量。

Content(e_1):元件 e_1 中的产品数量,同理还有 AvgContent(e_1)、Maximum Content(e_1)等。

AvgStay(e_1):所有产品在 e_1 元件中平均停留的时间(只衡量离开元件的产品),同理还有 Mxavgstay。

Age(e_1):产生或者重置元件到当前的时间。

Time For Status:元件处于特定状态的时间(只在实验模式可用)。

打开互动窗口 Tools-4DScript Interact 或者按 Shift+F6,应注意的是在模型图层中被选中元件叫做:AnimAtom。以上一节建立的简单模型为例,如需统计进入到 sink 元件的产品数量,可选中 sink 元件,在输入窗口内输入 Input(AnimAtom),点击 Execute 按钮,则可计算出进入到该元件的产品总数量。

图 5-10 4DScript 语言交互器

(2) 元件的引用。ED 中指向其他元件就类似于指针。当前的元件称为"c",例如将 4DScript 语言写在一个服务器的触发器上,则该元件就称为"c",例如:First(c)用在 Send to 中指元件内的第一个产品,涉及的元件称为"i",指进入或者退出"c"元件的元件,一般为产品。

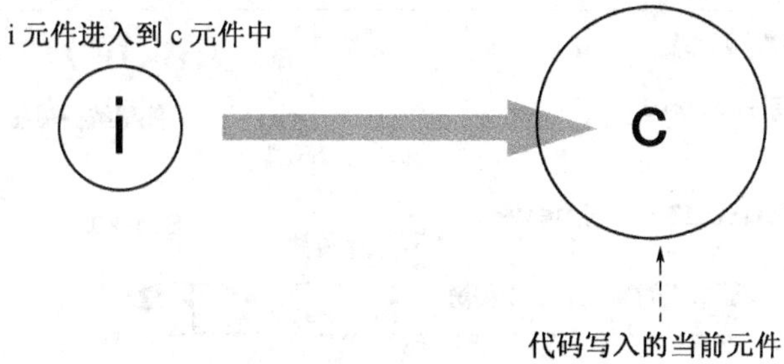

图 5-11　4DScript 语言中 i 和 c 的意义图解

元件的引用形式分为直接引用和间接引用两类,直接引用的 4DScript 语言命令包括:AtomByName([e_1],e_2)

即引用名字为 e_1,属于 e_2 中的元件

其他如 AnimAtom、TreeAtom、GuiAtom、Model 等也可直接引用,应注意的是只有在调试的时候才用 AnimAtom, TreeAtom (4DScript 互动窗口)不能用在元件的编码中。

间接引用:从写有语句的 e_1 为例:

First(e_1)=e_1 内的第一个元件

Last(e_1)=e_1 内的最后一个元件

Next(e_1)=同一个容器中 e_1 元件紧后面的元件(此处同一容器代指同一层)

Prev(e_1)=同一个容器中 e_1 元件紧前面的元件

Up(e_1)=元件 e_1 的容器

Rank(e_1,e_2)=在元件 e_2 的队列中位置 e_1 的元件

In(c_1,e_2)=连接到 e_2 元件的 e_1 输入通道的元件

Out(e_1,e_2)=连接到 e_2 元件的 e_1 输出通道的元件

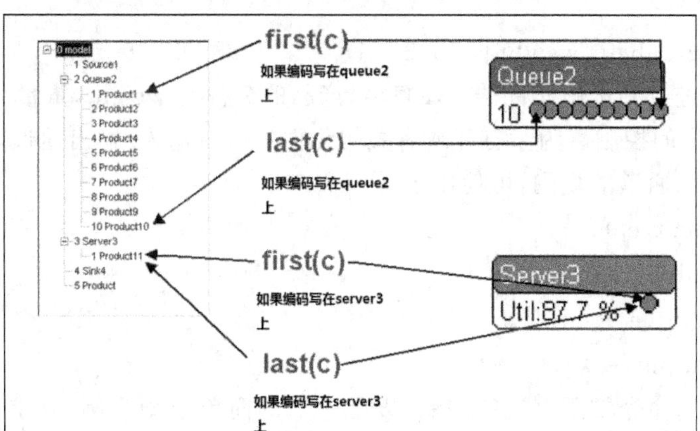

图 5-12　first(c)和 last(c)使用的图形释义

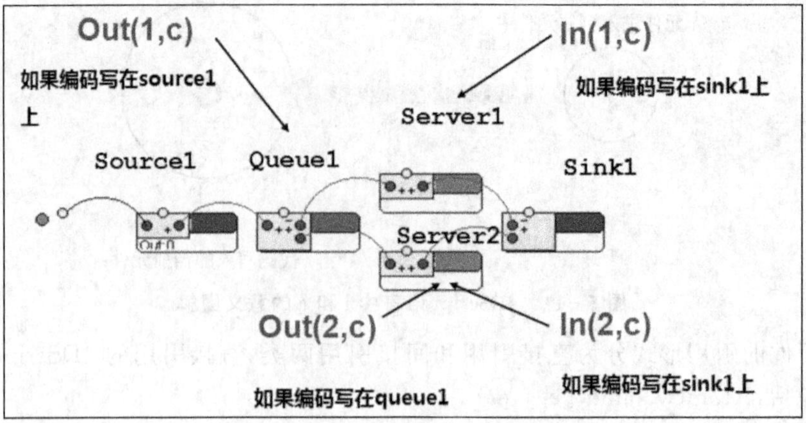

图 5－13 in 和 out 使用的图形释义

(3) 产品标签设置。标签就是分配到产品上的一个局部变量，标签的作用类似于产品上的条形码。标签可存储用户模型中产品的特点或者在其他信息的。可使用 label 和 setlabel 对产品的标签进行设定：

查询语法：Label([LabelName], atom reference)

更新语法：Label([LabelName], atom reference)：＝value

示例：Label([LabelName], c)：＝Bernoulli(90,1,2)

表示将生成两类不同的产品，符合伯努利分布，标签值为 1 的概率为 90%，标签值为 2 的概率为 10%。

SetLabel(e_1，e_2，{e_3})

e_1：标签名称

e_2：标签值，文本或数字均可

e_3：标签索引

示例：SetLabel([weight]，10.24，i)

表示为进入到选中元件的产品赋值，产品的名称为 weight，重量为 10.24。

(4) 通道的控制。为了打开或者关闭元件的所有输入/输出通道，打破 ED 正常的打开关闭通道的规则，可使用：

CloseInput(e_1)

OpenOutput(e_1)

OpenInput(e_1)

CloseOutput(e_1)

通道控制命令常用于流的控制，以上一节的简单模型为例，要求当排队队列人数大于 8 个时，关闭输入通道，如小于 3 个则打开输入通道。在可在 queue 元件的 trigger on entry 和 trigger on exit 分别输入：

if(Content(c)>=8,CloseInput(In(1,c)))

if(Content(c)<=3,OpenInput(In(1,c)))

(5) Do语句。Do语句的作用是用来编辑多条4DScript命令,选择上一节的简单模型中一个产品元件(product)并在互动窗口运行下列语句:

Do(Color(AnimAtom):=ColorRed,Icon(AnimAtom):=2)

则该产品被赋予红色,同时图标值为2。

(6) If语句。

If(e_1, e_2, {e_3})

e_1:条件

e_2:当条件成立时的逻辑

e_3:条件不成时的逻辑

示例:If(Time>3 600, Msg([More than an hour]), Msg([Less than an hour]))

表示如果时间大于3 600秒,则显示信息为大于1个小时,否则显示信息为小于1个小时。

and/or可以在条件语句中使用。

示例:If(And(Content(AnimAtom)>=4, Time>3 600),Msg([Please open extra server!]))

当前产品数量大于4并且满足时间大于3 600秒时,则再开一个服务窗口。

(7) Case语句。

Case(e_1,e_2,e_3, {e_4…e_{25}})

e_1:定义要执行的case,要求结果必须是大于1的种类

e_2:如果是1执行的语句

e_3:如果是2执行的语句

Case(1,Msg([The first parameter is one!]), Msg([The first parameter is two!]), Msg([The first parameter is three!]))

可改变要执行的case值为2,3,看看结果有何不同。

(8) 重复语句。

a. Repeat(e_1,e_2)

执行e_2指令e_1次。

"Count"返回当前执行的次数

b. LoopUntil(e_1, e_2, e_3)

e_1:条件

e_2:循环部分

e_3:最大循环次数

(9) 人员的调用。人员召集和解散可使用 Call Operators(e_1, e_2, {e_3, …, e_{24}})和 Free Operators(e_1, e_2)

a. Call Operators(e_1, e_2, {e_3, …, e_{24}})

e_1:队列索引号

e_2:所需操作人员的数量

e_3:任务优先级别,数字越大则代表优先权限越高

e_4…e_{24}:操作者的名字

示例:Call Operators(AtomByName([Team], Model), 2, 1,[John])

操作人员需添加到队列中,本例中操作人员通过队列来搜索人员,搜索 model 目下 team 元件,需要 2 个人,优先级别为 1,其中一个人必须是 John。如果在仿真中经常用到呼叫和释放该组的操作员则不建议使用,因为 AtomByName 是一个反应很慢的指令,它同时也是一个元件名关联函数,多次召集和解散操作人员时,可使用 In 语句。

In(e_1, {e_2})

e_1:与引用元件相连的第 e_1 条通道

e_2:引用的元件

示例:Content(In(3,c))

与当前元件的第三条输入通道相连的元件内的产品数量。Out(e_1, {e_2})的使用可参考上文。

b. Free Operators(e_1, e_2)

e_1:队列索引号;

e_2:有任务的元素的索引号;

示例:Free Operators(in(1,c),i)

即当前元件第一个输入通道相连的元件,同理 Out(1,c)即为与当前元件第一个输出通道相连的元件。在这个语句中,In(1,c)的作用为队列索引号,当进入到当前元件的产品处理完成后即解散所有操作人员。

(10) 时间换算。ED 中所有参数设置默认为秒,因此如果时间为小时和分钟时必须进行换算 hr(e_1), Mins(e_1)。

(11) 其他。

Trace(e_1):写一个文本到追踪窗口,例如:

Trace(String(Time))

Trace([Hello])

仿真不会停止,但是追踪窗口必须打开。

多个文本用 Concat(e_1, …, e_n)来连接。

本章小结

本章介绍了 ED 软件的功能和应用特点、ED 软件窗口的构成、利用 ED 软件进行建模的一般步骤以及 4DScript 的简单介绍。4DScript 语言是 ED 的编译语言，ED 的所有指令均可通其来实现，本章介绍了 ED 语言的结构并对常用的 ED 语句进行释义，在后面章节的模型构建中将会使用相关知识。通过本章的学习，读者将会对 ED 软件的应用有初步的了解，为后面章节的学习奠定基础。

习 题

1. 简要说明 ED 软件的窗口构成。
2. 说明 ED 库树中基础功能模块有哪些。
3. 查询相关资料，简要说明目前物流仿真的软件有哪几种，各自的功能特点是什么。

第6章 ED功能模块基础案例分析

物流系统中人力、物力、财力资源的组织和合理利用，是一个非常复杂的问题。ED的功能模块元件可分为四类：

第一类：物流系统的物质基础要素。

(1) 物的模拟。主要元件为Product元件。

(2) 运输设备的模拟。ED中运输设备的模拟元件非常全面，包括Transporter、Advanced Transporter、Conveyors、Robot等。为了能够尽量模拟真实的场景，其中高级运输车可对车辆的行走路径、行走距离等进行设置。其中行走路径可通过Network下的相关元件进行设置。

(3) 储存设备的模拟。包括货架、接地存放系统、Advanced ASRS系统等。

第二类：物流系统中人员的模拟。

工作组和工作人员的主要元件为Operators、Team等元件。工作人员需添加到工作组中，才可进行调用。可通过4DScript语言实现与相关元件的交互。

第三类：物流系统的操作工序的模拟。

操作工序的模拟的主要元件为Server、MultiService、Assembler、Unpack等元件，用于模拟生产物流过程中某项具体的加工工作、产品的打包解包、产品的成批处理等。这类元件通过触发事件完成人员的调用等功能。

第四类：其他辅助元件。

(1) 数据的读写。如Table元件、Excel元件等，在复杂模型模拟中可不必在多个元件中进行数据的输入，方便操作。

(2) 结果分析。物流仿真的最终目的是为了实现物流系统的优化，因此对建立模型的细致分析是一项关键任务。元件主要包括Status Monitor(状态监视器)、甘特图、分析报告等，用户可根据自身的需要进行选择。

(3) 流控制。主要元件有Lock和Unlock元件、Condition Control等。

(4) 视觉化效果。使得模拟效果更加逼真化，ED软件中VB等元件可用来模拟仓库的建成效果。

在本章的介绍中，将针对ED软件系统几个重点的功能模块，挑选一些案例进行讲解。

6.1 基本模型的建立

6.1.1 案例背景介绍

某小镇的邮局每小时平均有 20 位顾客达到，工作人员平均只有 2 分钟时间来帮助每位顾客处理事件，符合负指数分布。顾客都是以先进先出的顺序排队等候。为了更好地了解顾客接受服务的质量，邮局经理想对现有的服务系统做一些调查：

(1) 邮局工作人员的办事效率多高？

(2) 预计平均序列长度是多少？

6.1.2 建模思路

小镇邮局建模模型的逻辑框图如图 6－1 所示，可用 Source 模拟产品的进入、Queue 元件模拟产品的排队情况、Server 元件模拟产品的处理过程、Sink 元件模拟产品的输出。利用 Monitor 元件对处理过程进行实时的监测，并使用 Report 元件对输出结果进行的分析。

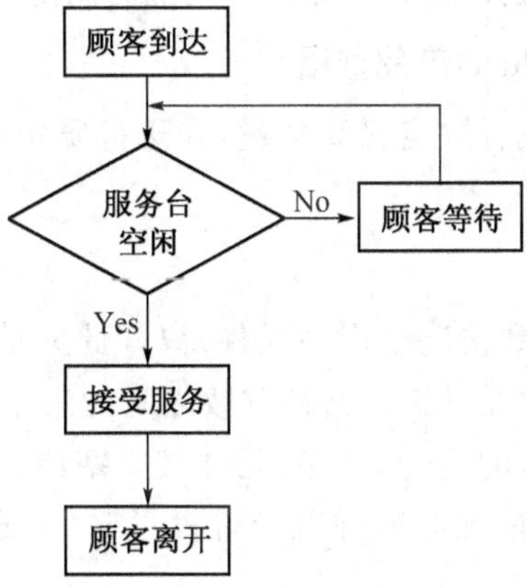

图 6－1 基本模型逻辑框图

6.1.3 相关元件参数介绍

1. Product：产品元件

产品元件用来模拟 Enterprise Dynamics 中的实物流动，可对产品元件的名称、颜色、大小等进行设置。

2. Source：源元件

源元件允许元件以一定的速度进入模型，因此它相当于是一个产品或客户发生器。这个元件通常是模型的第一个元素。两个元件进入模型之间的时间以秒计算，每次当有一个产品被生成并输送至模型当中以后，源元件会根据到达时间间隔来确定下一个产品的生成时间。如果源元件的下一个连接元件无法接收到产品，产品将会一直保存在源元件中，直到它被送至模型中。当到达时间间隔而设定无法正常执行，源元件中会出现 3 个感叹号(!!!)的警告。

该元件主要参数包括：

1. Interval-arrival time：到达的时间间隔

参数可以是一个常数，也可以是一个分布，均可以通过 4DScript 语言进行编辑。常见的分布形式包括 NegExp（负指数分布）、Bernoulli（伯努利分布）、Uniform(均匀分布)等。如顾客到达符合负指数分布，到达平均间隔为 30 s，可在 4DScript 窗口中输入 NegExp(30)。

2. Time till first Product：第一个产品进入时间

第一个产品进入所用的时间。在一次仿真中，当第一个元件进入该值就失去作用了，之后元件的进入的时间都遵循进入间隔时间的值。

3. Numbers of Product：产品数量

可定义为数量不限或者限定最高数量，如选择限定进入数目，则可与下面介绍的锁定元件功能相似。

4. Send to：发送至

指定其他元件(大多数情况是产品元件)离开此元件时通过的输出路径编号的数值。可以选择 1 到此元件输出路径总数之间的某个数字。而如果选择是 0，那么从来没有发生过发送的行为。如果元件被阻塞或者因为接受路径的输入路径被关闭了，那么只有当情况改变并且允许发送时“发送至”的命令才会被重新考虑。

在发送至选项中，用户可以输入一个数字或者选择以下预先定义好的选项中的一个。在这些选项中，加粗部分(在屏幕上显示为蓝色)可以被用户修改：

(1) 指定路径：通常发送至路径 1。产品元件总是被发送至预先定义好的输出路径中。

(2) 开放路径(第一个路径优先)：从第一个路径开始搜寻，将元件发送至搜寻所发现的第一个开放路径中。产品元件被发送至 ED 搜寻到的第一个开放路径中。它从第一个输出路径开始搜寻，然后到第二个依次下去。

(3) 开放路径(最后一个路径优先)：从最后一个路径开始搜寻，将元件发送至搜寻所发现的第一个开放路径中。产品被发送至 ED 搜寻中遇到的第一个开放路径中，它从最后一个路径开始搜寻，依次前推。

(4) 随机开放路径：从所有开放的输出路径中随机选择一个路径。ED 从所有开放的路径中随机选择一个路径。在较长的仿真运行中，这样选择使得一组服务器得到了均等的使用。

(5) 按比例：90%的产品被发送至路径 1，剩余的比例为路径 2。确定比例的产品被发送至某个指定的路径，其余的发送至另一个路径。用户可以定义路径和比例。

(6) 按元件名称：如果队列中第一个元件的名称与 Atom Name 相应，那么将其发送至路径 1 或 2。元件是以名称排序的。如果名称和用户输入的名称一致，那么产品被发送至路径 1，否则被发送至路径 2。用户可以调整路径的数目和元件的名称。

(7) 按标签值(直接)：路径数目直接写在标签上，标签被命名为队列中第一个元件的 Label Name。如果标签值为 0，那么发送至路径 1。元件在标签值的基础上排序。用户已经为标签定义了名称。变量值与输出路径值相对应。如果值为 0，便使用预先定义好的退出。需要注意是，搜寻不在元件上的标签时也会出现值为 0 的情况。

(8) 按标签值(有条件的)：如果名称为队列中第一个元件的 Label Name 的标签值小于 1，那么发送至路径 1 或 2。同样在这里，某一特定的标签值决定了对输出路径的选择。如果元件标签值低于 1，那么元件被发送至路径 1，否则被发送至路径 2。可以编辑所有的值和比较方式(低于、高于、等于)。

(9) 按标签文本：如果名称为队列中第一个元件的 Label Name 的标签上的文本与文本相匹配，那么发送至路径 1 或 2。当已定义的标签值与指定文本相等时，元件被发送至路径 1，否则被发送至路径 2。可以编辑文本和路径数字。

(10) 条件申明：如果 1＞0，那么发送至路径 1 或发送至路径 2。如果某一具体的值高于另一个值，那么将元件发送至路径 1，否则发送至路径 2。可以编辑比较方式和路径数字。

(11) 按图标名称：如果序列中第一个元件的图标名称与 Icon Name 相应，那么发送至路径 1 或 2。如果元件图标的名称与已定义的名称相应，元件被发送至路径 1，否则被发送至路径 2。可以明确图标名称和路径数字。

(12) 按图标数字：如果序列中第一个元件的图标数字为 1，那么发送至路径 1 或路径 2。如果元件的图标数字为 1，那么将元件发送至路径 1，否则发送至路径 2。可以定义比较方式和路径数字。

(13) 循环：所有的输出路径都是循环使用的。如果路径被关闭了，那么等到它打开为止。所有的输出路径都是连续使用的。如果一个路径没有打开，ED 会等待直至它打开。

(14) 最低序列:发送至与最低序列元件相连的路径。元件被发送至序列最短的输出路径中。在同等长度下,选择个数最少的输出路径。

(15) 最高序列:发送至与最高序列元件相连的路径。元件被发送至序列最长的输出路径中。在同等长度下,选择个数最多的输出路径。

(16) 查找表格:发送至指定为全部表格中第一行第二列的路径,表格名称为表格1。行和列的数字以及表格的名称都可以重新拟定。值得注意的是表格必须在模型中以一个独立的元件出现。

(17) 如果通道可用,则循环使用:所有输出路径都为循环使用,只要路径可用。如果路径关闭,则选中下一个可用的路径。所有路径都是连续使用的,但是当所需的路径关闭时,便可以选择下一个可用的路径。

(18) 搭配图标数字或为空:发送至包含同样图标产品的序列中。如果没有相匹配的图标,则从最后一个输出路径开始寻找并发送至第一个空序列中。将元件排序这样它们总是以包含同样图标数字元件的序列进入。如果没有找到包含同样图标数字元件的序列,ED便从与最后一个输出路径相连的序列开始寻找第一个空序列。

(19) 下两个元件的最短序列:发送至与最短序列相连的输出路径,这个最短序列包括了下两个元件。ED评估了与输出路径相连的每个元件和临近此元件的总序列。然后它会将下一个元件发送至与最小容量序列相连的路径中。比如,一个元件可以被发送至三个不同的序列中,每个序列后都有一个服务器。这个选项使得产品不会被发送至一个序列,其中的服务器已经在运行中,而其他的服务器仍然可用。

(20) 按用户:输入用户自定义的4DScript表达式来指定形成1到路径数目之间的某个值。按下小按钮打开4DScript编辑器。用户写入4DScript代码,形成输出路径。点击文本旁的小方形按钮即可打开4DScript编辑器。

(21) 随机路径:随机选择一个路径。如果路径处于打开状态则发送至此路径,否则再次选择其他打开的路径。ED选择随机路径。如果此路径处于打开状态,那么产品被发送至此路径,如果关闭,则再次选择另一个打开的路径。

5. Triggers:触发命令

触发命令包括元件进入到模型内和离开模型时执行的命令。

当一个元件进入模型时触发执行这个命令。用户可以定义自己的4DScript表达,也可以从以下选项中挑出一个:

(1) 赋值标签:产品被赋予名称为Label Name并且值为1的标签。产品被赋予一个有指定名称和特定值的标签。标签名和值可以重新定义。

(2) 自动命名:计算器会在每个产品名字末尾添加数字。会在产品名称末尾添加数字。比如，第一个产品称为产品 1，第二个产品称为产品 2。

(3) 随机图标：产品会被随机赋予一个 2 到 6 之间的图标数字。每个产品都会随机得到一个图标。图标的数字在两个指定值之间。

(4) 设置尺寸：产品尺寸设置为 X=50 cm，Y=40 cm，Z=30 cm。产品的尺寸随着输入值而变化。

(5) 随机尺寸：产品尺寸在如下范围内随机设置：X=50 到 100 cm，Y=50 到 100 cm，Z=50 到 100 cm。产品尺寸在已定义值的范围内随机变化。

当产品离开元件时便会触发执行这个命令。可以使用 4DScript 命令，也可以从预先定义好的表达中选择一个。问号表示用户必须在此处输入一个值。在开始退出中预先定义好的表达可能有：

(1) Setlabel([?],?,i)：使用这个 4DScript 命令可以给离开来源的元件添加标签。代码是：Setlabel([label name],value,i)。

例子：为了给产品分配值为 1 的标签“complete”，可以运用以下代码：Setlabel([complete],1,i)。字母 i 是指涉及的元件，即经历离开来源过程的元件。如果标签必须被放置在来源本身上，i 可以被 c(现行的)代替。

例子：Setlabel([Cycletime], Uniform(25,45),i)表示给产品定义的标签名为“Cycletime”，标签值为 25 秒到 45 秒之间均匀分布的某个值。稍后可以使用这个结果作为服务器的循环时间。

(2) Set(name(i),[?])：改变离开来源元件的名称。问号“?”在这里必须被选中的名称取代。

(3) Set(icon(i),?)：将元件图标改变为带有数字“?”的图标。

(4) Set(icon(i),icobyname([?]))：将元件图标改变为带有名称“?”的图标。

(5) Set(color(i),color Yellow)：将元件颜色改变为已定义的颜色。在 Enterprise Dynamics 中，要么通过选择颜色的数字，要么在颜色前输入前缀“color”来定义颜色，比如 color Red。

(6) Setsize(?,?,?,i)：根据已定义的尺寸(x,y,z)改变元件尺寸。

(7) Setloc(?,?,?,i)：根据命令中的定义(x,y,z)改变元件的位置。

(8) Free Operators(atombyname([Team],model),i)：允许重新使用操作元件。将“Team”替换为 Team 元件的名称。

(9) If(=(?,?),?,?)：有条件的比较。比如，输入以下代码：If(=(thesis 1, thesis 2), command 1, command 2)如果 thesis 1 和 thesis 2 等同，那么会执行命令 1，否则执行命令 2。命令 2 也可以省略。

(10) If(=(label([?],i),?),?,?)：有条件的比较，其中考虑的是标签值。

例子：使用如下命令后，如果标签“Reject”的值为 1，那么所有不合格都会标注为红色，所有合格产品都会标注为绿色：

If(=(label([Reject],i),1), Set(color(i),color Red), Set(color(i),color Green).

(11) If(comparetext(name(i),[?]),?,?):有条件的比较,其中用到了元件的名称。它的使用原理与选项 10 中一样。

6. Queue:队列元件

当下一个元件被占据时,序列元件将产品置于序列中,起到一个缓存的作用。

(1) 调整输入策略。

①任意输入通道:中小号输入通道享有优先权,只要第一个通道空闲,产品便从第一个通道输入,其他通道被阻断。

②最长队列:最长队列的元件享有优先通过权,若两个或多个队列同样长,则选择编号较小的通道。

③最长等待时间:最长等待时间的元件享有优先通过权,若两个或多个的等候时间同样长,则编号较小的通道优先。

④循环:货物按通道的编号顺序顺次输出,完成一次循环后,又重新返回到第一个通道。

⑤ Channel 1(指定通道):指定具体通道,让所有的产品只能经过该通道。

(2) 改变排队规则。

①先进先出:按照元件进入通道的顺序输出。

②后进先出:进入的元件总是放在队列的最前面,因此产品是后进的先出。

③任意进出:进入的元件放在队列的任意位置。

④按照标签的号码升序进行排列:即标签号码最小的放在最前面,最大的放在最后面。值得注意的是,若产品未经适当排列,将会在标签名称前或名称后出现空格。

⑤按照标签号码降序进行排列:与上相反,标签号码最大的放在最前面,最小的放在最后面。

⑥用户自定义:使用 4DScript 语言自定义产品在队列中的位置。

7. Server:服务器元件

通常用于模拟某项具体操作,在 General 选项下,参数设置可参考前面 Source 元件的相关介绍,在 Specific 选项卡下,主要参数包括:

(1) 批(B):在这里可以输入批量的大小。标准设置是 1。

(2) 批规则:用来设置批量。有三种选择:

①批量进入,单个输出(第一个)。当进入服务器的产品数目与批大小相等时,在前面的产品就会被下一个元件超越。其他的产品会消失。

②批量进入，批量输出。当进入服务器的产品数目与批大小相等时，产品会进入到下一个元件之前。只有当批中所有的产品都离开服务器时，服务器才会重新接收产品。

③单个进入，批量输出。每次当一个产品进入服务器时，批输入栏中所定义的所有数量的产品都会离开元件。产品都是进入服务器元件的复本。只有当所有其他产品都离开元件时，服务器才会重新接收产品。

(3) 忙碌时间：当选中这个选项时，选项“故障之间的平均时间”的时间仅仅为服务器实际使用的时间，而不是总的模拟时间。

(4) MTTF：此缩写的完整形式为 Mean Time To Failure(故障之间的平均时间)，指的是修复末期和下一个故障开始之间通过的平均时间。可以在输入栏中定义两个服务器故障之间的平均时间。此时间必须以秒输入。

(5) MTTR：此缩写的完整形式为 Mean Time To Repair(修复的平均时间)。可以在输入栏中定义修复服务器所需的平均时间。

(6) MCBF：此缩写的完整形式为 Mean Cycles Between Failure(故障之间的平均循环)。可以在输入栏中输入两个故障之间的平均循环次数。在 MCBF 中两个故障之间没有确定的时间，只有批的确定数字。值得注意的是，当 MTBF 栏和 MCBF 栏中均填入数字，那么故障的产生将由这两个定义决定。

(7) MTTR 循环周期：修复平均时间(MTTR＝Mean Time To Repair)输入栏适用于 MCBF 定义下的故障。

8. Sink：吸收器元件

该元件的作用是使产品离开模型。离开模型的触发命令的执行同上。

9. Monitor：监视器

该元件用于显示模型输出变量随时间的变化关系，主要的参数有：

(1) 更新时间，比如将标准设置为 60 s，则每分钟记录一次。更新时间不宜设置得太短，否则会造成记录数据量过大的问题，占据大量的处理时间。

(2) 图形的参数选择：可对监视器窗口显示的图形的形式、监测变量、$X\backslash Y$ 轴的设置进行选择。

(3) 选择元件。即选择被检测的对象，将被监测对象的中心通道与该元件的输入通道进行连接。当仿真被重置并运行时，监测器将自动显示监测变量的统计信息。

10. Summary Report：总结报告

使用系统中表内的变量生成报告或者生成 RTF 格式的。在 Content 选项卡下，可对各个元件的输出变量的内容进行设置，默认可全部勾选。在 Atom 选项卡下，可选择需要监测的元件。

6.1.4 模型建立步骤

(1) 向 Model Layout 窗口中拖入 Source、Queue、Server、Sink 元件。

(2) 按下 Ctrl+R 键,检查通道的连接是否正确。也可以通过 Model Layout—View—Channels—Enabled 完成同样的功能。这时所有的元件左上角均添加了一个黄色的方块,左右的绿色圆点分别代表输入通道和输出通道,中间黄色圆点代表中心通道,中心通道可以同时与多个通道相连,只能用于接收不能发送信息。点击输入输出通道旁边的"+"号可以增加通道数量,当通道数量 2 个及以上时,点击"-"号可删减通道。产品通过输入通道进入元件,并通过输出通道离开元件。

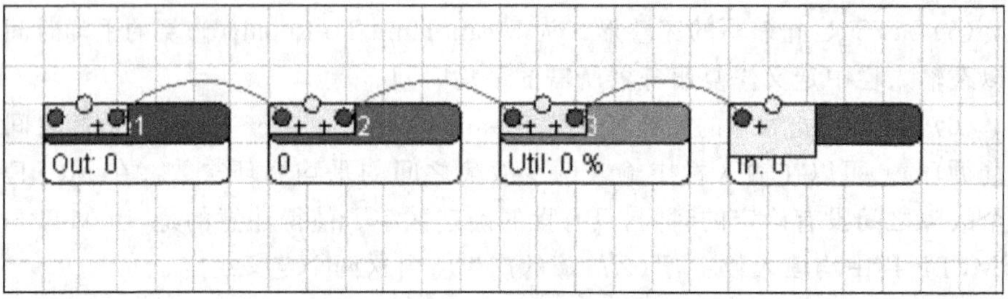

图 6-2 模型的通道显示图

(3) 输入相关参数。在 ED 中是默认用秒来计算时间的。首先,改变源的参数,用分布概率来建立一个到达过程中不确定性的模型。这个例子中使用了负指数分布,使得每小时到达邮局的平均顾客人数为 20,即平均每 3 分钟有一名顾客到达。右键点击(或双击)打开源元件的输入窗口。打开这个窗口通常会出现"General"选择框。前后顾客之间的交叉时间可输入中间到达时间栏。在 Inter-arrival time 中输入 180。同理在 Server 元件 Cycletime 里输入 NegExp(120)。

(4) 在 Run Control 窗口下,检查逻辑是否正确。点击 Reset 键,在 Source 前会出现一个 Product,双击 Product 也可对产品的外观进行修改。点击 Run 按钮,选择 Slide Control 按钮,模型开始运行。我们可以通过元件下的信息显示框了解相关信息,如观察 Server 元件工作时间比例可以了解工作人员的忙闲情况,观察 Queue 元件的等待人数可了解队列的长度。

(5) 向 Model Layout 窗口拖入 Monitor 元件,打开 General 选项卡,在 Select Atom 内选择 Queue 元件,这时 Queue 元件的中心通道自动与 Monitor 的输入通道连接起来。在图形形式设置中,选择 Level,变量选择 Content,则在 Monitor 的显示窗口即可观察到排队人数随时间的变化情况,相对于步骤 4 中的观察方法,Monitor 的直观性更好。

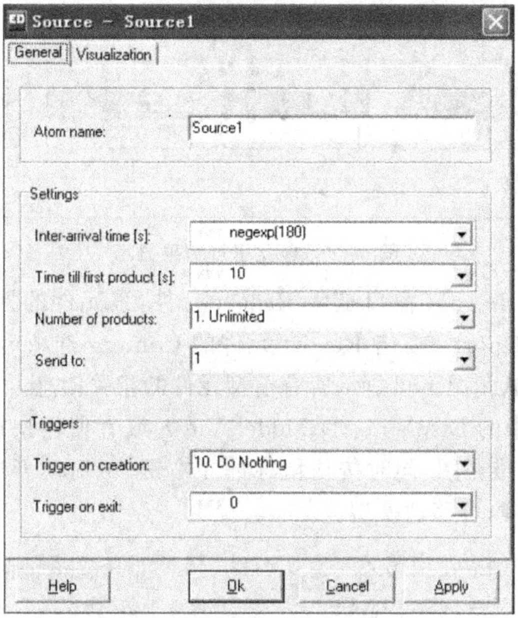

图 6－3　Source 参数设置

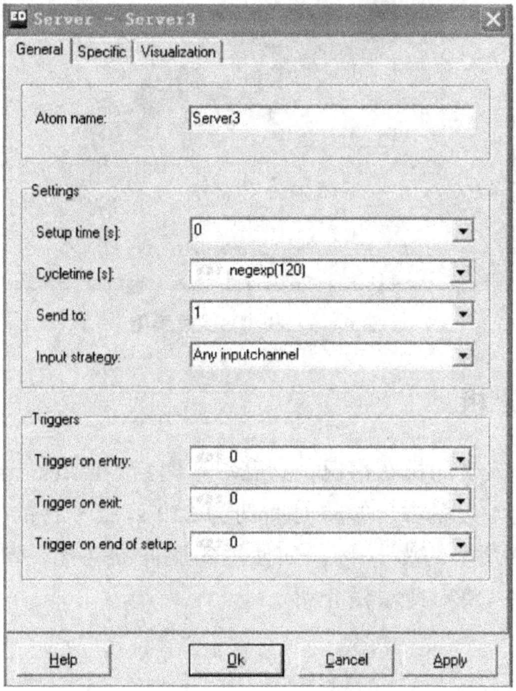

图 6－4　Server 参数设置

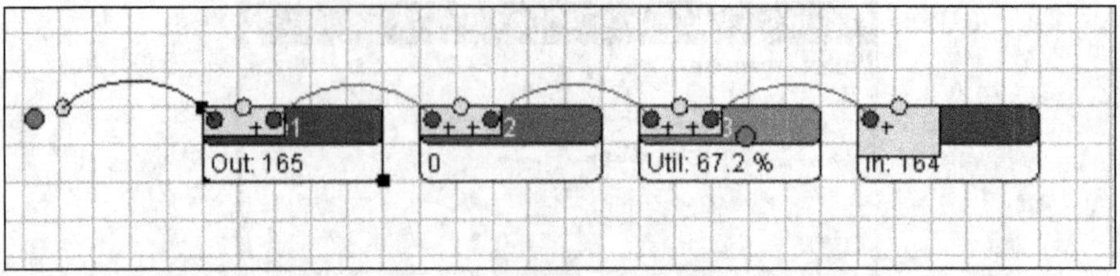

图 6-5 模型运行结果显示

(6) 向 Model Layout 窗口拖入 Report 元件，该元件的打开路径为 Library Tree—Results—Report。右击 Report 元件的 Content 选项卡，可对需要显示的结果进行选择，默认情况下可显示所有模型元件的相关信息。

7. 点击菜单中的 Display—3D Model View，或者使用快捷键 Shift＋F9，可打开 ED 模型的三维视图，同时按住鼠标的左右键，可对模型进行放大或缩小的操作，按住鼠标左键，可移动模型。

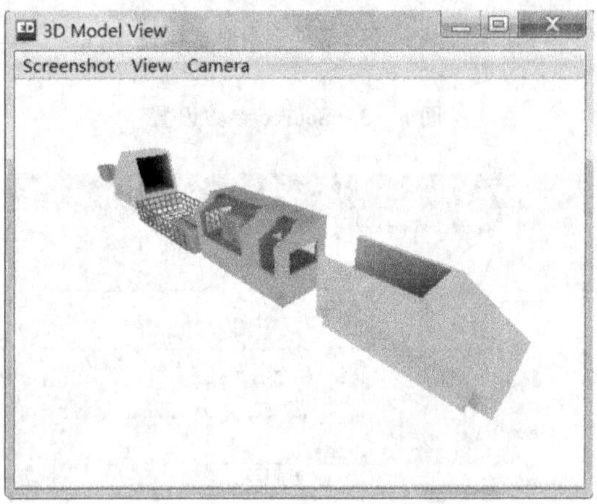

图 6-6 模型 3D 效果图

6.1.5 结果分析

分析该模型下人员的排队情况。运行 8 小时后，在 Results 的结果中可见，平均排队人数约为 1.4 人左右。等待时间约为 220 s，服务台的平均服务时间约为 112 秒，服务台的利用率约为 70%。如使用实验向导功能，可使计算结果更为准确，在后面的章节中，将对此法做介绍。

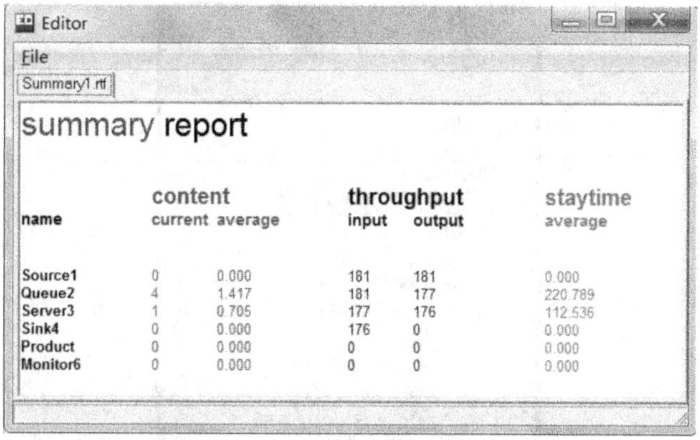

name	content current	content average	throughput input	throughput output	staytime average
Source1	0	0.000	181	181	0.000
Queue2	4	1.417	181	177	220.789
Server3	1	0.705	177	176	112.536
Sink4	0	0.000	176	0	0.000
Product	0	0.000	0	0	0.000
Monitor6	0	0.000	0	0	0.000

图 6－7　Summery Report 结果显示

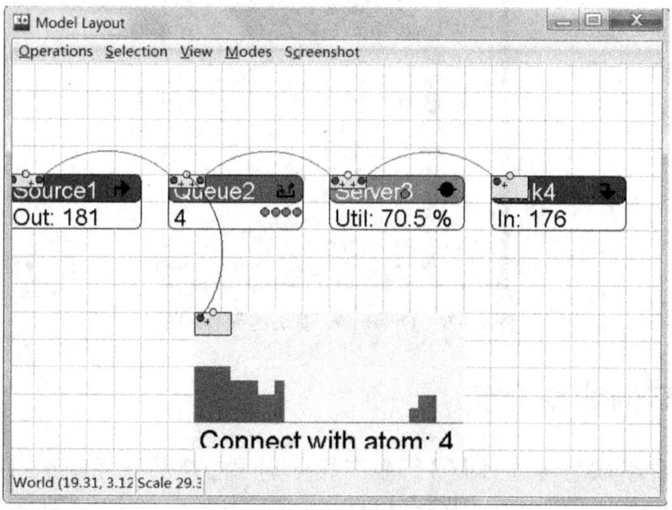

图 6－8　Monitor 结果显示

6.2　人员的调用

物料的装卸搬运、加工、机械设备的操作都离不开工作人员，ED 的 Operators 模块下有四个元件，分别为 Team、Operators、Call Operators、Free Operators。Call Operators，如图 6－9 所示，其中后面两个元件可以代替 4DScript 语言调用及解散操作者。在实际的物流场景中，在测量操作人员的工作效率、计算操作人员个数时往往需要计算操作人员在操作场地的行走时间等，因此网络的构建有非常重要的意义。本节中将针对人员的调用以及网络的构建进行介绍。

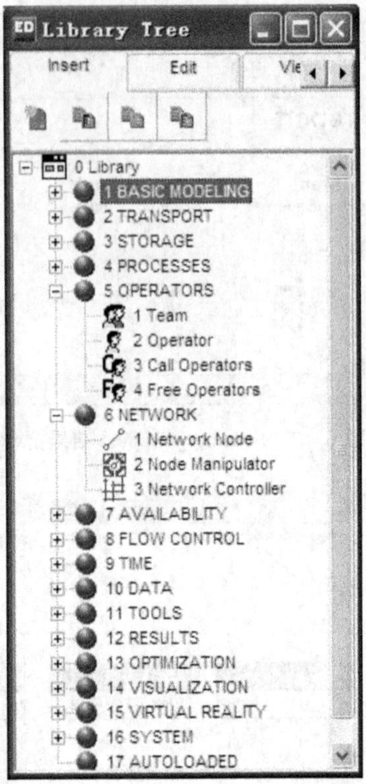

图 6-9　Operators 模块的元件构成

6.2.1　案例背景介绍

现有两种半成品通过两个平行生产线分别生产产品 A 和产品 B。半成品的来料的时间间隔平均为 45 s，符合负指数分布。产品 A 需经过 S1、S2、S3 三个加工步骤，分别需要 1 分钟、1 分钟和 2 分钟，三个加工台之间采用输送带进行连接。产品 B 需经过 S4、S5、S6 三个加工步骤，分别需要 1 分钟、1 分钟、2 分钟，加工台之间产品的流转通过输送带进行连接。输送带长为 10 m，速度为 1 m/s。生产班组中共有四个成员，分别为 Red、Yellow、Purple 和 Green。产品 A 生产线在加工过程中需要 2 个操作员，操作员在 S1 被召集，在 S3 解散，两个操作员中其中一个必须为 Red。产品 B 生产线的三个操作步骤 S4、S5、S6 分别需要三个操作人员，其中两个必须是 Yellow 和 Green。S1、S4、S5、S6 的优先级别分别为 0、1、2、3。

6.2.2　建模思路

产品的加工步骤可以采用元件 Server 进行模拟，输送带采用 Accumulating

Conveyor 进行模拟，操作员和工作组采用 Operator 和 Team 进行模拟，Team 里面共有四个操作人员。操作人员的调用可在 Server 里的触发事件中进行设置。在这个例子中需要用到操作员，但可以忽视机器之间上下移动的时间。

6.2.3 Operators 模块相关元件介绍

1. Operator：**操作者**

Operator 元件必须与 Team 元件结合进行使用。在召集 Operator 时，需要先找到其所在的 Team。人员的召集和解散可采用 Call Operators 和 Free Operators 语句进行调用。

右击或者双击 Operator 元件，则可对其的参数进行设置：

(1) Walk。需要考虑操作者行走距离时，可勾选 Walk 的复选框。操作者将以定义的速度进行移动。使用的距离公式是毕德哥拉斯给出的，距离由直线决定，不考虑之间的任何物体。需要注意的是，决定性的坐标总是元件左上角的点。

(2) Speed(m/s)、Acceleration(m/s^2)、Deceleration(m/s^2)。系统默认均以秒计时，可考虑加速度和减速度。

(3) Action when called、Action when freed。当召集或者解散操作员时可执行的操作，可通过 4DScript 语言进行编辑以实现相关功能。

(4) Connect to Team。点击 Connect to Team 选项卡，则可将 Operator 添加到 Team 中去。当操作人员被分在不同的小组，需要将 Operator 添加到对应的 Team 元件中。

(5) Connect to Network。将操作人员添加到预先设置好的网络中，在 ED 中操作人员的行走方式有三种：①无需考虑消耗时间；②行走；③通过设定网络行走。可根据不同的需要来选择操作员移动的方式。当走动时间和运输时间在问题中可以忽略时，可使用第一个选项。如果两地之间有一定距离，引进了运输时间，而不必考虑具体路线，则可使用第二个选项。若 Operator(操作员)在网络通道及连接点之间移动，则可选用第三个选项。在模型图层窗口，背景为网格，起到了坐标的作用。左上方的黑色方格代表了坐标中的(0,0)位置，每个网格代表 1 m×1 m，当考虑两点之间的距离时，可以通过网格进行设置。

(6) X offset、Y offset。如果不设置 X、Y 的偏移值，则 Operator 会移动到目标元件的精确位置。例如如果是一个操作工序中需要召集 Operator，Operator 会移动到该操作台的内部而不是面前，影响视觉效果，因此需要通过此功能来解决这个问题。

2. Team

Team 元件的作用是将任务分配给连接到其输出通道的 Operator。任务的分配可以使用 Call Operators 元件或者需使用 Operator 的元件的触发事件中使用 4DScript 语言命令 Call Operators。当任务结束后，Operator 即被解散，解散时可使用 Free Operators 元件或者使用 4DScript 语言命令 Free Operators。可根据任务的紧急程度、重要性等赋予不同的优先级别，相同优先级别的任务遵循先到先得的原则。Team 的主要参数有：

(1) Line Up Operators。如果该功能打开，则 Operators 在执行任务时会自动排成水平的队列。当 Operator 的 walk 功能打开后，由于队伍 Operator 之间有一定的距离，所以在执行任务时某种程度上要减少行走的距离。这意味着队列的长短、队列里 Operators 之间的间距等都影响着 Operator 的行走时间。

(2) Distance Between。设置队列内 Operator 之间的距离。

6.2.4 操作步骤

(1) 向模型图层窗口拖入 1 个 Source 元件、3 个 Service 元件和一个 Sink 元件，元件之间采用 Accumulating Conveyor 元件进行衔接。给 3 个 Service 元件分别命名为 S1、S2、S3。

(2) 按 Ctrl＋R 检查通道的连接情况。

(3) 向模型图层窗口拖入 Team 元件，命名为 Team 元件，勾选 Line Up Operators，并在 Distance Between 里输入 1，表示多个 Operator 执行任务时将水平排成一排，Operator 之间的距离为 1 米。拖入 4 个 Operator，分别命名为 Red、Yellow、Purple 和 Green，点击 Connect to Team，在 Selector 对话框中，选择 Team 元件，将 Operator 添加到 Team 元件中。

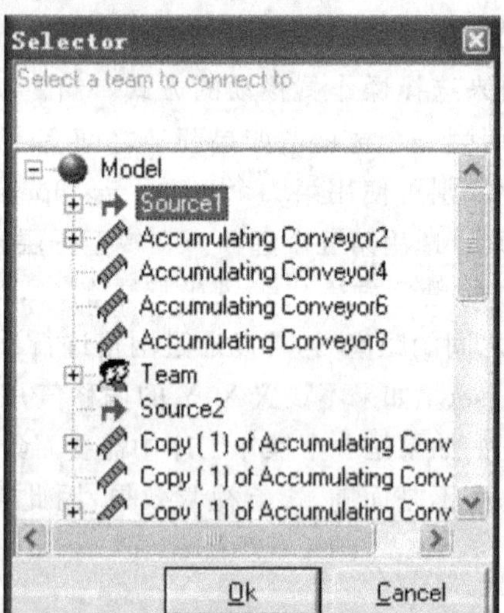

图 6－10 Selector 窗口

(4) 对模型中各个元件进行参数设置。在 Source 元件的时间间隔平均为45 s，遵循负指数分布，因此输入 NegExp(45)，分别在 S1、S2、S3 的 Cycletime 内输入 NegExp(60)、NegExp(60)、NegExp(120)。要注意的是 ED 软件默认的时间单位为秒，因此应将分钟转换为秒。在 A 产品生产线上，产品 A 生产线在加工过程中需要 2 个操作员，操作员在 S1 被召集，在 S3 解散，因此在 S1 的 Trigger on entry 中输入：

Call Operators(in(2,c),2,0,[Red])

其中：in(2,c)表示队列索引号，即与元件 S1 的第二条输入通道相连的 Team 元件；2 表示共需要 2 个人；0 表示队列的优先级别为 0，数字越大表示优先级别越低；[Red]表示操作员名，召集的两个人中其中一位必须是 Red。

在 S3 的 Trigger on exit 中输入：

Free Operators(in(2,c),i)

表示完成 S3 指派相关任务后，人员即解散。

(5) 框选 A 产品生产线，按下 Ctrl+C 进行复制，Ctrl+V 粘贴至该生产线的下方。根据案例所给资料，将 S1、S2、S3 更名为 S4、S5、S6。以 S4 为例，在 Trigger on entry 内输入：

Call Operators(in(2,c),3,1,[Yellow],[Green],[Purple])

其中 Purple 为可选项，Yellow 和 Green 是必选项。

在 Trigger on exit 内输入：

Free Operators(in(2,c),i)

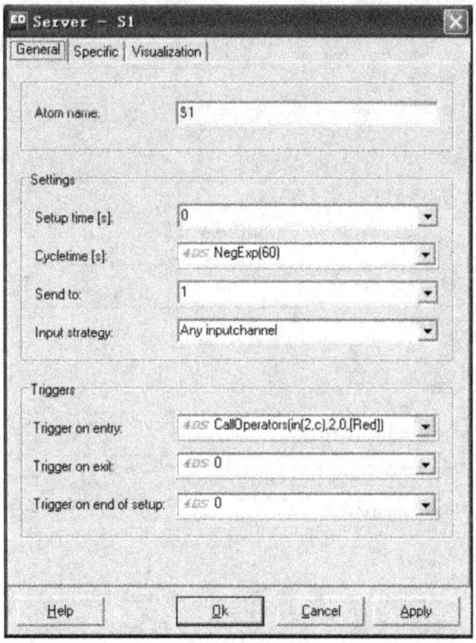

图 6-11 S1 参数设置

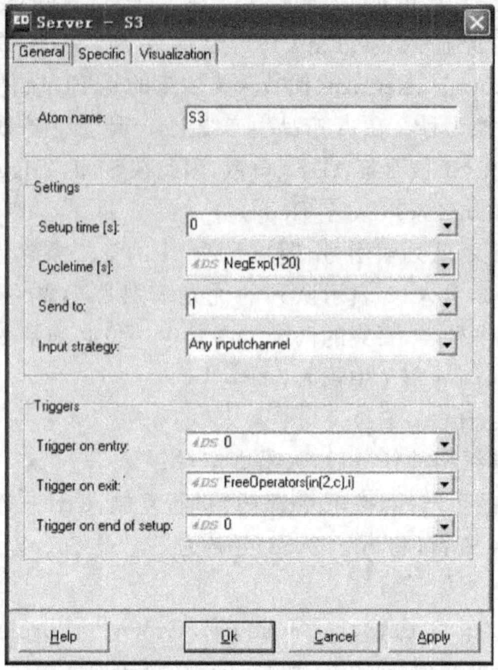

图 6 - 12 S3 参数设置

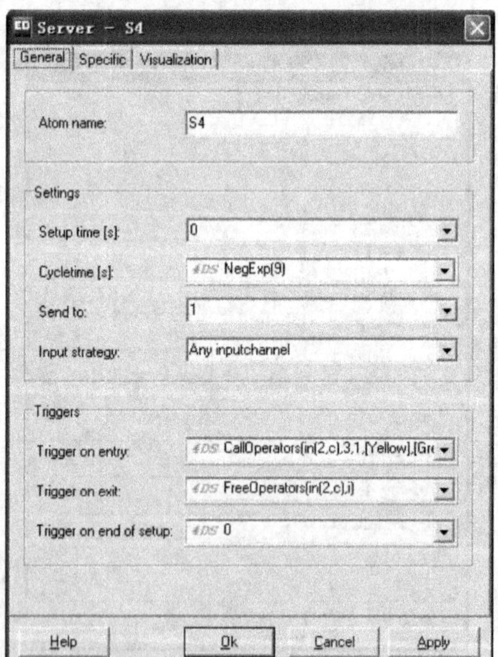

图 6 - 13 S4 参数设置

6.2.5 追加问题

现构建行走网络,要求操作人员必须沿着固定网络路径行走,此路径中必须包含 S1、S3、S4、S5、S6,该如何修改模型?

在实际问题中,由于障碍物的影响或者考虑到流线的合理性,往往要求操作人员沿着实现规划好的路径进行移动。网络有节点和路径组合而成,一旦将操作人员添加到网络中,则操作人员只能通过这个网络移动。在这个案例中我们需要使用到一些新的元件:

1. Network Node:网络节点

该元件可为高级运输车和操作人员实现定义路径。两个节点坐标之间的直线距离即为路径长度。为避免过多人员或车辆引起的干扰,可对连接到节点的最大人员或车辆数做出限制。利用 Node Manipulator Atom 即可方便快捷的实现节点之间的连接。框选网络节点元件,点击该元件右下方的黑色小方块,即可对相关参数进行设定:

(1) Settings。在 Settings 项下,可对网络编号,节点位置等进行编辑。在缺省条件下,所有的节点均属于网络 1。当模型中节点数量较多时,优化网络时速度将会变得较慢。这时可将网络分拆成多个网络,每个独立网络需要单独的 Network Controller Atom 进行优化。左上角的黑色方格相当于坐标(0,0),网格的作用相当于坐标系,每个方格大小为 1 m×1 m。通过网格可以定位节点的坐标位置。沿 X 方向,向右为正,沿 Y 方向,向下为正。

(2) Show Speed Limit。如果将该选项勾选上,速度的限制值将会显示在连接线路上方的红色圈内。点击 Edit Capacity and Speed Limit 按钮,可打开编辑表格。如将 use speed limit 设定为 1,则表示你想要限制速度,而后便可在设定具体的速度限制值,这时限速的路径的颜色将会变为灰色。在 Capacity 和 Content 里可设置最大的车辆数和现有的车辆数,最大的车辆数默认为 1 000 000,最小的车辆数为 1,Content 为仿真计算结果,因此不需要自行进行设置。在实时运行车辆数小于最大车辆数时,路径颜色默认显示为绿色;当达到或超过最大车辆数时,这时路径会自动关闭,路径颜色会变为红色;当有车辆离开,路径将会重新打开,等待时间最长的车辆最先进入路径中。要注意的是,路段的最大容量限制是单向的,即路段 N_1—N_2 和路段 N_2—N_1 的容量限制是不同的。对于双向路段而言,不宜设置过低值,否则容易造成僵局,模型无法运行。例如路段 N_1—N_2,N_2—N_3 的能够容纳的最大车辆数均为 1,A 车在路段 N_1—N_2 上行驶,即将进入 N_2—N_3 路段中,而 B 车在路段 N_2—N_3 行驶,即将进入到路段 N_2—N_1 中,则会造成 A 车和 B 车将会停止行驶等待对方离开各自的路段。因此容量限制一般用于单行路段。

2. Node Manipulator：**节点控制器**

该元件可快速便捷地连接网络节点，形成行走网络。节点的连接的方法有两种：一是将 Node Manipulator 置于第一个点上，右击（Node Manipulator 完全变绿），将置于第二个点上，再右击在两点之间将出现一条绿色的连接。二是可右击 Node Manipulator，通过 Selector 来选择节点进行连接。这根据用户在 Node Manipulator 上所做选择，既可是单向的，也可是双向的。这可以通过对节点控制器的设定来实现，也可以选择删除路径的选项 Disconnect（断开连接）重复以上动作来实现断开两个节点之间连接的目的。用同样的方法，将需要用到 Operator 的所有元件在网络中与（相邻的）点连接起来。值得注意的是，节点与普通元件（如服务器元件）会用蓝色的直线显示连接。双击 Node Manipulator（节点操控器），可出现八个参数：

（1）Connect Bidirectional：连接的路径为双向路径。

（2）Connect Unidirectional：连接的路径为单向路径。

（3）Disconnect Bidirectional：断开双向路径。

（4）Disconnect Unidirectional：断开单向路径。

（5）Show Nodes：显示节点。

（6）Show Paths between Nodes：显示节点间的路径。

（7）Show Connections to Atoms：显示所有网络连接。

（8）Show Node Names：显示节点名称。

3. Network Controller：**网络控制器**

网络控制器是网络构建中必不可少的一部分，其可以识别模型中的节点位置等，构建最近的路径。右击网络控制器，可打开参数设置对话框：

（1）Renames Nodes。如果这个选项勾选上，则当网络重新构建网络或修改节点表格时，the Network Controller 会自动更改其所在网络的节点名。如其所在网络编号为 1，则该网络节点的编号为 1－1，1－2 等。

（2）Optimize Network。每次重新构建网络之后均需对网络进行优化，方可运行模型。

（3）Edit Node Table。如不使用 Node Manipulator，编辑节点表格即可帮助用户快速的连接节点。如图 6－14 所示，如果节点之间时相连的，则会显示数字 1，如果断开相连节点，输入数字 0 即可。编辑完后需点击 Execute Node Table，需注意的是 Execute Node Table 只能构建网络，仍需点击 Optimize Network 对网格进行优化。

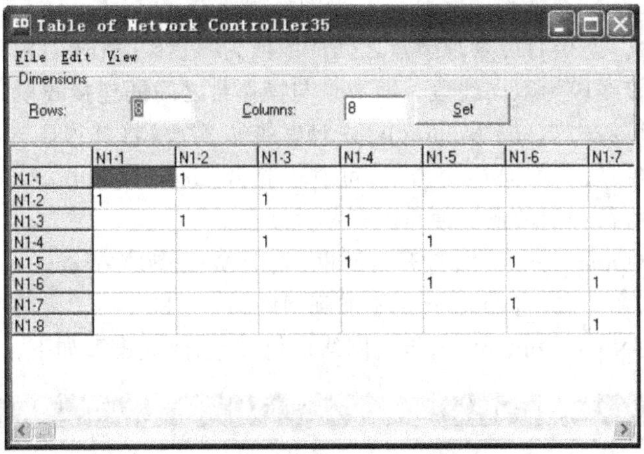

图 6 - 14　节点表格编辑窗口

4. 模型建立的操作步骤：

(1) 向模型图层窗口拖入网络节点，打开路径为 Library Tree-Network-Network Node。读者可根据案例自行设计网络路径，这里我们向模型中拖入 8 个 Network Nodes 元件。

(2) 向模型图层窗口拖入 Node Manipulator 元件，双击该元件，显示对话框如 6 - 15 所示，在连接方式上面选择连接双向线段，为方便显示我们可以勾选

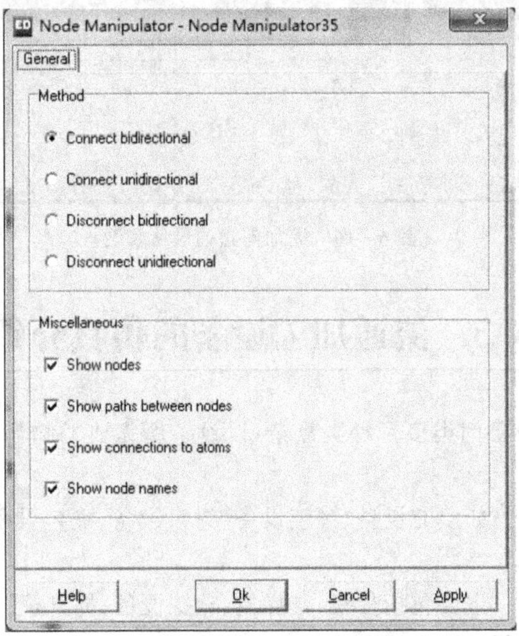

图 6 - 15　Node Manipulator 编辑窗口

Show node names，显示节点名称。右击网络操作器，在 Selector 选择需要连接的节点和服务台。连接后可发现节点之间的线段为绿色线，有方向相向的两个三角形，这表示连接线段为双向线段。而节点与操作台之间的连接线段为蓝色。在连接过程中，也可右击 Node Manipulator 使其变成实心，将其拖到对应节点，进行拖拉便可连接线段。如果连接错误，可右击打开 Node Manipulator 对话框后选择断开选项，执行相同的操作便可断开相关线段。

(3) 右击 Operator 元件，打开对话框，点击 Walk 和 Connect to Network，选择网络中的任意节点，将 Operator 添加到网络中。

(4) 拖入 Node Controller，点击网络优化按钮，建立模型如下：

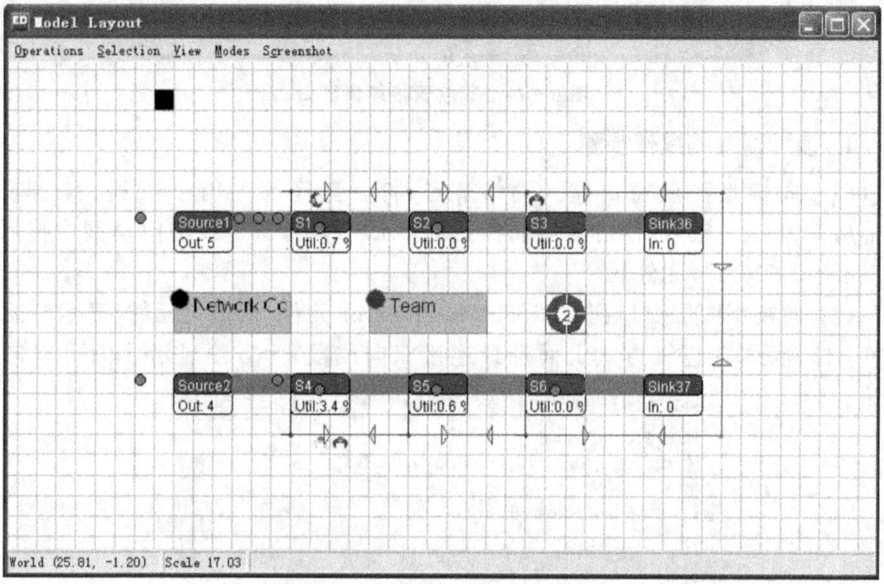

图 6-16 追加问题的最终模型

6.3 流通加工设备的仿真介绍

物流系统中设备门类多且种类复杂，以设备所完成的物流作业为标准，设备大致可分为：

(1) 包装设备。如填充设备、罐装设备、封口设备、裹包设备、贴标设备、清洗设备等。

(2) 仓储设备。主要包括货架、堆垛机、分拣设备、提升机、搬运机器人等。

(3) 集装单元器具。主要有集装箱、托盘、周转箱和其他集装单元器具。

(4) 装卸搬运设备。如叉车、输送机设备等。

（5）流通加工设备。主要包括金属加工设备、搅拌混合设备、木材加工设备等。

（6）运输设备。主要有可载货汽车、铁道货车、货船、空运设备和管道设备等。

在 ED 的库树中，设备主要分为运输设备、储存设备和加工设备类，分别存放于 Transport、Storage 和 Processes 模块中，另外集装化器具则可以使用 Product、Container 等元件，Server 等元件可模拟各种流通加工设备。在下面章节的中将主要针对运输设备和储存设备相关元件结合案例进行介绍，集装化设备以及流通加工设备的相关元件的使用将糅合于相关案例中。

6.3.1 Processes 模块中元件构成

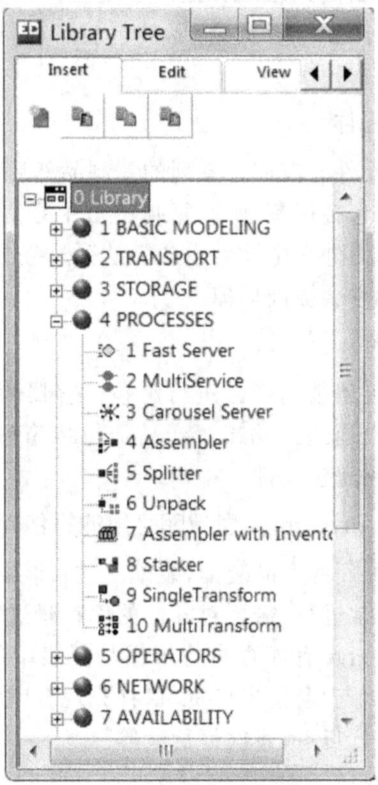

图 6－17 Processes 模块中元件的构成

Processes 内共有 10 个不同的元件，分别为

1. Fast Server：快速服务元件

快速服务元件用于模拟固定服务时间的简单操作，比如加工机械、服务台。

2. Multiservice:多功能服务元件

多功能服务元件可视为一组平行的服务器,它具有服务器元件的基本功能,并且允许同时处理多个产品或处理单个产品。

3. Carousel Server:旋转输送元件

产品放置旋转输送元件的一端后,该元件通过自身的旋转将货物转送到指定地点,旋转方向可自行设置,顺时针或逆时针旋转均可。

4. Assembler:组装器元件

该元件从几个不同来源聚集元件。被放入另一个元件的元件可能仍然保存着,可能已经损坏。除了模拟真实的打包工作外,这个元件还对用盒或货盘包装产品,甚至对堆放顺序都十分有用。货盘、盒子或顺序指令通常是通过第一个输入路径进入的,而产品则通过其他路径进入。这些产品可以保持自己的特点,如果"Pack Contents"选项被选中,除此之外,被包装产品将会被破坏,主产品(包装盒)的形式得以保留。

5. Splitter:分离器元件

分离器元件将一个元件分离成一系列的复制品然后将他们输出,复制品是严格按照原元件来生成的,包括标签,所有复制品元件是一次只生成一个的,只有当一个复制品被发送出去,另外一个才会生成。这个过程会重复直到最后一个复制品被发送,然后原始的元件会被破坏掉。

6. Unpack:解包元件

解包元件可以对已打集装的产品进行解包。容器元件和被容器打包货物分别通过输出通道2和输出通道1输出。产品从包装箱解包、包装箱从托盘解包、托盘从货车解包均可使用解包元件。

7. Assembler With Inventory:考虑库存量的打包元件

该元件用于模拟装配厂的产品装配,装配厂进行装配时需要不同的型号的零件,为保障装配工作的正常进行,需要对零件的库存量进行跟踪监测,当产品通过通道1进入到打包元件后,现有库存量将根据物料表中的需求量自动进行核减,当零件的库存量低于订货点,会发出订货单,补充现有库存。在表格中,用户可以自行设置初始库存水平、订货点、每次订货量等。

8. Stacker:堆高元件

该元件用于模拟产品的堆叠,用户可根据需求设置堆叠的限制高度,当达到预设高度,堆高即完成。不同产品的堆叠可通过标签进行识别。

9. Single Transform:单产品转换器

单产品转换器可用来改变通过的产品的特征。"元件选择原则"确定通过的产品中哪些将会被更改，产品的大小、标签等均可进行改变。

10. Multitransform：多产品改变器

可同时改变多个通过的产品特征。例如多个标签的改变。“元件选择原则”是第一个过滤器标准。“行的选择原则”是第二个过滤器，确定元件上哪些特征将会被“Selector 选择器”的列用来比较是否被改变。

6.3.2 案例背景介绍

在一个工厂的分派部门，欲将生产好的产品打包密封后运输至客户。产品和托盘通过两台分开的输送机送达包装机器，产品在这里用塑料包装。包装完成之后托盘通过另外一个输送带运输到密封机，在这里密封机一次处理多个托盘。已知产品通过可堆积输送带运输到包装机，平均间隔时间是5秒。托盘也通过可堆积输送运输到包装机，平均间隔时间是40秒，符合负指数分布。包装机一次包装8个产品到托盘上，同时它完成一个托盘的包装时间为2秒。包装完的托盘通过可堆积输送带运到密封机。密封机一次可最多同时处理4个托盘，处理一个托盘的时间遵循负指数分布，平均时间是100秒。所有的输送带默认长度为10米，平均速度为1 m/s。为保证产品的输送质量，每次输送不超过5个产品。产品的长度、高度、宽度都是50 cm，托盘的长和宽都是1 m，高度为0.15 m。

6.3.3 相关元件参数介绍

在这个案例中，可用 Accumulating Conveyor 元件模拟可堆积输送带，托盘和产品可使用 Container 和 Product 元件进行模拟，密封机采用 Multiservice 进行模拟，包装机采用 Assembler 进行模拟，配合使用锁定和解锁元件，因为若只插入锁定元件，则每次只有5个元件能进入系统，而之后的元件则不能再进入系统。再通过插入解锁元件，我们就能确保在同一时间内在系统内的元件不超过5个。值得注意的是锁定元件总是位于源后面，因为如果不这样，源就会误认为锁定元件也是一个产品，从而将它送至系统中。解锁元件总是在元件数不需限制时插入，如某台机器后或接收器的前面。在此例中，解锁元件被直接安放在 Sink（接收器）的前面。通过插入解锁元件，当一个元件离开解锁元件时，锁定元件会自动打开。锁定元件与解锁元件自动相连。需要注意的是若必须经过手动连接，那么锁定元件的第二个输出通道必须与解锁元件的第二个输入通道连接起来。下面对相关元件的参数介绍如下：

1. Product 元件

可对元件名称、颜色、2D/3D 图标进行等进行设定，这里重点介绍 Container Size 和 Storage Size 两个参数。

(1) Container Size。指的是容器的尺寸,即沿 X、Y、Z 方向(长)容器的尺寸。如托盘尺寸为 1.2 m×0.8 m×0.14 m,则可在对应的空格内输入相关数值。

(2) Storage Size。存储尺寸,用于设定存储一个进入的产品沿 X、Y、Z 方向所需的尺寸。如输入的尺寸超过产品实际所需的空间时会使得产品之间出现间隔。如勾选"适于存储",将会调整产品的尺寸使其恰好符合预先定义的存储尺寸。

2. Assembler **元件**

(1) Settings。

①循环时间:采集产品所需的时间。这个时间是从所有需要的元件进入打包元件的时刻开始计算的,并且指的是整个打包过程而不是每个单独的产品。点击箭头可以打开一些预先定义好的 4DScript 表达。

②发送到:指定产品被发送至哪个出口路径。参见源元件中对"发送至"的说明。

如勾选"显示内容",则可显示打包元件的内容。如勾选"包装物内容":选中这个选项时,元件(即:产品)被放置在通过第一个路径进入的元件(即:主要产品或容器)中。如果没有选择这个选项,所有没有通过第一个路径进入的元件都会被损坏。

(2) Triggers。

①进入路径 1 触发器:当产品通过第一个输入路径进入打包元件时会触发执行此栏中输入的命令。参见源元件中对"进入触发器"的说明。

②进入路径 2 触发器:当产品通过其他输入路径中的一个(也就是说不是路径 1)进入打包元件时便会触发执行此栏中输入的命令。参见源元件中对"进入触发器"的说明。

③离开触发器:当产品离开打包元件时便会触发执行此栏中的命令。参见源元件中对"离开触发器"的说明。

(3) Bill of Material。

打包元件同样有材料清单(b.o.m.)表格。材料清单通过输入路径表明需要多少元件用于集合终端产品。这个材料清单表格有许多行和列。列数与输入路径的数目一致。尽管默认值为 1,但是用户可以自己定义列数。这表明对于所打包的每一种产品类型都可以创建单独的一列。当产品通过第一个输入路径进入时,用户可以定义材料清单中哪一列是用来存放进入的其他元件。

①材料清单列数:定义材料清单中的列数。

②材料清单中的列数参考:表明将使用材料清单中的哪些列。用户可以输入一个数字,也可以输入 4DScript 命令从而产生一个数字。当第一个元件通过输入路径 1 进入时会评估此栏,并且它会定义出当其他元件进入打包元件时将使用

哪些栏。

3. Multiservice

Capacity：指的是可一次并行可处理的产品数量。

4. Lock and Unlock

当仅单独运行锁定元件时，它的功能是作为一个门户只允许锁定水平中所指示的一些产品穿过。当锁定元件和解锁元件结合起来使用时，锁定元件能够控制模型某个部分的产品的最大数目。由于锁定元件和解锁元件而解除限制的模型中，这一过程中的工作量不会超过所谓的锁定水平。锁定元件中的主要参数包括：

(1) Lock Level：锁定水平。当锁定和解锁之间的元件数目达到了此栏输入的具体水平时，便会关闭锁定元件的进入，因而阻塞了通道。当没有选择解锁元件时，输入通道关闭后将不会重新打开。

(2) Continous Evaluation：持续评估。当选中这个选项时，每次产品进入锁定元件时都会评估锁定水平这一栏，而不是等到模型重启时才被评估。只有当锁定水平包含了 4DScript 命令时(不仅仅是一个数字)，才有必要启动这个选项。

(3) Batchwise Control：批控制。当达到锁定水平时，进入锁定元件的通道被阻塞，并且只有在路径中的所有产品通过解锁元件消失之后才会重新打开。这样便创建了一种形式的批处理，并将锁定水平作为批数量。

解锁元件没有自己的设置，只能和锁定元件一起使用。每次产品离开解锁元件时，锁定元件便会允许一个新产品进入系统(除非“批控制”选项被启动)；在那种情况下，所有的产品都必须事先就通过了解锁元件。

6.3.4 模型建立的步骤

(1) 向模型图层窗口拖入两个 Source 元件，一个 Source 元件用于模拟产品的生成，另一个 Source 元件用于模拟托盘生成。用 Assembler 元件模拟托盘上产品的包装，使用 Multiservice 元件模拟密封机，不同元件之间采用输送带进行衔接，由于该输送带为可堆积输送带，因此输送带采用 Accumulating Conveyor 元件进行模拟。

(2) 按下 Ctrl＋R，使连接不同通道的元件可视化，根据需求对通道的连接进行调整。

(3) 单击运行控制器中的 Reset 按钮，自动生成 Product 元件。向模型图层窗口拖入 Container 元件替代模拟托盘生成的 Source 元件生成的 Product 元件。单击右键或双击 Product 元件对相关参数进行设置。在 General 选项卡下分别对产品长、宽、高进行设置。同样打开 Container 元件，对托盘的尺寸进行设置以及储存尺寸进行设置。设置参数如图 6－19 所示。

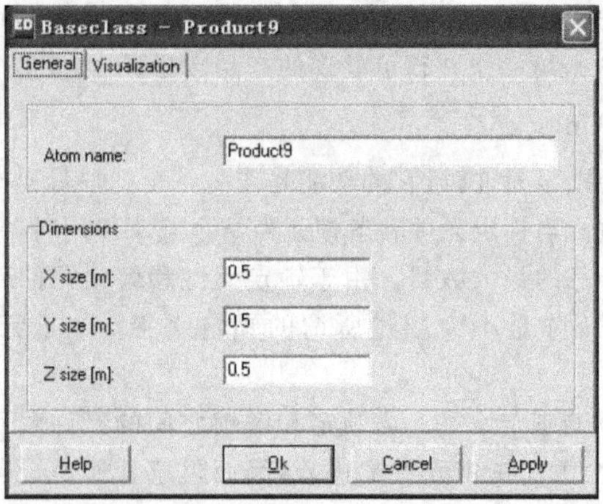

图 6－18 Product 元件的参数设置

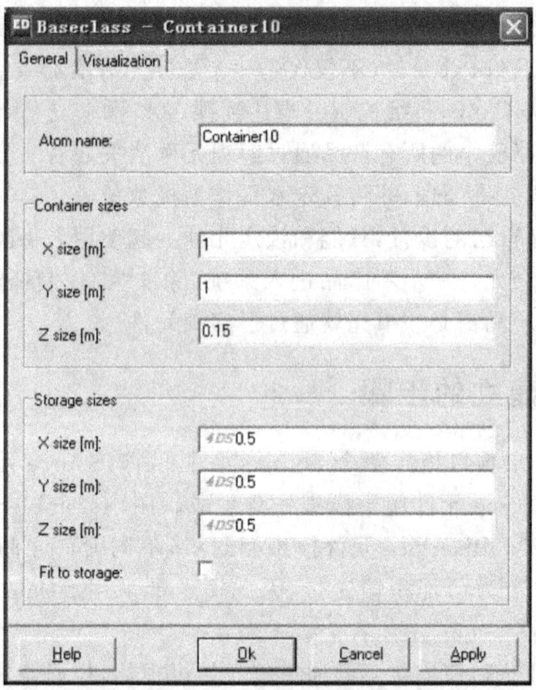

图 6－19 Container 元件的参数设置

(4) 分别对模拟生成产品和生成托盘的 Source 元件进行设置。产品的达到间隔为平均 5 秒，托盘的到达时间为平均 40 秒，遵循负指数分布，在 Source 元件的达到时间间隔选项内分别对两者进行设置。

(5) 对 Accumulating Conveyor 的相关参数进行设置。输送带统一采用 10

米的长度,运行速度为 1 米/秒。分别在 General 和 Specific 选项卡下对相关参数进行设置,竖向的输送带可通过 Specific 选项卡下的旋转功能来实现。

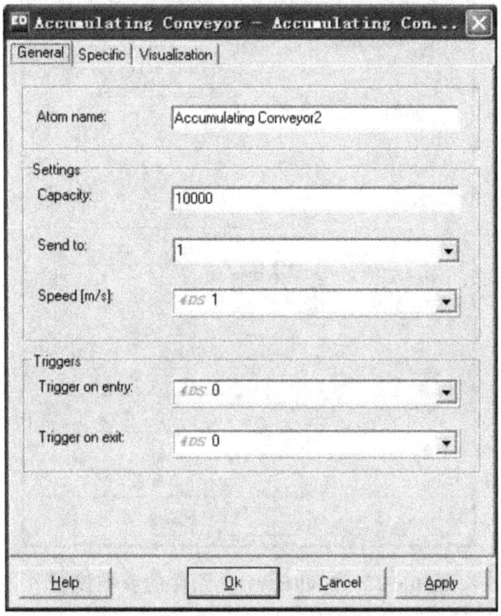

图 6-20　Accumulating Conveyor 元件 General 选项卡设置

(6) 对 Assembler 元件进行设置。对于 Assembler 元件,托盘必须通过第一个通道进入到元件中,产品必须通过第二个通道进入到元件中。为了定义托盘中的产品数量,可双击或者右击集配器元件,打开集配器表单,在该窗口中可定义进入组装的产品和托盘数量。

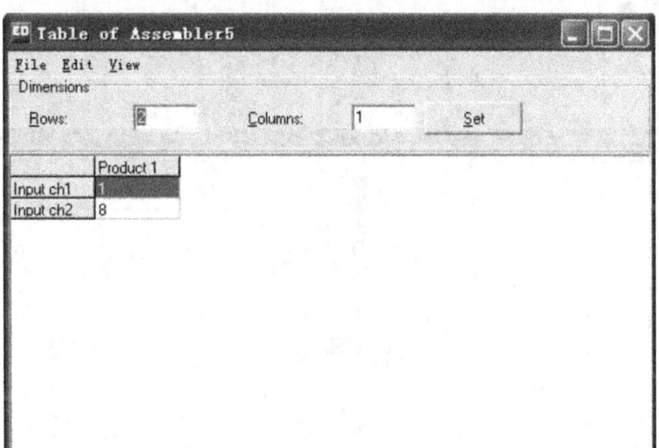

图 6-21　Assembler 元件的参数设置

(7) 对 Multi Service 元件相关参数进行设置。将包装机容量设置为 4 个,包装完成时间设置为 100 秒,符合负指数分布。

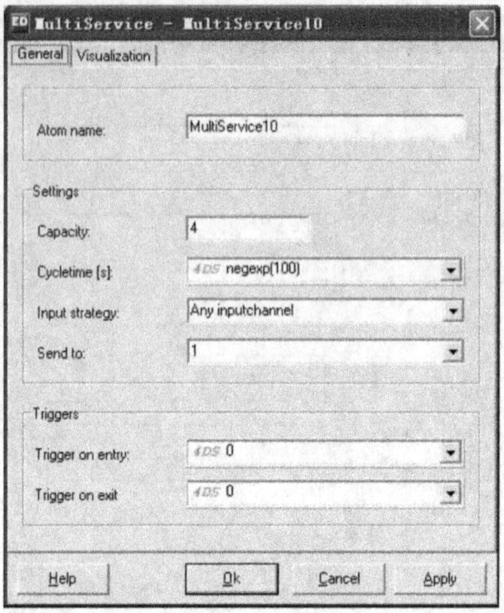

图 6-22　Multiservice 元件的参数设置

(8) 为控制工作量,向模型中同时插入锁和解锁元件。锁元件可控制最多进入规定数目的实体,解锁元件可保证系统同时存在不超过规定数目的实体,当有实体离开解锁元件时,锁元件会自动打开。锁元件放置于 Source 元件之后,解锁元件放置于 Sink 元件之前。完整模型的布置如图 6-23 所示。

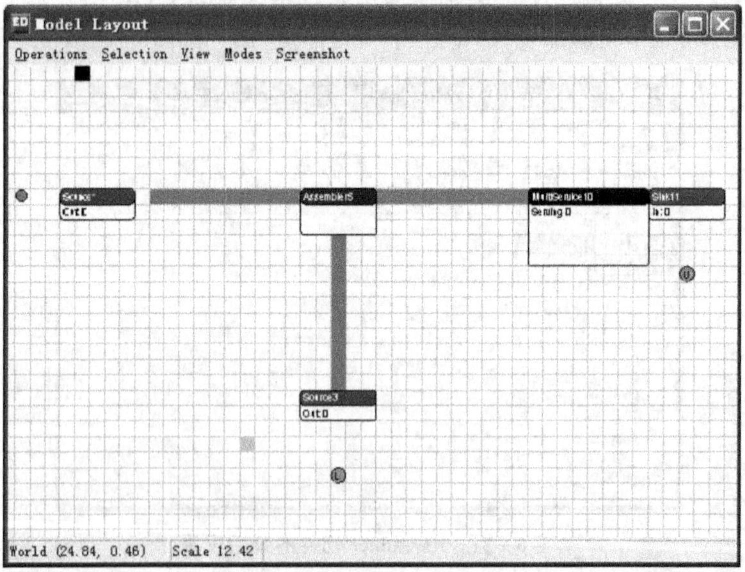

图 6-23　最终模型图

6.4 运输设备仿真介绍

运输设备在仓库、配送中心作业中使用非常普遍，ED 软件中运输设备包括六类，如图 6 - 24 所示，包括用于配送中心的货物分拣的 Conveyors（传输带），常规货物搬运的 Floorbound（地面运输车），用于 ASRS 仓库系统中巷道口货物搬运的 Railbound（穿梭车）、Elevation（电梯）、Robot（机器人）、Cranes（起重机），在后面的章节中将重点介绍前两类。

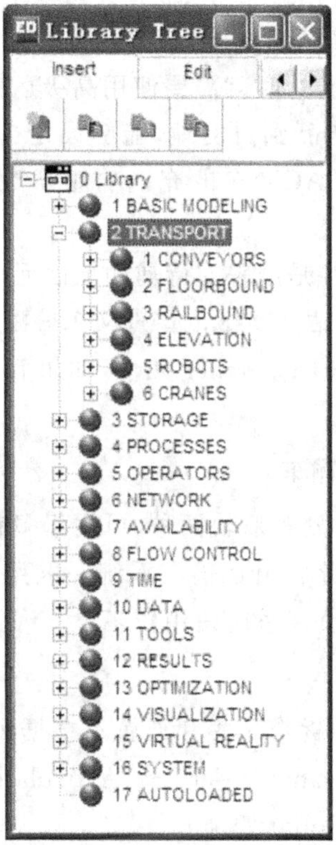

图 6 - 24 Transporter 模块元件构成

6.4.1 Transporter 模块元件构成

1. Conveyors：传输带

传送带可分为 Accumulating 可堆积输送带、Non-Accumulating 不可堆积输送带和 Intersections 十字口输送带三类。其中 Non-Accumulating Conveyor 不可堆积输送带模拟辊子输送带，当首个产品锁定的时候，还可以允许产品继续进入并堆积。Accumulating 可堆积输送带模拟链式输送带，当输送带上首个产品锁定的时候，输送带停止转动。使用弹出菜单或者窗口菜单可以将输送带旋转，ED中的角度是顺时针计算的。如在默认条件下，产品是从左向右传输，如欲实现产品从右向左传输，则使传输带旋转180°即可。另外ED还有不同形式的输送带，如左转弯输送带、右转弯输送带，衔接两条垂直输送带的十字口输送带、变速输送带、高级输送带等。

2. Floorbound：地面运输车

地面运输车分为Transporter（普通运输车）和Advanced Transporter（高级运输车）两类。普通运输车可将一个产品从货物聚集地移到目的地，并根据需要增减加速度，修改装载及卸载时间。但是实际情况往往需事先设定路径，要求运输车通过网络通道进行移动，这时就需要使用高级运输车了。高级运输车可够同时从产品聚集地移动多个产品到目的地，能够设定(x,y,z)坐标值，从而指定产品起运地和终点，另外模拟AGV车的充电功能等，模拟多装载点和多卸载点的货物装运等。

Transporter的其他元件是用来支持辅助上面元件实现其功能的，如Battery Charging Station（电池充电站）、Dispatcher（叉车分配器）和Destinator（目的分配器），如果有多个装载点使用Dispatcher元件，如果有多个卸载点使用Destinator元件。

3. Rail Bound：轨道运输车

轨道运输车系统分为单轨和双轨两种，可用于多巷道口货物的搬运。由于移载车是沿着轨道运行的，因此轨道运输车系统一般用于线性路径的搬运，可以连接多个起点和终点，在高层货架系统使用较多。

4. Robot：机器人

机器人可用于多地点的货物采集和放置。根据机器人旋转角度和行走方式的不同，又分为Robot、Advanced Vertical Articulated Robot、Advanced Linear Robot、Advanced SCARA Robot四个元件。

5. Crane：起重机

门式起重机可以实现货物的空中搬运。因此Portal Crane元件可对X、Y、Z三个方向的速度、加载移载方式等进行设置。

6.4.2 案例背景

三类不同的产品通过同一个排队队列等待叉车将两者送至两条平行的生产线进行加工。三类产品等概率达到，平均到达时间为10秒，符合负指数分布。产品入口等待区到生产线输送带的距离约为10米，平行的生产线之间的距离约为

5 米，叉车的行走速度约为 2 米/秒，装卸货时间均需要 5 秒，排队队列所能容纳的最多产品数为 10 个，输送带传输速度为 1 米/秒，长度为 10 m，问：

（1）假设叉车可以自由移动，试使用普通运输车建立模型布局。

（2）假设叉车必须沿着固定的路径行走，从安全角度出发，由于场内空间较小，要求所有路径为双向路径且三条生产线之间的行走速度控制在 1 米/秒，试使用高级运输车建立模型布局。

6.4.3 建模构思

可以在 Source 元件的 Trigger on exit 里对三类不同的产品模拟生成不同的图标来进行区分，高级运输车的使用需要联合 Dispatcher 元件和 Destinator 元件的使用才能完成相关功能，路径可以使用 Network 的功能来实现。生产线之间，叉车到生产线之间的距离可以通过网格数的设置来完成。

6.4.4 相关元件的参数介绍

1. Accumulating Conveyor（可堆积输送带）

可堆积输送带可用于模拟辊式输送带，当有产品进入到输送带时，输送带会关闭输入通道，当该产品输送距离达到设置的长度值（在 Product Spacing 内设置），输送带的输入通道将再次打开。当产品堆积数量过多时，可堆积输送带将会减速甚至停止运行，这时可用 the Fast Accumulating Conveyor atom（快速堆积输送带）来代替，后者运行速度更快，但可设置的参数相对较少。

（1）General 可对元件的名称、可容纳的容量、send to、triggers 等设置方法可参见 Source、Queue 等元件相同参数的设置。Speed 的参数设置不同之处在于不同长度单位的换算，如 mm，cm、feet、yard 等，默认单位为 m/s。

（2）Specific 可对元件的长、宽、高、垂直提升距离、旋转角度进行设置，角度默认为顺时针旋转。在这里重点介绍一下 Product Spacing 这个参数，由于生成产品元件之间距离，可选选项有：

① Length：默认选项，仅计产品的长度。

② Length＋Spacing：产品的长度加上第一个元件的后面到第二个元件的前面的距离。

③ Fixed Spacing：两个元件（一般为产品）之间距离总是为固定值。

④ Minimum of Length and Spacing：两个元件之间距离的最小值。

⑤ Maximum of Length and Spacing：两个元件之间距离的最大值。

2. Transporter 元件

普通运输机可以模拟叉车或者用于不同地点之间货物搬运的车辆设备。普通运输机一次可搬运一个产品(或集装单元),搬运时会沿着两个元件在平面直角坐标系内最近距离。将普通运输机的输入通道与产品输出地相连,输出通道与产品输入地相连即可。用户可根据需求对运输机的运输速度、装卸载时间等进行设置。当产品进入普通运输机,普通运输机等货物装载结束后会按照既定速度向产品输入地移动,到达目的点后卸载完货物再重新装载新的货物。

(1) General。

① Additional 可完成对元件名称、速度、加速度、减速度、装卸载时间等设置,应注意的是,速度实际时指的车辆运行的最高速度。如果用户对加速度或减速度进行了设置,则因为距离短的原因,速度可能达不到最大值。Send to 和 Input stragety 可参考前面相关元件的说明。

② Triggers 相较于其他元件,运输机元件增加了 Trigger on end of load(装载结束后触发事件)和 Trigger on start of unload(卸载开始前触发事件)。增加的选项有:

closeoutput(out(?,c)):关闭选定元件的第?条输出通道。

closeinput(out(?,c)):关闭选定元件的第?条输入通道。

do(closeoutput(out(?,c)),closeinput(out(?,c))):当有多个命令需要同时执行时,可以采用 do 语句,释义可参照上面。

repeat(nroc(c),if(atomexists(out(count,c)),closeoutput(out(count,c))))将和运输车所有输出通道相连的元件的输出通道关闭,该语句使用时可视为运输车将货物卸入至 ASRS,保证在卸货时 ASRS 只有进货没有出货。

repeat(nroc(c),if(atomexists(out(count,c)),closeinput(out(count,c)))一旦开始卸货就将下一元件的输入端口关闭,因此只能卸一个就停止了。

3. Advanced Transporter 元件

Transporter 能完成的工作,Advanced Transporter 都能做到。Advanced Transporter 经常会用到另外两个元件:Dispatcher 和 Destinator。这两个元件都能在 Transport 目录下找到。Dispatcher 通过 Advanced Transporter 控制产品的采集过程(分派到发送),Destinator 将产品指定到目的地。除了 Transporter 具备的相关参数以外,其他的参数还包括:

(1) General。

① Display Status。点击可打开选定高级运输车的实时状态窗口,可显示高级运输车的速度,如果使用了电池功能,也可显示电池的耗用情况,直观性较好。

② Link To Network 将高级运输车连接到预设网络中,这时需要将其添加的网络中,否则将会使用自由行走方式搬运货物。

(2) Speed 除与 transporter 相同的常规设置外,还可以对转弯的减速、举升、转弯的参数等进行设置:

① Deceleration at corer 如果勾选 Include deceleration 选项，则车辆在到达每个拐角处均按照 the Max. allowed speed (m/s)设置值进行减速。

Min. angle：在最大允许速度下所要求的转弯的最小角度。

Max. allowed speed(m/s)：如果拐弯角度大于最小角度时用于决定转弯速度。

② Lift parameters 可设置货叉上升或下降时的速度，货叉的最大上升高度。当运输车需要将货物放置货架时，需要对最大上升高度进行设置。如果勾选 Lift and drive 选项，则允许运输机在行走的过程中同时货叉可上升或下降。如不勾选，则在运输车在开始运行前货叉必须先移动预设位置。

③ Turn parameters Turn mode 即转弯模式，在 instant turn and smooth(即时平滑)转弯模式下，运输车将直接将车头转向目的点方向。如选择 smooth turn (平滑)转弯模式，则运输车将会匀速转弯(°/s)，如果在到达目的点时按照既定速度转弯不能完成，则转弯速度将会自动增加。不管在什么情况下，转弯速度都不能低于预设速度。如果运输车时沿着网络运行的，则目的点即为下一个节点。

(3) Load 可对装卸货的时间、一次装卸货的数量，装卸货物的要求等进行设置：

① Load quantity 可对运输车的一次装货数量数量进行设置。一旦一次装货数量确定，则运输车需等装货数量集齐后才离开。用户可直接填入数字，也可通过 4DScript 语言进行编辑，例如运输车要对两类产品进行装卸，如果产品的名称为 apple，则一次装卸量为 10 个，否则为 5 个，则可在 4DScript 语言编辑器内输入：

```
if(CompareText(Name(i), [apple]), 10, 5)
```

② Load Restriction 当一次装载数量大于 1 时，可对装载货物进行条件约束，如通过名称、标签、容器等对产品进行分类装载。如用户选择的是按照标签值进行装载，即装入第一个产品后，后面装入的产品必须与其的标签值相同，则需在 Load Label 栏中对标签名称进行设置。使用装载约束时需注意避免模型运行陷入僵局，如运输车只装载名称为 B 的产品，但是等待区等待运输的却是 A 产品，这时两者就会陷入无限制的等待中。

③ Load Label 用于测试即将进入装载的产品标签。

④ Unload Sequence 可以让运输车按照既定的顺序卸载产品，默认的方式为先进先出。为了避免车在多目的点运输时循环往复运行，可优先选择最小或最大的输出通道优先。用户可以通过设置元件标签值创建需要的卸载顺序。

⑤ Unload Label 用于测试即将进入卸载的产品标签。

⑥ Load automatically/Unload automatically 勾选这两项，则运输车自动完成装卸载，否则需要通过 Advanced Transporter_Place Atom 元件手动完成。

(4) Offset 可对产品的拣取点和放置点的坐标偏移值进行设置，只有当拣取点和放置点位于不同的节点，且两节点直接相连时，才需考虑对偏移参数进行设置。偏移值是以元件的中心点($x=0,y=0,z=0$)为基准的，以米为单位。通过对被运输的产品或目的点的标签值进行设置偏移值是最常用的方法。比如可在被运输产品的标签上设置行、列值来引导产品放入到货架的指定位置。

(5) Battery 选项多用于模拟在固定路径中行走的充电 AGV 车，因此使用该功能时一方面要求运输车必须是沿着固定路径行走，另一方面至少有一座充电站与该网络相连。在该选项卡下，可对电池容量、电池消耗方式、充电时间节点等进行设置。

4. Dispatcher

Dispatcher 的输入通道与产品采集场所的输出通道相连，而输出通道又与一个或多个 Advanced Transporter 相连。运输的方式通过在 Dispatcher 上设定参数来实现。

5. Destinator

Destinator 的输入通道与一个或多个 Advanced Transporter 的输出通道相连，而输出通道又与目的地的输入通道相连。由于所有的递送逻辑都显示在 Advanced Transporter 上，所以 Destinator 窗口没有参数需要设定。

6.4.5　模型建立的操作步骤

(1) 向模型图层窗口拖入一个 Source 元件，一个 Queue 元件，用以模拟三类产品进入生产线等待加工。再向模型图层窗口拖入三个 Queue 元件，三个 Server 元件和一个 Sink 元件，用以模拟三条平行生产线对三类产品的加工。

(2) 向模型图层窗口拖入 Transporter 元件，Transporter 元件的打开路径为 Transport—Floorbound—Transporter。按 Ctrl＋R 按钮，使得模型通道可见，并对模型通道按照设定进行修改。

(3) 对 Source 元件的参数进行设置。在 Trigger on exit 里输入：

icon(i)：＝mod(Output(c), 3)＋20

在这里有不同的图标来区分三类货物，对生成的货物编号除以 3 取余数。单击 Run Control 的 Reset 按钮，模型窗口会自动生成 Product 元件。右键点击 Product，打开 2D icon 窗口如下图所示，不同颜色的圆形产品编号为 19～28。为了得到编号分别为 20,21,22 颜色的球，我们需要对余数值加 20。例如现生成的货物的编号为 7，则对应的图标编号为：

Mod(7,3)＋20

则可生成编号为 21 的 circlefuchsia 圆形货物。

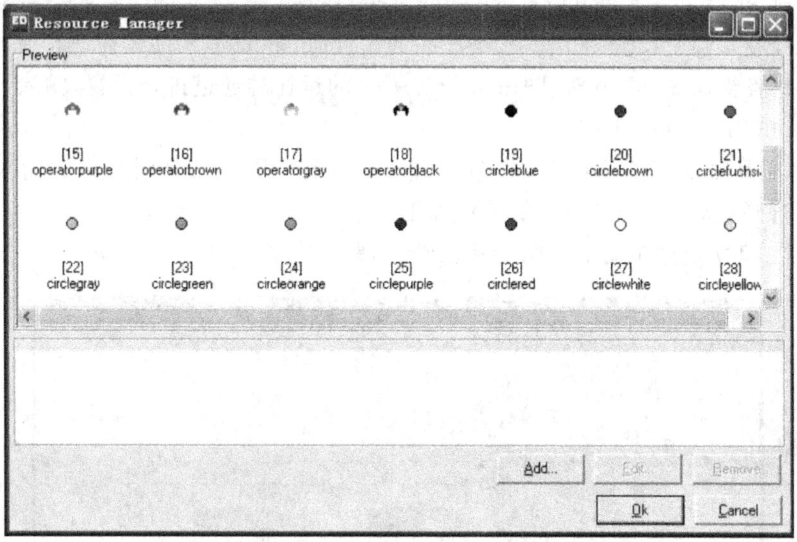

图 6－25 ED 软件元件图标

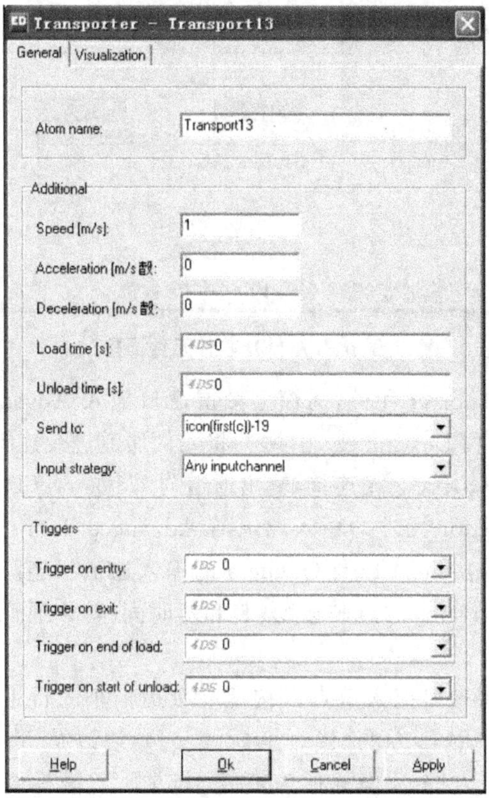

图 6－26 Transporter 的参数设置

(4) 对 Queue 元件和 Transporter 元件进行设置，产品的装运符合先进先出的原则，最大容量设置为 10。三类产品经由 Transporter 元件运往三个平行生产线，因此需要在 Send to 对 Transporter 元件的运往的通道进行设置，输入：

icon(first(c))－19

由于元件的标签分别为 20，21，22，因此三类不同产品分别对应的输入到 1，2，3 号通道，从而实现了产品的分流加工。

(5) 建立模型布局如下图所示，到此问题 1 完成。

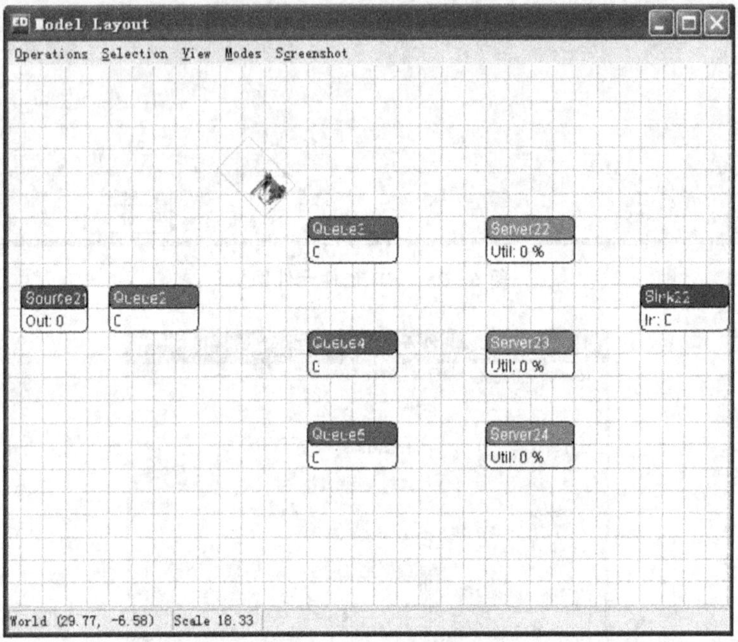

图 6－27 ED 软件元件图标

(6) 删除 Transporter 元件，向模型图层窗口拖入 Advanced Transporter 元件、Dispatcher 元件和 Destinator 元件，并将元件通道进行连接。其中 Dispatcher 元件的输入通道与 Queue 2 相连接，输出通道与 Advanced Transporter 元件的输入通道相连，Destinator 元件的输入通道与 Advanced Transporter 元件相连，输出通道与 Queue 3，Queue 4 以及 Queue 5 的输入通道相连。参照案例给出数据对 Advanced Transporter 的行驶速度、装卸货时间、输出通道等进行相关参数的设置。

(7) 向模型图层窗口拖入节点以构建高级运输车的行走网络。节点的位置可参照窗口左边的黑色小方块(代表坐标(0，0))，通过其 X，Y 的坐标值进行调整，在黑色小方块左方则 X 坐标值为负值，上方则 Y 坐标值为负值。框选节点 15，点击该节点右下方黑色方块，打开对话框，对路径的限速进行设置，在 use

speed limit 内输入数字 1，在 speed limit 内输入限制速度 1 m/s，可见节点 14 和节点 15 连接线段以及节点 14 和节点 17 连接线段显示灰色，并出现红色圆圈内写明数字 1，如图 6－28 所示，同理完成其他路段的限速设置。向模型图层窗口拖入 Node Manipulator 用以连接节点，具体的连接方法可参照前面对相关元件的介绍，这里不再赘述。拖入 Network Controller 对网络进行优化。

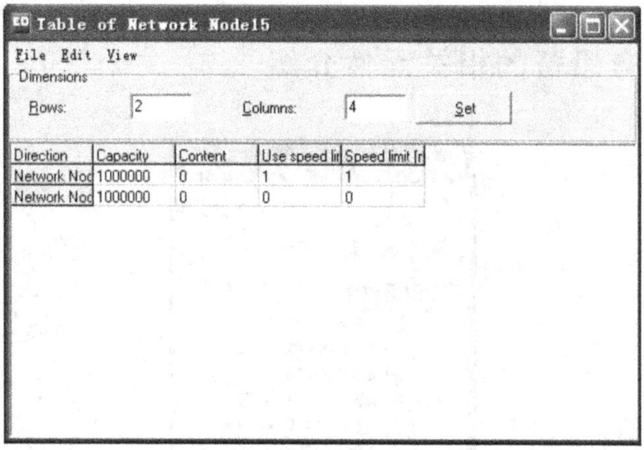

图 6－28 网络节点表格编辑窗口

8. 利用 Advanced Transporter 进行模型布置如图 6－29 所示：

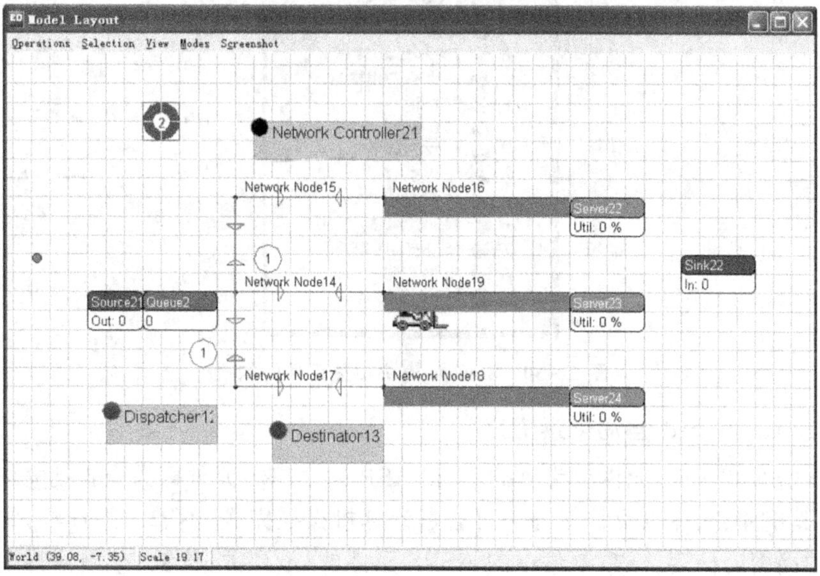

图 6－29 模型图（采用 Advanced Transporter 元件）

6.5 储存设备仿真介绍

为了便于货物的入库、装卸以及出库，ASRS、普通货架以及托盘接地直接存放是常用的三类仓储空间存放形式。对应于 ED 软件的 Storage 模块，也有相应的元件。

6.5.1 储存设备的相关元件介绍

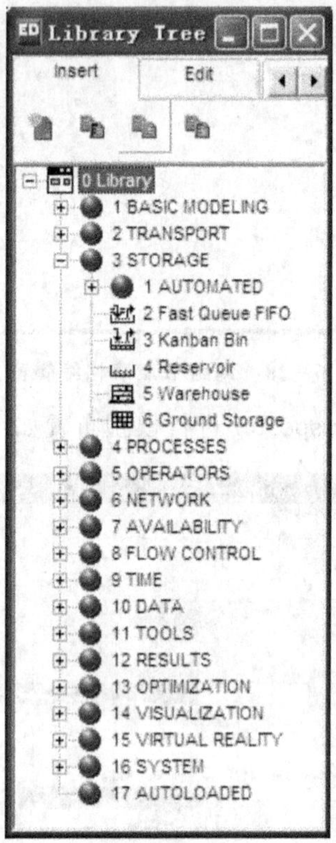

图 6-30 Storage 模块相关元件的构成

1. Automated：**自动化系统**

点击“+”，下拉元件名为 Advanced ASRS。ASRS 元件即为全自动立体仓库系统，其出库、入库以及移库等均可通过计算机操控完成，不需人工作业，常用于货物的高密度储存。ED 软件中的 ASRS 元件的行、列数，位置、布局等均可进行设置。

2. Fast Queue FIFO:**快速出入队列**

当 Queue 元件的排队策略选择为先进先出时,该元件与之类似,只是其速度更快。当输出通道准备好之后,Fast Queue FIFO 接收到元件(一般为产品)后迅速将其送到指定通道。否则,产品元件将滞留于 Fast Queue FIFO 里,直至输出通道准备好。

3. Kanban Bin:**看板**

该元件常用于模拟拉式系统。在产品生成过程中,需要不断消耗相关的零部件。事先为零部件设置订货点,当初始库存量减去消耗量后达到订货点量即开始补货,假设为补货零部件一次到货。补货零部件从输出通道 2 输出,接收补货零部件的元件不能堵塞,可试将一个可容纳大量零部件的等待区与输出通道 2 相连,以免发生错误。

4. Reservoir:**储备元件**

储备元件常用于模拟蓄水(气)池,不断有新产品进入的同时产品也在不断地输出,蓄水池设有储量的最高值和最低值。储备元件有两个应用:一是用于控制输出产品的流动速率;二是发挥一个等待区的效用,该等待区可以自行调节进出量,进入储备元件的液体、气体自身的性质不再是决定性因素。输入输出通道可根据储备产品的数值关闭或者打开,当产品进入或离开储备元件,该数值会随之增加或减少。

5. Ground Storage:**就地码放元件**

就地码放元件可设行列值,产品元件可通过标签的设置等方法摆放于精确位置。当就地码放区货物已满,则输入通道将会关闭。对于后续进入的产品,可能有些货位已放置货物或者已被预订,则这些货位是不可用的。该元件可以通过对“Edit Table”进行设置来解决货位占用的问题。

6.5.2 案例背景介绍

某仓库为方便货物的快速出入库,产品采用托盘接地码放的方式进行储存。产品的存取采用门式起重机,每次搬运一个托盘,装卸货时间均为 5 秒。货物到达的时间间隔平均为 10 秒,第一个产品于 10 秒后达到。储存区为 10 行×20 列,共 200 个货位。红色部分为已放货品货位。请用相关元件对此情境进行仿真。

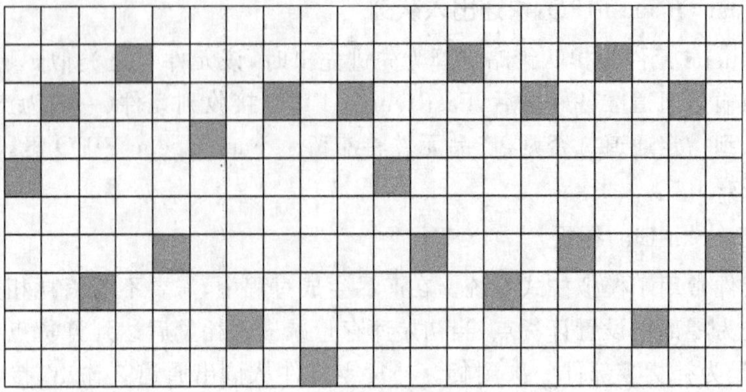

图 6-31 仓库货位使用情况图

6.5.3 建模思路

采用 Portal Crane 模拟门式起重机，采用 Ground Storage 模拟托盘就地码放区，利用产品的标签设置将产品放置具体货位。

6.5.4 主要元件参数介绍

1. Portal Crane：门式起重机

Portal Crane 可以完成多个起点、多个终点之间的货物搬运。该元件可以对多个选项和变量进行设置，比如一次可同时搬运多个货物，搬运时的速度、加速度和减速度进行设置，搬运过程中移动顺序等进行设置。其主要的参数有：

(1) General 可以完成对元件的名称、*X*、*Y*、*Z* 尺寸大小的设置。如果勾选 *X* direction，则显示沿 X 方向的门式起重机的侧梁视图，否则显示 *Y* 方向的侧梁视图。输入策略、输出通道的选择，触发事件等设置可以参照相关元件进行设置。

(2) Movement。门式起重机的货物搬运由下降吊车、取货提升、空中行走、下降卸货，空车返回等多个动作组成。如勾选 detailed movement，则第三个选项卡激活，用户可自行对取货、卸货过程中动作的先后顺序进行详细设置。如不勾选 detailed movement，则可直接在该选项卡下对动作顺序、方式等直接进行简要设置，如按照 *X*、*Y*、*Z* 方向的顺序、在一定的提升高度向沿 *XY* 方向移动等。

(3) Specific。可对一次装载数量、装卸货时间、卸货地点等进行设置。若在一次装载数量栏填入了具体数值，则只有当装载量达到了该数值门式起重机才会卸载，用户可以使用 4DScript 语言对装载量进行定义。如果勾选 Go to parking location 栏，则当门式起重机处于空闲状态或取货时却无货可取时，将会回到停车地点等候。停车点的具体位置在 Destination parameters 定义，缺省状态下吊车为门式起重机门架的和起吊高度的中间位置。如勾选 Detailed destinations，则可对卸货的具体位置进行定义，缺省状态下即为目的地元件。

(4) Transportation 可对装卸过程中 X、Y、Z 方向的速度、加速度、减速度、运行高度等进行定义。

(5) Visualization 可以门式起重机的门架、行走吊车的颜色、形式等进行设置。门式起重机可以设置为沿地面行走的形式也可以设置为沿空中轨道行走的梁式起重机。

2. Ground Storage：就地堆码元件

就地存放元件主要用于模拟货物的接地储存形式，主要参数有：

(1) General 可完成对元件名称、输出通道、输入策略、被运送产品、排队策略、触发事件等设置。其中被运送元件的顺序取决于排队策略。

(2) Miscellaneous 可对储存区的行列值即货位的布置形式，产品存放的具体位置等进行定义。如勾选 Search Circular 则当产品进入到该元件后先开始搜索定义的存放位置是否为空，如果已被占用，则以定义的存放位置为搜索圆的中心，不断扩大搜索半径直至找到空位。如果未勾选该项，当欲存放位置已满，则存放于寻找到的下一个空存放位。寻找时如果欲存放位置所在行已满，则选择下一行存放。比如说原存放位置所在行编号为 0，而该行货位已满，则搜索位置从编号为 1 的行开始。列的搜索同样遵循此原则。

正常运营的仓库，每天都不断地有货物入库和出库。因此后续进入的货物在存放时有些货位已被先进的货物占用。这种情况用户可以通过 Edit Table 对已占货位进行设置。点击打开表格可见接地存放区的 ID 编号，如果某货位已被占用，则在对应 ID 编号的表格中输入数值－1。

6.5.5 模型建立操作步骤

(1) 向模型图层窗口内拖入 Source 元件、Portal Crane 元件和 Ground Storage 元件。打开 Ctrl＋R，使通道可视化，对通道连接进行调整。点击 Run Control 元件的 Reset 按钮，模型自动生成 Product 元件，右击 Product 元件打开参数设置框，在 2D 图标内选择图标编号 20 的托盘形式，在 3D 图标选择 closed carton box。

(2) 对 Source 元件相关参数进行设置。在 inter-arrival time 和 time till the first Product 内输入 10s。在 trigger on exit 内输入：

```
do(label([row], i):=5,
label([column], i):=10,
```

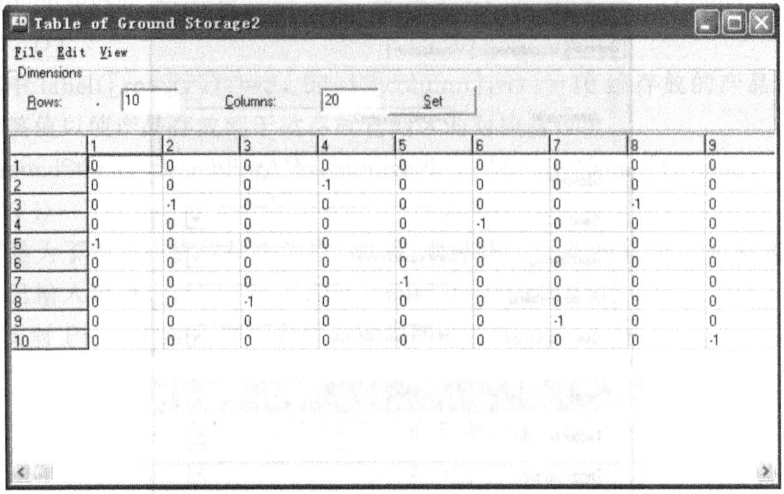

	1	2	3	4	5	6	7	8	9
1	0	0	0	0	0	0	0	0	0
2	0	0	0	-1	0	0	0	0	0
3	0	-1	0	0	0	0	0	-1	0
4	0	0	0	0	0	-1	0	0	0
5	-1	0	0	0	0	0	0	0	0
6	0	0	0	0	0	0	0	0	0
7	0	0	0	0	-1	0	0	0	0
8	0	0	-1	0	0	0	0	0	0
9	0	0	0	0	0	0	-1	0	0
10	0	0	0	0	0	0	0	0	-1

图 6-34 Ground Storage 货位表格编辑

（5）根据案例设定情境，最终建立模型如图 6-35 所示：

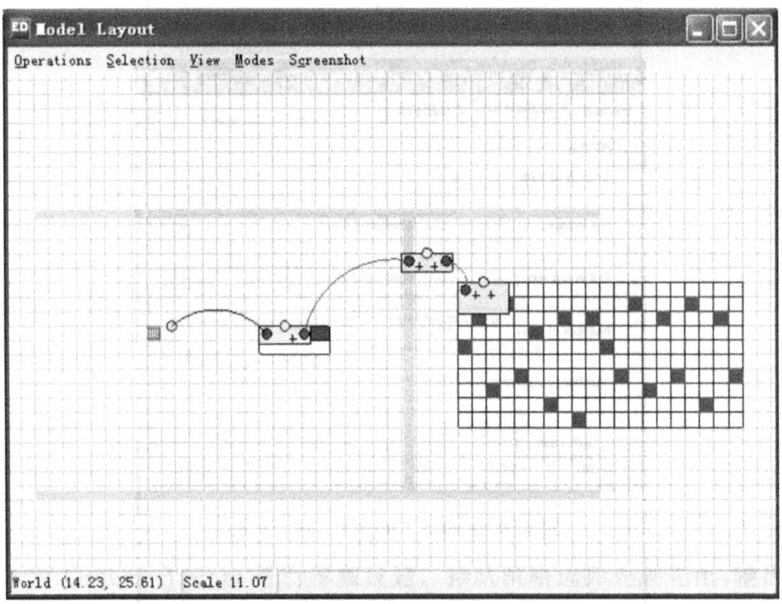

图 6-35 模型的建立

6.6 其他辅助模块介绍

6.6.1 元件可用性控制

1. Availability Control：**可用性控制元件**

可用于控制其他元件的可用性，如 Servers，Sources 和 Transporters 等，如果不可用，元件将会停止执行它的任务。在相关参数设置时可控制被控元件的某些特定方面是不可用的，如输入通道、输出通道、时间延迟等，也可通过 4DScript 语言自定义元件从可用变为不可用或相反情况的触发事件。

2. Mtbf Mttr Availability Atom(**故障修复元件**)

用于模拟平均故障发生事件(即从修复完好到下次发生故障的平均时间)和平均故障的修复时间。

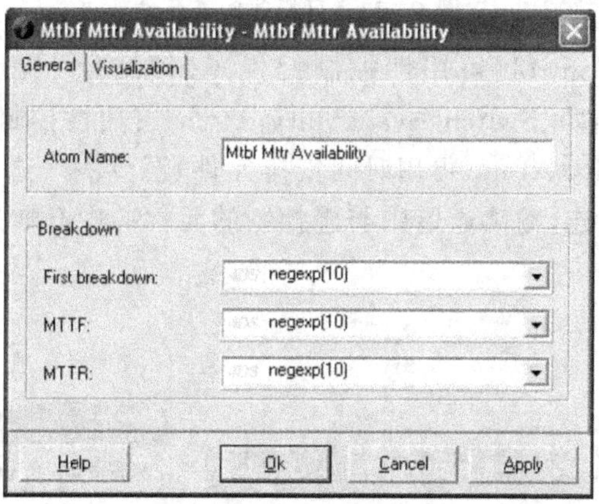

图 6 - 36　故障修复元件

3. Switch Availability Atom：**可用性控制开关元件**

可通过用户点击来切换被控元件的可用性。

4. Time Schedule Availability Atom：**可用时间表元件**

通过给定的时间表来控制可用性，点击 Edit Table，则可对表格可用时间进行编辑。如时间可用则输入数据“0”，否则输入数据“1”。如某服务台服务时间为从营业后的第 4 个小时开始到 5.5 小时，从 7.75 小时到 8.5 小时，则可将表格数据设置如图 6 - 37 所示：

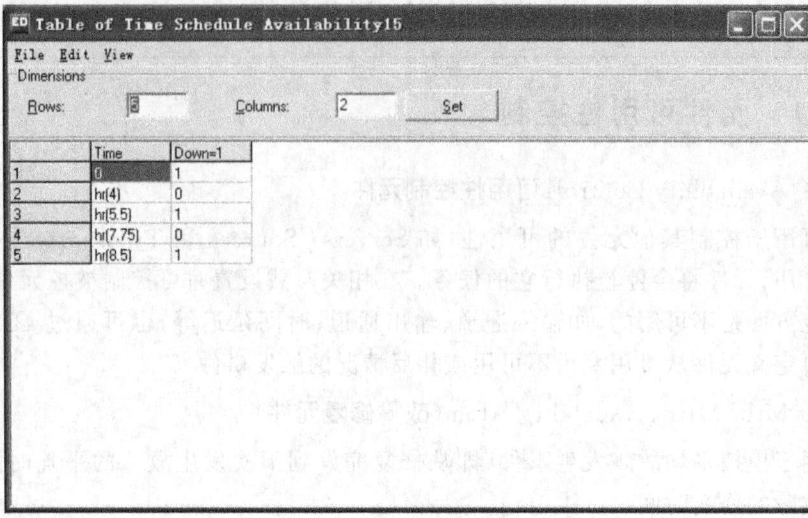

图 6-37 可用时间表元件

Availability Control（可用性控制元件）必须结合 Mtbf Mttr Availability Atom（故障修复元件）、Switch Availability Atom（可用性控制开关元件）和 Time Schedule Availability Atom（可用时间安排元件）至少一个进行使用。将的输入通道与以上元件相连，输出通道则与想控制的元件的中心通道相连，如图 6-38 所示：

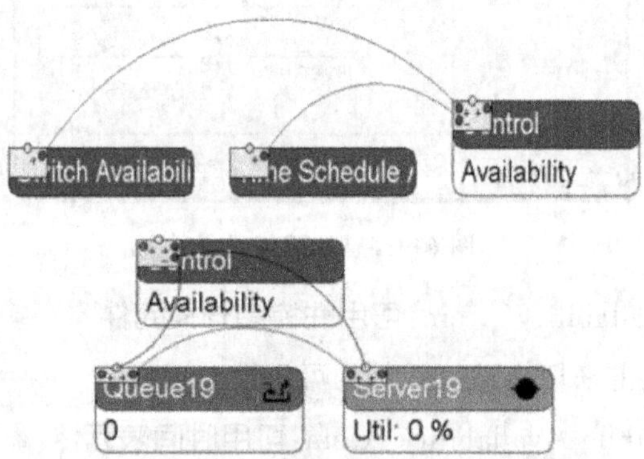

图 6-38 可用性控制元件的输入、出通道连接

6.6.2 流控制

1. Condition Control：条件控制

通过检测用户定义的条件来控制元件的输入\输出元件（一般为产品）。该元件需连接被观察元件和被控元件，连接时将条件控制元件的输入通道与被观察元

件的中央通道相连，输出通道与被控元件的中央通道相连。点击 Run Control 的 Reset 元件，在输入通道上将会出现一个浅蓝色的圆，这就表示这个输入通道为观察通道。当被观察元件的变量发生变化时，将对设定的条件进行重新评估。每个元件只能由一个条件控制元件进行观察，若需要对同一观察元件设定多个条件，可以使用 Notify Router Atom。

2. Lock 和 Unlock：锁定和解锁元件

Lock 元件和 Unlock 元件两者总是捆绑使用的。Lock 元件是用来阻止有超过规定数量的产品通过元件（“锁定水平”）。这些元件没有存储的容量，因为他们本身有“锁块”内置逻辑。在配合使用时，可以将 Lock 元件的第二输出通道连接于 Unlock 元件的第二输入通道相连，

锁定元件简单地将通过的产品计数，当一个元件（通产为产品元件）通过解锁元件的时候解锁元件将这个数量减少 1。

6.6.3 时间设定

1. User Events 用户事件

根据事先定义的事件列表来执行 4DScript，事件可以增加、编辑和删除，每一个事件都可以每隔 X 秒运行一次或者只执行一次，清单上的每一个记录都包括事件的时间、一段 4DScript 语句和一个可选的重复时间，可以通过点击“Time Table”看到。对于每一个时间你可以指定一个元件指向到这个相关元件。然后你可以使用 4DScript 指令 i 在事件的代码中代表这个相关元件，给事件设定一个优先级以确保这个事件在其他事件发生前或者发生后同时执行。

2. Arrival List 到达表元件

该元件可用来按照指定的时间顺序生成产品。可对产品的到达时间、名字、标签、通道、数量等进行设置。用户可以选择不同的方式重复列表，如不重复、不断地重复列表，每隔一段时间重复。

6.6.4 数据交互

1. Table 表

当欲建立模型数据较大时，可以考虑采用 Table 元件储存数据。Table 元件可用于数据的读、写，用户使用 Table 元件会比单独对每个元件进行数据的输入更加便捷。点击 Edit Table 即可对 Table 表的行列值进行设定。与 Table 相关的 4DScript 命令主要有：

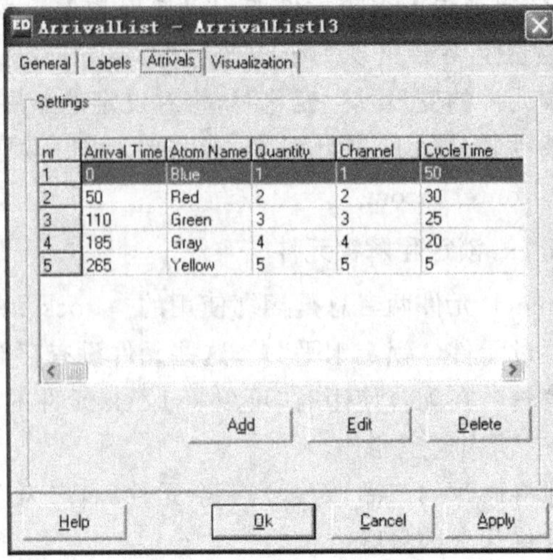

图 6-39 **Monitor** 结果显示

(1) 间接使用(没有别名):可使用 4DScript 中的 SetCell 和 Cell 语句,如:SetCell(1, 1, 123, c)or Cell(1, 1, c):=123

(2) 直接使用:再命名了别名以后,比如说 My Table,则可使用:Set My Table 给表中某个格赋值,用 My Table 查询表中的单元格等。

2. Excel 表

可实现与 Excel 表格的数据交互,可以 4DScript 语言的编辑实现对 Excel 表格数据的读取,也可将数据写入 Excel 表格中。其中用户可以通过 Excel Table Read 连接并读取 Excel 的数据,也可每隔一段时间使用 Excel Table Write 连接并将结果写入 Excel。

(1) 新建一个 Excel 文件,要求该文件需与模型在相同的目录下。关闭 Excel 文件。

(2) 向模型图层窗口拖入 Excel 元件,元件打开目录为 Library Tree—Data—Excel。模型中最多只能有一个 Excel 元件。ED 中与外部的数据连接只能是一张 Excel 中的一个 Sheet。

(3) 双击 Excel 元件,打开 Excel 对话框。选择 Excel 文件和表单,勾选"Excel visible at start up",这样在 ED 背景中就可以看到 Excel 了。设置好后,点击 OK 按钮,Excel 打开,Excel 按钮就会出现在任务栏中。模型关闭后,Excel 数据连接会自动断开,模型再次打开后会自动连接上,不需要再次手动连接。这种连接方式称之为 DDE(=Dynamic Data Exchange)连接。

Excel 数据的读写:

Excel 的读写需使用 4DScript 语言:

Excel Write(e_1，e_2，e_3)

其中 e_1，e_2 表示写入单元格的行、列号，e_3 表示某个具体数值。

例如：Excel Write(3，2，12.75)，表示将数值写入到第三行第二列的单元格中。

Excel Read(e_1，e_2)

其中 e_1、e_2 表示数据来源的单元格的对应的行、列号。

6.6.5 工具

1. Composition Container：合成容器

可以用来创建子模型，对于层次化模型非常有用。双击 Composition Container，便可打开子视图。用户可以定义什么规模显示容器内部元件。保存容器(事实上就是个子模型)非常简单：右击，选择“Save Composition”。一个特殊的“*.cmp”文件会被创建，内部所有元件的各个属性也被保存。合并通过‘File-Merge’，其他模型可以轻松加入进来。

2. Empirical Distribution：经验分布

用户可使用该元件自定义离散分布。打开 Edit Classes 之后，可自定义数值以及对应累计百分比。应注意的是第一列的单位为“%”，因此输入数据时不需要在第 1 列用“%”。

3. Function Editor：功能编辑器

该元件可以用于创建自定义功能。每一个元件最多可有 30 项功能，当模型保存后，该元件将会将用户定义的功能一并保存下来，因此当用户再次打开该模型，所有功能均能再次应用。

4. Initialize：初始化元件

初始化元件在模型重置或者仿真开始时开始执行，该元件不需要与其他元件连接，在模型设置中可以设置多个初始化元件。

6.6.6 结果分析

1. Status：状态图

包括 Status Indicator(状态指示器)、Status Monitor(状态监视器)、Status Histogram(柱状图)和 Status Monitor Stacked Bar(柱状堆积图)等四种形式，均可生动的呈现单一元件的运行状态。使用时可将此类元件的输入通道与欲观察元件的中央通道相连。

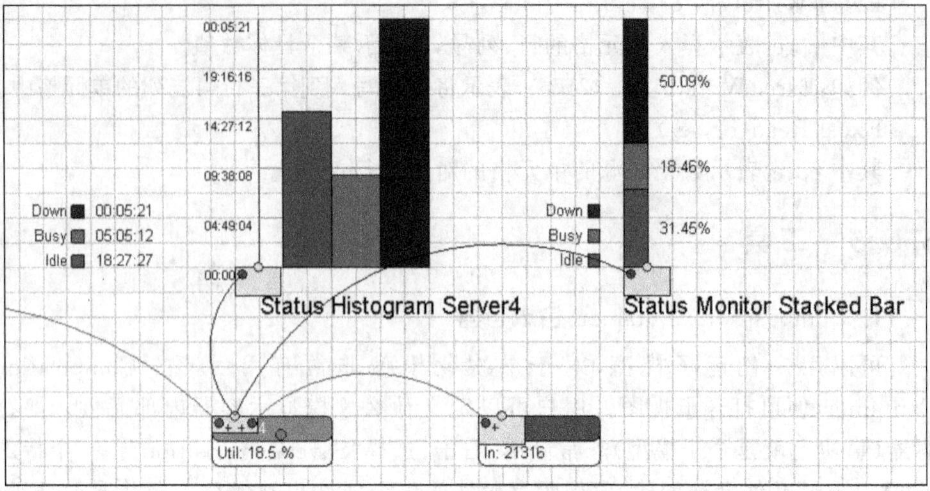

图 6-40 柱状图和堆积图

2. Gantt：**甘特图**

甘特图可通过活动列表和时间刻度形象地表示出任何特定项目的活动顺序与持续时间。其可从 Table 元件内直接读取数据，也可将其放置流程中，从经过的产品元件收集数据。

3. Data Recorder：**数据记录器**

可以用于收集用户自定义的变量。Data recorder 应被放置于流程中，当产品经过时数据将被记录到元件的表格中。

4. Graph：**图表**

可创建用户自定义表单。

5. Report：**报告**

生成概况报告到文件(.rtf or .csv)。

本章小结

本章为 ED 软件的学习基础，重点介绍了基础模型模块、运输模块、储存模块、网络构建模块、人员的调用模块等中的常用元件，详细解释了相关元件的各个参数意义。在重点介绍的各个模块中，引入了一些简单的案例应用，将该模块中的常用元件结合相关辅助元件，如 Table 元件、Result 模块中结果分析元件等完成对简单模型的构建和分析。通过案例的学习不仅有助于用户更好地掌握元件的相关用法，而且可以掌握模型构建的一般方法和程序。由于本书篇幅有限，读者如想进行更深入细致的学习，可在 ED 安装目录中的 Work 文件夹下学习更多的模块功能案例。

习 题

1. 窗的生产过程可分为以下几个步骤。首先，大型木材被送进来后，用锯子锯成 10 小段。然后这些小段木材根据要求经过铣刨机又被切割成一定的图样。经铣刨机铣刨过后，这些就被送往台虎钳。在这个步骤中，每次会有四段小木材被放进框架中并用胶水粘好。

因为生产过程中有平行的两台铣刨机和两台台虎钳，因此小段木材只需一次就能铣刨好并粘好。在所有相继的生产步骤中都有存储空间，原材料的供应也不会间断。为了控制库存量，每个中间存储空间不得超过 100 件小段木材。将运送进来的木材锯成小段木材的时间统一在 2～3 分钟，在铣刨机上的处理时间也通常控制在平均 36 秒，有 2 秒的标准偏差时间。

台虎钳将一个窗户粘好的时间恰好为两分钟。生产过程从 09:00 一直持续到 17:00，中间不间断。第一天未能处理好的产品将留置第二天再进行处理。问：

(1) 画一幅生产过程图，表明每小时各生产阶段的原料木材、铣刨过以后的小段木材及窗户的生产产量。

(2) 工厂每天能生产多少窗框?

2. 一条生产线加工两种不同的产品，一种是红色产品，一种是蓝色产品。该生产线需要两名工人协助生产。该生产线有一个在生产线开头的缓存区，两台机器机和将产品从第一个机器送到第二个机器的输送带。产品到达缓存区间隔为 20 秒，正态分布标准差为 2 秒。两种产品产生符合伯努利分布，其中红色产品概率为 30%，蓝色产品概率为 70%。机器 1 和机器 2 的处理过程均需要 9 秒，符合负指数分布。可堆积输送带的速度为 1 米/秒。生产线现有工人 Mike 和 John，已知机器 1 必须有 John 和 Mike 来操作，机器 2 必须由 Mike 来操作，机器 1 有较高的优先级别。

试对该案例情境进行合理简化、进行建模并计算两位操作工人的利用率。

3. 基本模型案例中，如果客户分为 VIP 客户和普通客户两类，由两个服务台分别为两类客户提供服务，要求 VIP 客户排队人数需控制在 3 人以下，普通类客户排队人数控制在 5 人以下，两类客户的到达时间间隔以及服务时间均同上，问：应如何对模型进行修改?

第7章 综合案例分析

7.1 排队论系统建模与仿真

研究系统随机聚散现象和随机服务系统工作过程的数学理论和方法,又称随机服务系统理论,为运筹学的一个分支。

排队论的基本思想是1910年丹麦电话工程师A.K.埃尔朗在解决自动电话设计问题时开始形成的,当时称为话务理论。他在热力学统计平衡理论的启发下,成功地建立了电话统计平衡模型,并由此得到一组递推状态方程,从而导出著名的埃尔朗电话损失率公式。自20世纪初以来,电话系统的设计一直在应用这个公式。30年代苏联数学家A.Я.欣钦把处于统计平衡的电话呼叫流称为最简单流。瑞典数学家巴尔姆又引入有限后效流等概念和定义。他们用数学方法深入地分析了电话呼叫的本征特性,促进了排队论的研究。50年代初,美国数学家关于生灭过程的研究、英国数学家D.G.肯德尔提出嵌入马尔可夫链理论,以及对排队队型的分类方法,为排队论奠定了理论基础。在这以后,L.塔卡奇等人又将组合方法引进排队论,使它更能适应各种类型的排队问题。70年代以来,人们开始研究排队网络和复杂排队问题的渐近解等,成为研究现代排队论的新趋。

物流系统中排队论相关理论应用也非常广泛。如超市早间的集中收货时的车辆排队问题、到港船舶的停靠卸载问题、包裹快递的处理等。

7.1.1 排队论的组成

排队系统又称服务系统,服务系统由服务机构和服务对象(顾客)构成。服务对象到来的时刻和对他服务的时间(即占用服务系统的时间)都是随机的。图7-1为一最简单的排队系统模型。排队系统包括三个组成部分:输入过程、排队规则和服务机构。

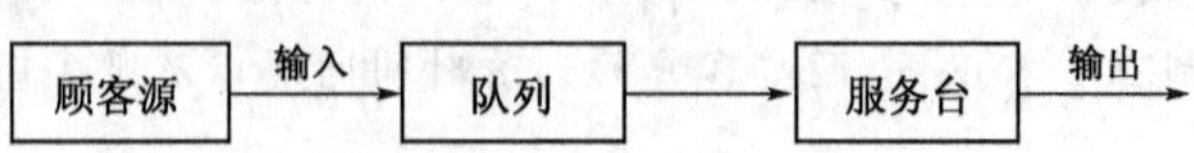

图7-1 简单排队论系统模型

排队理论主要探究的问题包括：

1. 输入过程

输入过程描述了顾客来源及顾客是按怎样的规律抵达排队系统的，相关问题包括：

(1) 顾客的数量是有限的还是无限的，是单个到达还是成批到达。

(2) 顾客到达排队系统的规律，相继顾客到达的间隔时间，服从的概率分布的类型，分布参数是什么，达到的间隔时间是否独立等。一般分为确定型和随机型两种。例如，在生产线上加工的零件按规定的间隔时间依次到达加工地点，定期运行的班车、班机等都属于确定型输入。随机型的输入是指在时间 t 内顾客到达数 $n(t)$ 服从一定的随机分布。如以服从泊松分布为例，则在时间 t 内到达 n 个顾客的概率为

$$P_n(t)=\frac{e^{-\lambda t}(\lambda t)^n}{n!}\qquad(n=0,1,2,\cdots,n)$$

或相继到达的顾客的间隔时间 T 服从负指数分布，即

$$P(T\leqslant t)=1-e^{-\lambda t}$$

式中 λ 为单位时间顾客期望到达数，称为平均到达率；$1/\lambda$ 为平均间隔时间。在排队论中，讨论的输入过程主要是随机型的。通常假定顾客到达数是相互独立、同分布的，服从 Poisson 分布，k 阶 Erlang 分布等，相继到达的顾客的间隔时间 T 符合负指数分布。

2. 排队规则

排队规则是指服务系统是否允许排队，顾客是否愿意排队，在排队等待的情形下接受服务的顺序是什么样的。当顾客到达后，所有的服务台均处于忙碌的状态。顾客可能会选择方式：

(1) 损失制。即顾客离开排队系统，放弃接受服务。

(2) 等待制。即顾客排队接受服务，在等待的过程中，按照接受服务的先后顺序又可分为先到先接受服务，后到者先接受服务，随机服务，有优先权的服务（如紧急订单的插单作业）等。

(3) 损失制与等待制的混合。分为队长（容量）有限的混合制系统、等待时间有限的混合制系统以及逗留时间有限制的混合系统。

3. 服务机构

(1) 服务台的数量及设置：可分为单队单台、多队多台、单队多台、混合多服务台、串联多服务台等。

(2) 服务时间的分布：顾客所需的服务时间服从什么样的概率分布，每个顾客所需的服务时间是否相互独立，是成批服务或是单个服务等。常见顾客的服务

时间分布有：定长分布、负指数分布、k 阶 Erlang 分布等。服务时间一般也分成确定型和随机型两种。例如，自动冲洗汽车的装置对每辆汽车冲洗(服务)时间是相同的，因而是确定型的。而随机型服务时间 v 则服从一定的随机分布。如果服从负指数分布，则其分布函数是

$$P(v \leqslant t) = 1 - e^{-\mu t} \qquad (t \geqslant 0)$$

式中 μ 为平均服务率，$1/\mu$ 为平均服务时间。

3. 排队系统的类型

排队系统一般是以相继顾客到达系统的间隔时间分布、服务时间的分布和服务台数目为分类标志。排队论模型的记号是 20 世纪 50 年代初由 D. G. Kendall(肯达尔)引入的，通常由 3～5 个英文字母组成，字母之间用斜线隔开。其中第 1 个字母表示输入分布的类型，第 2 个字母表示服务时间分布类型，第三个字母表示服务台数目，第四个字母表示系统的容量。有时候用第 5 个字母表示顾客源中的顾客的数量。各种分布符号有：M——负指数分布；D——确定型；Ek——k 阶埃尔朗分布；GI——一般相互独立分布；G——一般随机分布等。这里 k 阶埃尔朗分布是指$\{x_i\}(i=1,2,\cdots,k)$为相互独立且服从相同指数分布的随机变量时，$\sum_{i=1}^{k} x_i$ 服从自由度为 $2k$ 的 χ_2 分布。

$M/M/S/\infty$表示输入过程是 Poisson 流，服务时间服从负指数分布，系统有 S 个服务台平行服务，系统容量为无穷的等待制排队系统。

$M/G/1/\infty$表示输入过程是 Poisson 流，顾客所需的服务时间为独立、服从一般概率分布，系统中只有一个服务台，容量为无穷的等待制系统。

$GI/M/1/\infty$表示输入过程为顾客独立到达且相继到达的间隔时间服从一般概率分布，服务时间是相互独立、服从负指数分布，系统中只有一个服务台，容量为无穷的等待制系统。

$Ek/G/1/K$ 表示相继到达的间隔时间独立、服从 k 阶 Erlang 分布，服务时间为独立、服从一般概率分布，系统中只有一个服务台，容量为 K 的混合制系统。

$D/M/S/K$ 表示相继到达的间隔时间独立、服从定长分布、服务时间相互独立、服从负指数分布，系统中有 S 个服务台平行服务，容量为 K 的混合制系统。

现实系统往往是多个排队系统组合的排队网络，对排队系统进行仿真的目的是实现顾客与服务台的协调优化，提高服务效率，实现最佳配置。

7.1.2 排队系统的性能指标

为更好地衡量系统的运行效率，考核服务质量，需对排队系统的性能进行评价，常用的评价包括：

(1) 系统负荷水平 ρ：它是衡量服务台在承担服务和满足需要方面能力的尺

度，它反映了系统中服务机构的工作强度，是衡量服务机构利用效率的指标。

(2) 系统空闲概率 P_0：系统处于没有顾客来到要求服务的概率。

(3) 队长：系统中排队等待服务和正在服务的顾客总数，其平均值记为 L_S。

(4) 队列长：也称为等待队长，系统中排队等待服务的顾客数，其平均值记为 L_g。

(5) 逗留时间：一个顾客在系统中停留时间，包括等待时间和服务时间，其平均值记为 W_S。

(6) 等待时间：一个顾客在系统中排队等待时间，其平均值记为 W_g。

其中队长、队列长、空闲概率等是常用的指标。

7.1.3 排队系统的仿真与优化

1. 案例背景介绍

某包裹分拣中心主要分拣货物有两类，一是文件类，二是普通包裹，产品经由人工分拣后分别进入两个不同通道发往各地。已知两类货物随机达到，到达概率分别为 30%和 70%，产品到达时间的平均间隔为 10 秒，到达符合泊松分布，时间间隔符合负指数分布，产品进入到分拣系统之前需对产品贴条码以识别产品的输出地，为每个货物贴条码的时间均为 15 秒，服务规则为先到者先接受服务，该配送中心的营业时间为每天的上午 8:00 到下午 16:00。

(1) 试用 ED 系统分析现有分拣排队系统中包裹通道和文件通道的队列长度、服务台的忙闲状况以及每天分拣货物的数量。

(2) 将文件货物等待时间分为<1 秒，1～5 秒，5～10 秒，>10 秒，试对 8 小时运营结束后各个时间段的排队人数进行统计。

(3) 在货物到达时间间隔和贴条码的效率布标的条件下，欲使为货物贴条码的工作台利用率控制在 80%以内，问应如何对模型进行调整。

2. 建模思路

产品经由 Source 元件，通过给产品标签赋值的方式，分为两类。使用 Server 元件模拟人工为普通包裹和文件贴上不同的条码的步骤，最后经由输送带实现产品分流。在 Run Control 内设置运行停止时间为 8 个小时，以此来控制运行时间。

3. 建模步骤

问题 1：

(1) 向模型图层窗口拖入一个 Source 元件，拖入两个 Queue 元件和两个 Server 元件，表示将产品进行分流，拖入两个 Accumulating Conveyor 元件模拟两条输送带，最后经由 Sink 元件将产品输出。

(2) 点击模型图层窗口 view-channels-enabled，查看通道连接情况，对通道进行调整。

(3) 对 Source 元件参数进行设置。在 Internal-arrival time 内输入 NegExp(10)，在 Send to 内输入：

Label([type], first(c))，表示将产品按照不同的标签值进行分拣。

标签值可在 Trigger on creation 内设置，输入 Setlabel([type],Bernoulli(30, 1,2),i)，表示两种产品分别赋予的标签值分别为 1、2，符合伯努利分布，其中出现标签值为 1 的概率为 30%，出现标签值为 2 的概率为 70%。为使两个产品能够区分，在 Trigger on exit 内输入：

case(label([type],i),color(i):=ColorRed,color(i):=colorgreen)，使标签值为 1 的产品显示为红色，标签值为 2 的产品显示为绿色。

(4) 对 Server 元件参数进行设置。在 Cycletime 内输入 NegExp(15)。

(5) 点击 Run Control 的 Reset 按钮，会自动出现 Product，右击 Product 元件，打开参数设置对话框，在 visualization 选项卡下，去掉 show 2D icon 选项。

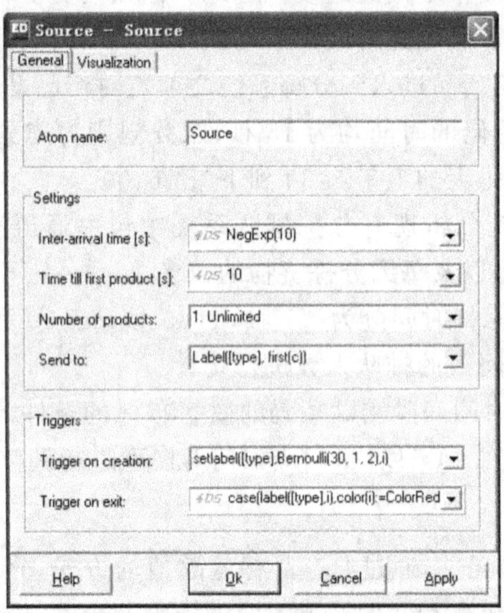

图 7-2　Source 元件的参数设置

4. 结果分析

问题 1：在 Run Control 的 stop time 内输入 8，measurement 计量单位项下选 hour，勾选上 run until stop time，则模型将持续运行到 8 个小时才停止。模型运行结果如图 7-3 所示：

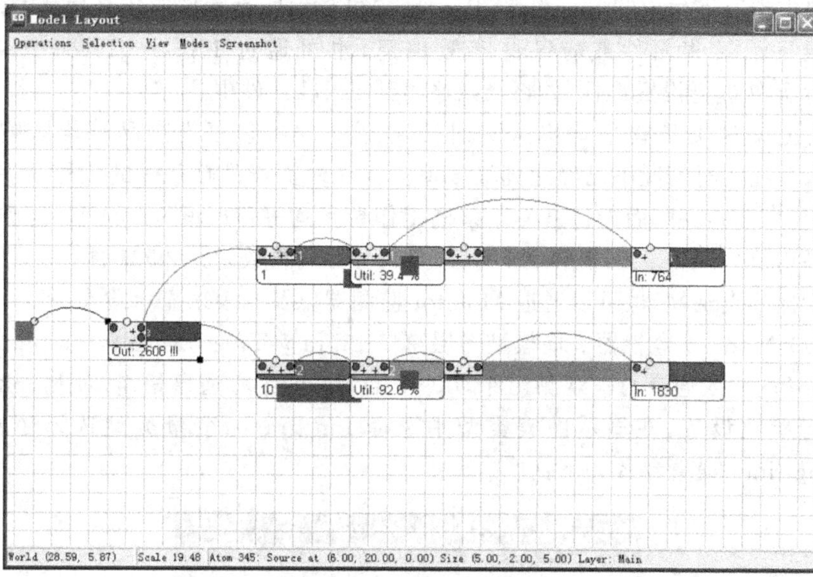

图 7-3 模型运行结果

在 Source 元件仿真结果显示框内可见，输出货物量为 2608!!!，后面的惊叹号表示通道运行中已经出现的堵塞的情况，在 Queue 2 内能够容纳的最多的货物量为 10 个，其已经为满负荷运行。为更好地观察仿真结果，我们可以打开 Results—Summary Report：

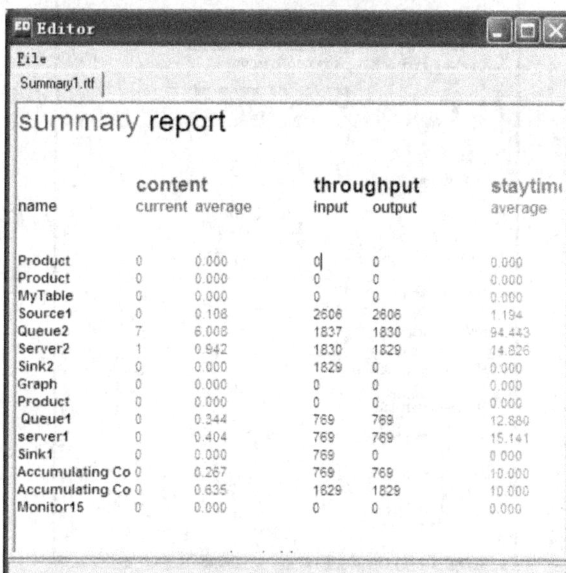
Editor

File

Summary1.rtf

summary report

name	content current	content average	throughput input	throughput output	staytime average
Product	0	0.000	0	0	0.000
Product	0	0.000	0	0	0.000
MyTable	0	0.000	0	0	0.000
Source1	0	0.108	2606	2606	1.194
Queue2	7	6.008	1837	1830	94.443
Server2	1	0.942	1830	1829	14.826
Sink2	0	0.000	1829	0	0.000
Graph	0	0.000	0	0	0.000
Product	0	0.000	0	0	0.000
Queue1	0	0.344	769	769	12.880
server1	0	0.404	769	769	15.141
Sink1	0	0.000	769	0	0.000
Accumulating Co	0	0.267	769	769	10.000
Accumulating Co	0	0.635	1829	1829	10.000
Monitor15	0	0.000	0	0	0.000

图 7-4 Summery Report

缺省情况下生成的 Summary Report 内可显示所有元件的仿真信息，如用户只希望显示某些元件或者某些参数信息，也可通过 Library Tree—Result—Report 元件进行设置选择，并将结果输出到 Excel 文件中。

可见文件类货物平均排队队列长度为 0.344，包裹类产品平均队列长度 6.008，且在实时情况下已经达到极限值。为文件类产品贴条码的工作台平均等待时间为 12.88 秒，而为包裹类贴条码工作台平均等待时间 94.44 秒，工作台利用率平均值分别为 39.4%和 92.8%。全天分拣货物数量为 2 530 件。

为提高直观性，也可以通过 Monitor 监测器以及图表来显示结果：

(1) Monitor 监视器。向模型图层窗口 Library Tree—Results—Monitor，将 Monitor 的输入通道与被观测元件即 Queue 元件的中心通道相连，对 Monitor 元件进行参数设置，在显示图表类型中选择 Linegraph，变量类型选择 Average Staying time，设置参数如下：

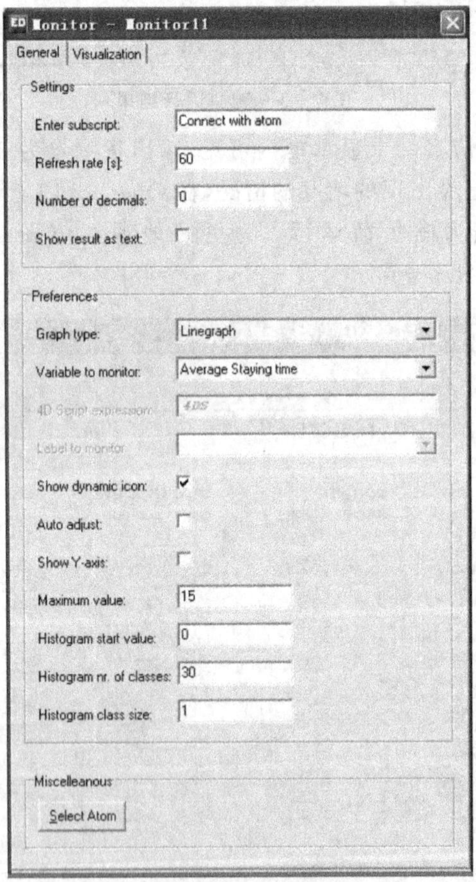

图 7-5 Monitor 元件参数设置

问题 2：将等待分五个不同的时间段写入 Table 元件，给该 Table 元件命名为 My Table，点击 Edit Table，将 Table 元件设为四行一列的表格，在行标题中写入<1 秒，1～5 秒，5～10 秒，>10 秒，使用 Graph 显示不同时间段生成的柱状图。

右击 Queue 2，在 Trigger on exit 内输入

Do(If(Age(i)<1,SetCell(1,1,(Cell(1,1,out(2,c))+1),out(2,c))),

If(AND(Age(i)>=1,Age(i)<5),SetCell(2,1,(Cell(2,1,out(2,c))+1),out(2,c))),

If(AND(Age(i)>=5,Age(i)<10,SetCell(3,1,(Cell(3,1,out(2,c))+1),out(2,c))),

If(Age(i)>=10,SetCell(4,1,(Cell(4,1,out(2,c))+1),out(2,c))))

将产品输出分为四个时间段进行统计。

拖入 Graph 元件，点击菜单栏中 Simulate—History，勾选 Generate history，在 Select specific atom 内选择 Queue 2 元件，

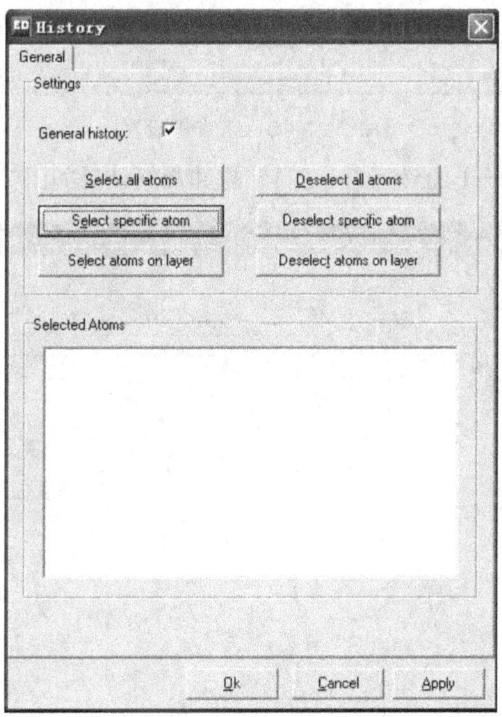

图 7-6　history 窗口

双击 Graph 元件，在 General 选项卡下，设置柱状图 X、Y 轴的名称，打开 specific 选项卡，在 Value 中输入 My Table(gp,1)，在 Label 里面输入 Case(gp,[<1 sec],[1-5 sec],[5-10 sec],[>10 sec])，如图 7-7 所示：

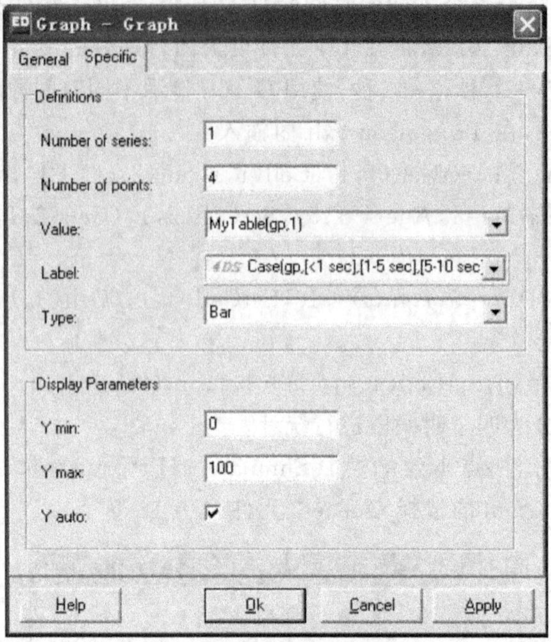

图 7－7 Graph 参数设置

点击 Run Control，重新运行，运行结果和最终结果如图 7－8 所示：

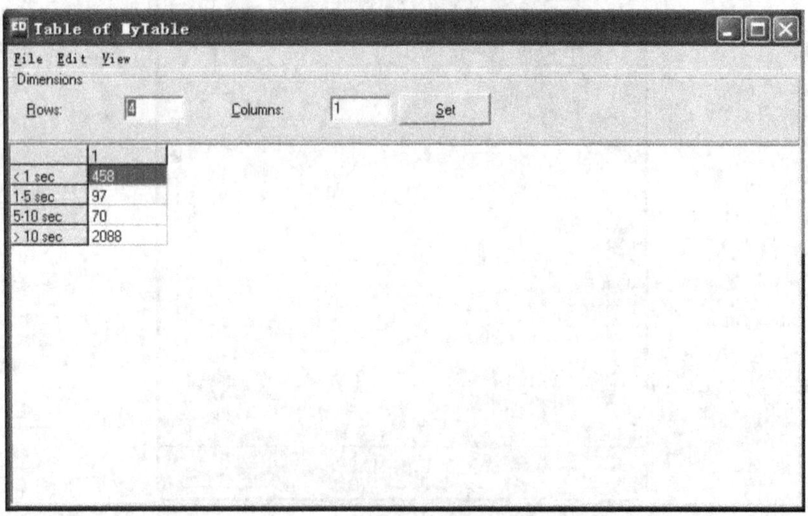

图 7－8 Table 元件读入数据显示

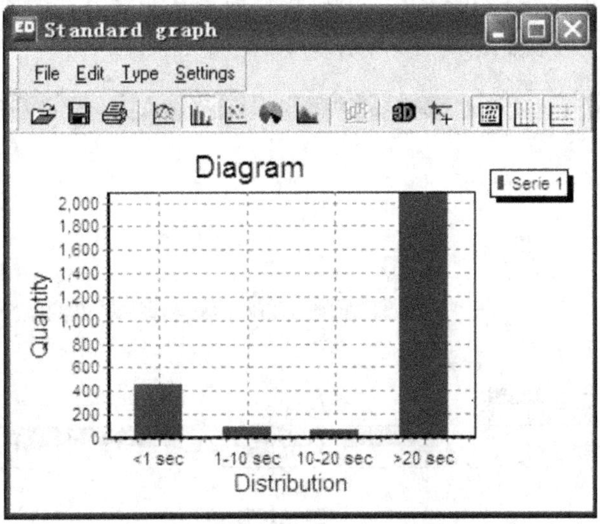

图 7－9 Graph **柱状图**

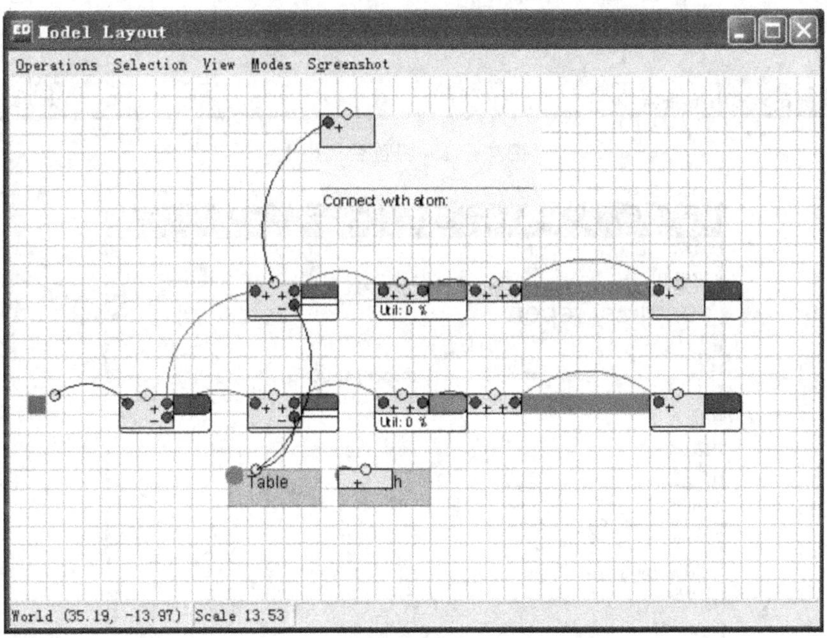

图 7－10 排队论模型(问题 2)

问题 3:由于工作台利用率已经达到 96.4%,超过了 80%,因此应增加一个工作台以适应需求。因此在原有模型中再拖入一个 Server 元件,点击 Run Control 的 Run 按钮后,可见标签值为 2 的产品仍然只从 Queue 3 元件通过,因此我们需要对 Send to 进行设置,这里可选择 4. A random open channel:choose a random channel from all open output channels，货物即可从任意打开的通道里输出。修改后的模型运行结果如图 7－12 所示。

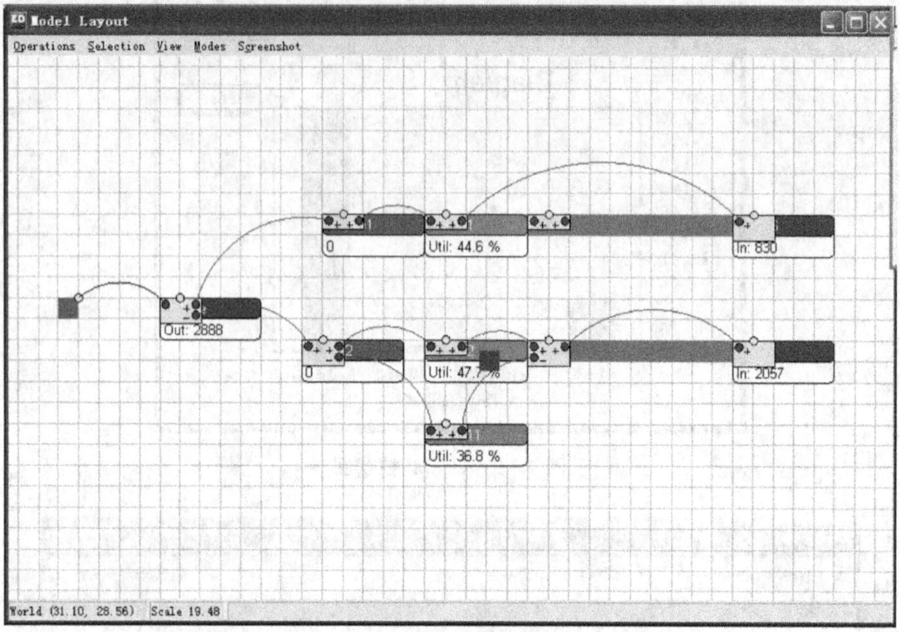

图 7－11　调整后模型

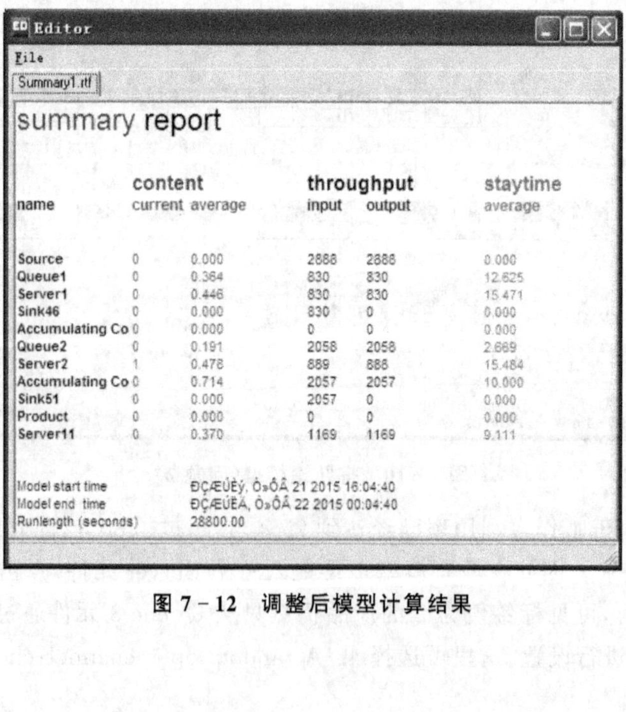

Editor

File

Summary1.rtf

summary report

name	content current	content average	throughput input	throughput output	staytime average
Source	0	0.000	2888	2888	0.000
Queue1	0	0.364	830	830	12.625
Server1	0	0.446	830	830	15.471
Sink46	0	0.000	830	0	0.000
Accumulating Co	0	0.000	0	0	0.000
Queue2	0	0.191	2058	2058	2.669
Server2	1	0.478	889	888	15.484
Accumulating Co	0	0.714	2057	2057	10.000
Sink51	0	0.000	2057	0	0.000
Product	0	0.000	0	0	0.000
Server11	0	0.370	1169	1169	9.111

Model start time　ĐÇÆÚÈý, Ò»ÔÂ 21 2015 16:04:40
Model end time　ĐÇÆÚËÄ, Ò»ÔÂ 22 2015 00:04:40
Runlength (seconds)　28800.00

图 7－12　调整后模型计算结果

可见包裹类货物平均排队队列长度为0.364,文件类产品平均队列长度0.191,为包裹类产品贴条码的工作台平均等待时间为12.63秒,工作台的利用率为44.6%,而为文件类贴条码工作台平均等待时间15.48秒,两个工作台利用率平均值分别为47.8%和37%,均小于80%。全天分拣货物数量为2 888件,比之前分拣量提高了14.1%。

应注意的是由于数据流时随机的,所以进行独立的多次实验时,得到的结果并不是完全相同的,因此在仿真运行时可多次重复进行。另外也可使用ED软件中Experiment Wizard以提高仿真结果的精度,在下面的章节中将会有相关介绍。

7.2 生产物流系统建模与仿真

7.2.1 生产物流的概念

生产物流是指企业生产过程中发生的涉及原材料、在制品、半成品、产成品等所进行的物流活动。从原材料、外购件的投入生产后,经过下料、发料到各个加工车间或储存点,以在制品的形式以一定的加工工艺和加工流程将产品生产出来,直至产成品入仓库,生产物流均穿插于其中。生产是按照一定的节奏、一定的顺序开展的,生产物流既包括物料在空间上的布局,也包括时间上的组织,是生产用物料在空间和时间上的运动过程,是生产系统的动态表现。

7.2.2 生产物流组织的基本要求

(1) 物流过程的连续性:企业的生产工序是一道工序接一道工序完成的,为保证生产的连续性,物流过程必须有序、连续进行。使物料能顺畅、最快、最省地走完各个工序,直到成为产品。

(2) 物流过程的平行性:一个产品的生产需要多个零部件的装配,而不同的零部件可能又分在不同的车间和工序上进行,某个工序的不正常停工影响整个企业生产的进行,因此物料在生产过程中要实行平行交叉作业,各个支流能平行流动。

(3) 物流过程的节奏性:节奏性是指产品在生产过程中的各个阶段,从投料到最后完成入库,保证按计划有节奏或均衡进行,避免出现忙闲不均现象,生产过程中各阶段都能有节奏、均衡地进行。

(4) 物流过程的比例性:考虑各工序内的质量合格率,以及装卸搬运过程中的可能损失,零部件数量在各工序间有一定的比例,形成了物流过程的比例性。

(5) 物流过程的适应性：当企业产品改性或更新换代时，生产过程应具有较强的应变能力。较强的应变能力企业生产组织向多品种、少批量发展，要求生产过程具有较强的应变能力，物流过程同时具备相应的应变能力。

7.2.3 生产物流的组织形式

生产物流的组织和生产过程的组织是同步进行的。物料作为被加工对象，根据加工过程，其需要在不同车间、不同工位移动，与物理位置的变化对应的是生产物流的空间组织。生产物流空间组织是指企业内部各生产阶段或生产单位的组织及其空间位置的安排，目标是如何缩短物流在工艺流程中的移动距离。各生产单位、各道工序之间在时间上的衔接和结合方式对应的则是生产物流时间组织，目标是如何缩短物流在工艺流程中移动的时间。

1. 生产物流的空间组织

(1) 工艺专业化组织形式。工艺专业化组织形式也称工艺原则、功能生产物流体系，是将同类设备和人员集中在一起对企业生产的各种产品进行相同工艺加工的生产物流组织形式，如机加工企业的铸造车间、锻造车间、热处理车间等都属于这种组织形式。适合于企业生产规模不大，生产专业化程度低、产品品种不稳定的单件小批生产。

(2) 对象专业化组织形式。对象专业化组织形式也称产品专业化原则、流水线，是按加工产品为对象划分生产单位，通过固定制造某种部件或某种产品的封闭车间，其设备、人员按加工或装配的工艺过程顺序布置，形成一定的生产线来完成物料流动。汽车制造厂、发动机分厂(车间)、电机车间等的生产物流都是这种组织形式。

(3) 成组工艺组织形式。结合上述两种形式的特点，按成组技术原理，把完成一组相似零件的所有或极大部分加工工序的多种机床组成机器群，以此为一个单元，并根据其加工路线在其周围配置其他必要设备进行加工的生产物流组织方式。

2. 生产物流的时间组织

指一批加工对象在生产过程中各生产单位、各道工序之间在时间上的衔接和结合方式。通常一批物料的有 3 种典型的移动组织方式：

(1) 顺序移动方式。当一批生产加工对象在上道工序完成全部加工后，整批地转到正道工序生产加工。在这种情况下，生产的时间即为所有工序生产时间的总和，t_i 表示第 i 道工序所耗时长。

$$T_{顺} = n \cdot \sum_{i=1}^{m} t_i$$

(2) 平行移动方式。指每个产品或零件在上道工序加工完后,立即转到下道工序加工,使各个零件或产品在各道工序上的加工平行地进行若用 t_L 表示工序时间最长的工序时间,其他指标含义同前,则:

$$T_{平} = \sum_{i=1}^{m} t_i + (n-1) \cdot t_L$$

(3) 平行顺序移动。一批零件或产品既保持每道工序的平行性,又保持连续性的作业移动方式。若用 t_j , t_{j+1} 表示相邻两道工序用时,则

$$T_{平顺} = n \cdot \sum_{i=1}^{m} t_i - (n-1) \cdot \sum_{j=1}^{m-1} (t_j , t_{j+1})$$

7.2.4 生产作业计划与控制

1. 生产计划与物流计划

企业在开始生产之前,先要做一个生产计划,并以此为基础编制详细的生产作业计划,两者共同构成企业的生产计划系统。生产物流管理包括市场需求判定、内部产能协调、外部供应管理、生产计划、能力计划与工作重心布局等工作。

(1) 企业的生产计划:根据市场实际需求(或市场预测)确定的以生产产品的品种、数量、质量、交货期等指标形式表现的生产活动方案。它为整个企业规定了在较长时间内的生产活动的总体安排。编制企业生产计划系统时涉及的主要工作内容有:

a. 确定各种期量指标:如生产提前期;生产周期;生产间隔期;生产批量;库存量等等。

b. 生产能力的核算与平衡。

c. 计划的编制:根据企业的生产类型,选择不同的编制方法。

(2) 生产作业计划:是生产计划的执行计划,它规定了企业各个部门在每一个较短的时间段内的生产活动的具体安排。

生产物流计划为保证生产计划的顺利完成,需要研究物料(在制品)在生产过程中的运动规律,以及在各工艺阶段的运动周期性,以此来安排物料(在制品)经过各个工艺阶段的时间和数量。然后按物流作业计划有节奏地、均衡地组织物流活动。

2. 生产物流计划任务和控制

生产物流计划的核心是生产作业计划的编制,生产任务分配到企业各个工位,物流计划的任务为:

(1) 保证生产计划的完成。

(2) 为均衡生产创造条件。

(3) 加强在制品管理,缩短生产周期。

计划执行和控制的目的就在于如何根据生产的节奏,在正确的时间,将恰当的物料送达恰当的工位。或者找出不能按时完成物流计划的原因,采取相应的措施。生产物流控制的内容包括:

(1) 进度控制。进度控制是物流控制的核心,即物料在生产过程中的流入、流出控制以及物流量的控制。

(2) 在制品管理。在生产过程中对在制品进行静态和动态的管理以及占有量的控制。

(3) 偏差的测定及纠正。在进行生产作业的过程中,按预定时间及顺序监测执行计划的结果、预测和掌握掌握计划物流量与实际量的差距,根据发生差距的原因、内容和程度,采用不同的处理方法,如动用库存、组织外协和加班等。

7.2.5 生产物流系统仿真

1. 案例背景介绍

在流水线生产中,生产设备按照生产流程被排列。通常所有产品在生产线中的流程都是同样的。这类生产模式往往对设备损坏非常敏感,因为如果一个程序停止,整个生产线将会停止。

一个制造多种车辆的工厂正在考虑增加生产一种新的高质量拖车。由于竞争对手已经停止出售此类车辆,所以可以相信未来几年内的销量将会非常可观。为了达到这个预期需求,一个以机器人为主的新的装配生产线需要被设计出来。

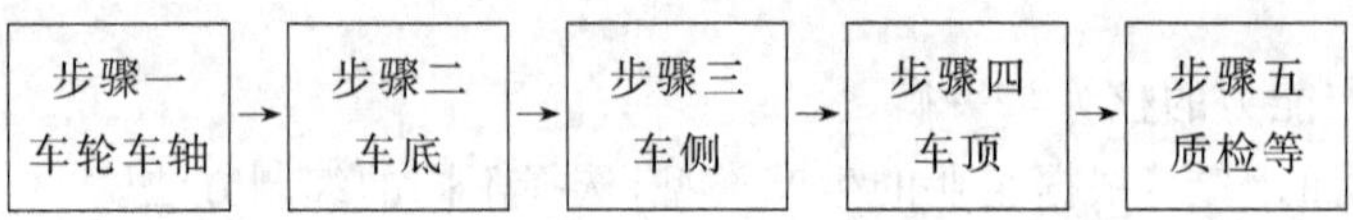

图 7-13 车辆加工流程图

拖车的装配可以被拆分为五个主要的操作,每个操作将由一个机器人执行。步骤一:将车轴和车轮安装在车身上;步骤二:装配车底座;步骤三:安装机车侧面;步骤四:安装车顶;步骤一车轮车轴、步骤二车底、步骤三车侧、步骤四车顶、步骤五质检等。步骤一和步骤二处理时间符合均匀分布 $U(14,16)$分钟,步骤三处理时间符合均匀分布 $U(17,19)$分钟,步骤四复杂一点,处理时间符合均匀分布 $U(19,21)$分钟,步骤五是体力活,处理时间符合均值为 18 分钟,标准差为 3 分钟的正态分布。

工厂每周有五个工作日,每个工作日工作 8 个小时,每个工作日的 8 个小时都不停地进行生产。生产流水线上的机器人也会出故障,机器人供应商保证机器人一个小时只会坏一次。机器人内部检测包括平均修理时间符合均值为 6 分钟的负指数分布。

生产流水线上可用的空间非常有限,因此,生产线上只能容纳五辆拖车。这意味着在每一步骤中间没有任何缓冲区的空间。每当一辆拖车装配完成,拖车将被放到存储区。

(1) 基于案例的研究信息,尝试去评估生产线每周的生产能力,并解释如何得出你的结论。

(2) 创建一个仿真模型来确定每周生产能力,进行以一周时间为预热期,十周时间为仿真时间的试验。你得到的仿真结果是否和你的预测相符?导致仿真结果和预测不同的原因可能是什么?

(3) 管理层希望你对比一下两者策略:①将机器人的平均修理时间改为 3 分钟;②扩展生产线,多加两个缓冲区域,试说明原因。

(4) 管理层希望在检测环节增加一定的处理措施,能将残次品与合格品进行区分,已知合格品和残次品的概率分别为 95%,5%,假设残次品可通过简单修复,修复时间因造成残次品的原因不同而不同,符合经验分布:

表 7-1 经验概率分布

残次原因	概率	修复时间
1	10%	1 分钟
2	30%	1.5 分钟
3	40%	2 分钟
4	20%	10 分钟

试对产品修复过程进行模拟。

2. 建模构思

问题一:一个单线路模型中通过的对象数目是由运输容量最小的那个环节决定的,而根据案例数据,步骤四的加工时间最长,是该生产线的瓶颈,处理时间符合均匀分布 $U(19,21)$分钟,平均约为 20 分钟,每个小时可以装配 3 辆拖车的车顶。而已知每个工作日工作 8 小时,一周共有 5 个工作日,因此,每周理论上有 120 台拖车能够被装配出来。然而,10%的生产时间要用来处理机器故障。因此,必然地一周就会少生产 12 辆拖车,平均只能生产 108 辆拖车。

问题二:流水线的建立相对较为简单,可用 Source 元件代表产品的产生,采用 Server 元件模拟各个生产步骤,使用 Sink 元件表示产品的输出。生产中前四个处理过程是用机器人完成的,机器人供应商保证机器人一个小时只会坏一次,机器人内部检测包括平均修理时间符合均值为 6 分钟的指数分布。机器故障发生的两个重要的因素,一个是平均故障时间间隔(MTTF),另一个是平均修理时间(MTTR)。

问题三：策略一直接将平均修理时间(MTTR)进行修改即可，模型可保持不变，策略二增加两个缓冲区，缓冲区的布置可以考虑布置C和D之间，布置形式上可以将两个缓冲区间隔布置，也可考虑将两个缓冲区连续布置，读者可以自己试一试，哪种布置形式更优。

问题四：将成品进行分流，95%合格品直接输出，5%的残次品输入到另外一条通道以便进行修复。可引进经验分布元件来模拟不同的残次品发生的概率及修复时间。

3. 建立模型步骤

问题二的建模步骤：

(1) 向模型图层窗口拖入一个Source元件，五个Server元件和一个Sink元件，可将模型初步搭建如下：

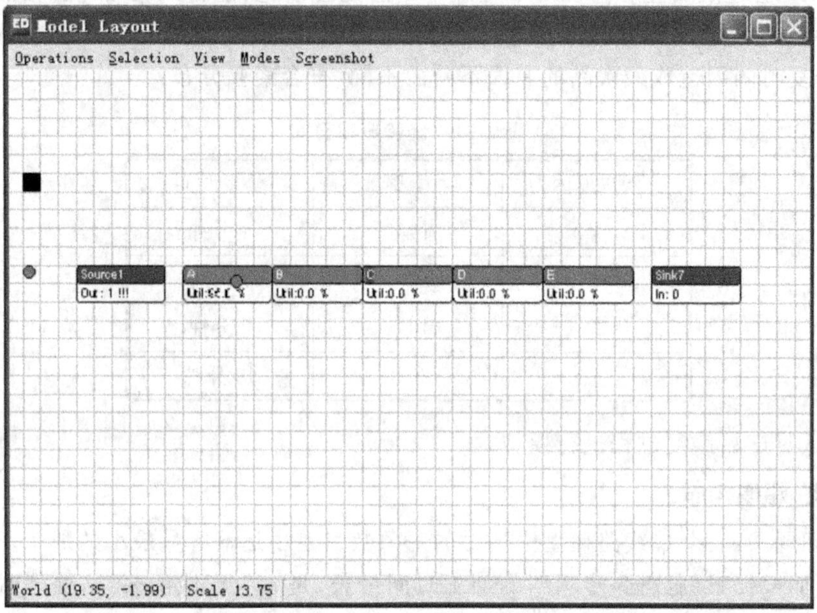

图 7-14 生产物流模型

(2) 设置A、B、C、D、E五个工序的加工时间：A流程为14～16分钟的均匀分布，B流程为14～16分钟的均匀分布，C流程为17～19分钟的均匀分布，D流程为19～21分钟的均匀分布。E流程为(18,3)的正态分布。其中，前四项为机器人操作，因此会有故障时间。故障处理时间为360秒的负指数分布，以A流程的处理时间设置如图7-15，其他工序可参照进行修改。

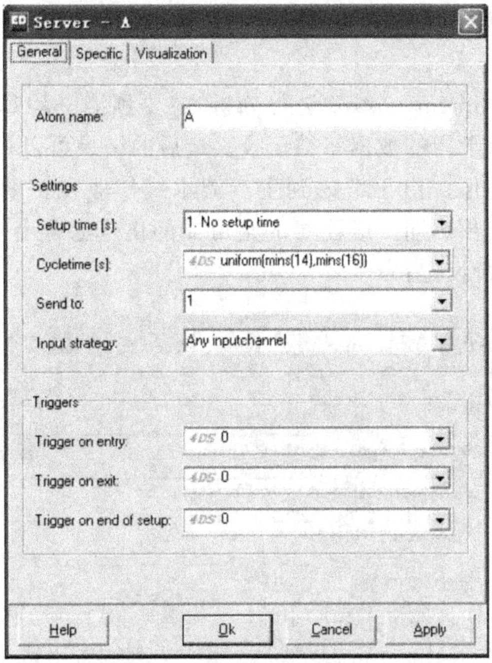

(a)

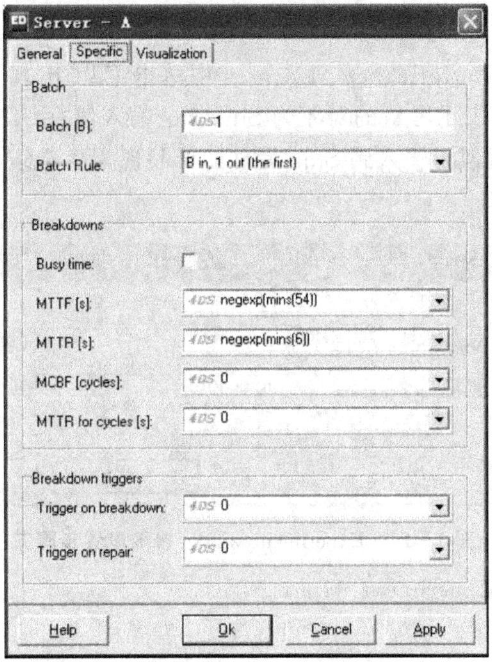

(b)

图 7-15 Server(A)元件参数设置

应注意的 ED 系统默认时间单位为秒，因此要将分钟化为秒，可使用 4DScript 命令 mins( )。

(3) 使用 Experiment wizard 进行分析：想要预测平均每周的生产量会达到多少，并且被指定前十周的数据将被记录。最后的结果可以将十周的生产力总和除以 10 来得到平均值。由于考虑到生产流水线作业在初期运行时的非稳定状态，因此取一周作为预热期。应注意的是可靠的仿真必须有预热期，现对运行时间及预热周期等进行设定：

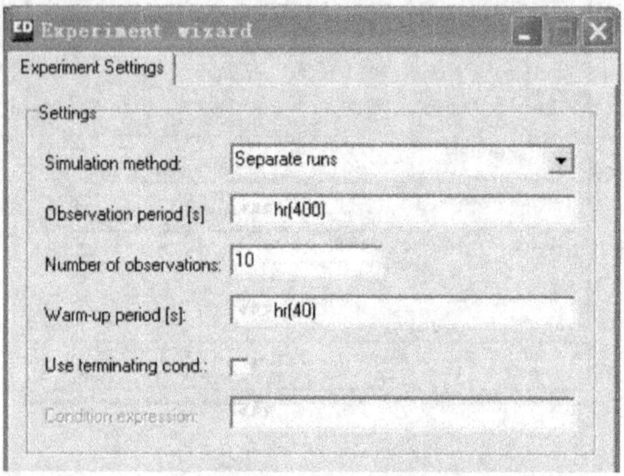

图 7-16 Experiment wizard **参数设置步骤一**

点击 Next，在 Performance Measures 中单击 Edit 出现 Edit Category 选项卡，选择 input(cs)，表示考量的对象为 Sink 7 的输入值，由于 Sink 元件产品只进入不输出，因此可近似将输入到 Sink 元件的产品视为生产线的产品输出量，如图 7-17。

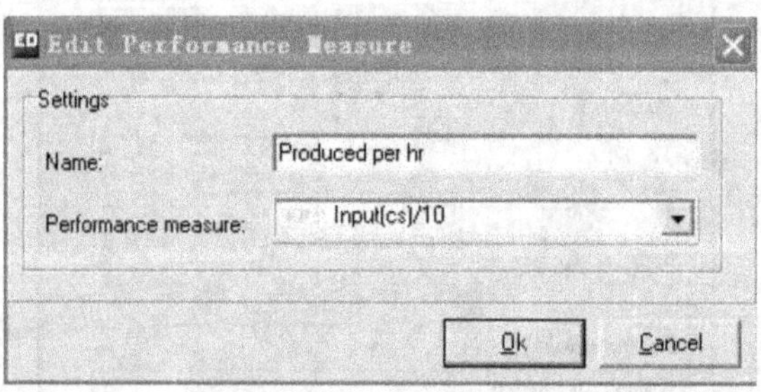

图 7-17 Experiment wizard **参数设置步骤二**

点击 Ok 返回 Experiment wizard。

点击下面的 Next 出现下面的对话框,并点击 Start Experiment。

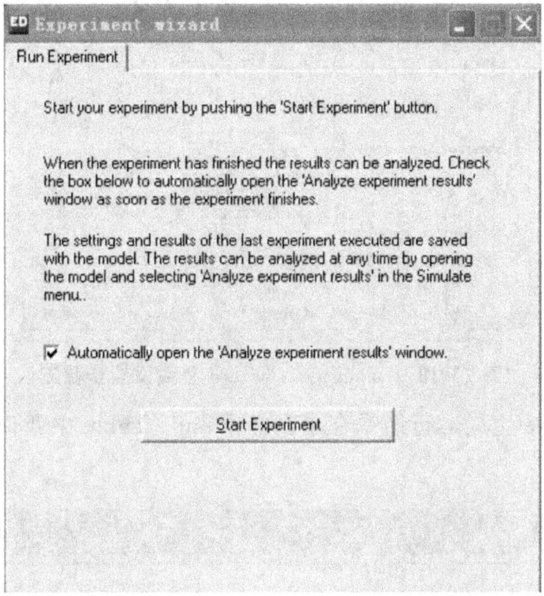

图 7－18 Experiment wizard **参数设置步骤三**

等待模型运行结束后,出现如图 7－19 的对话框,点击 Next。

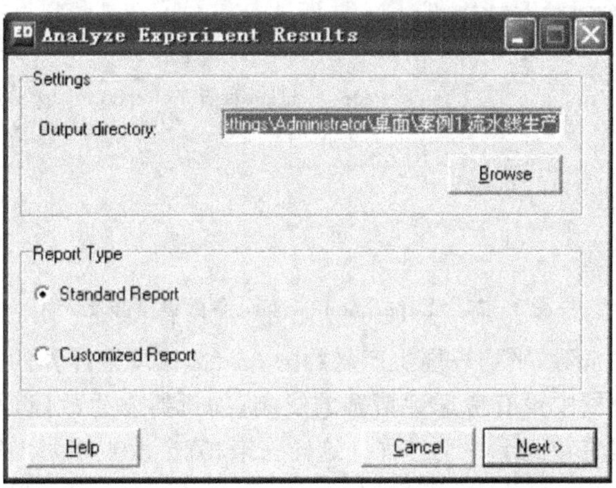

图 7－19 Experiment wizard **参数设置步骤四**

可信度我们一般默认值为 95%，精确到小数点后两位数：

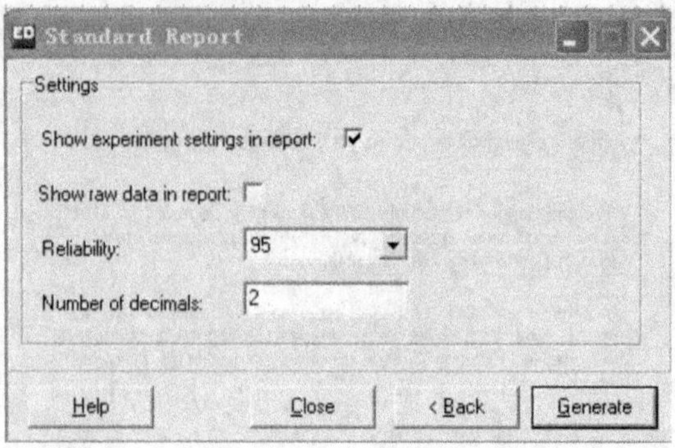

图 7-20 Experiment wizard 参数设置步骤五

点击 Generate 生成运行结果在出现的 Result Table 中我们可以看到平均周生产量。

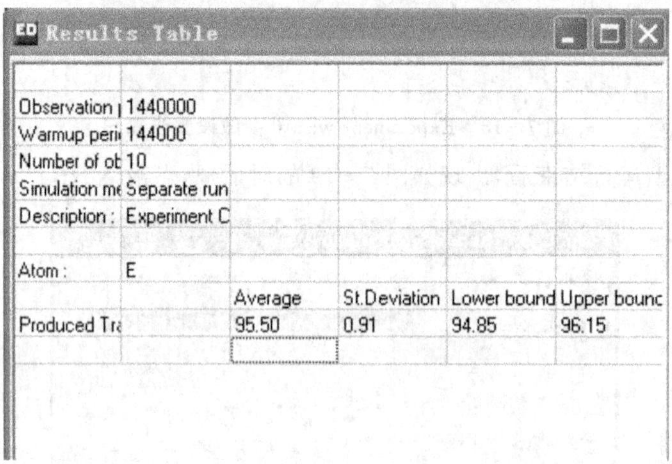

图 7-21 Experiment wizard 参数设置步骤六

从实验结果来看，平均一周生产量约为 96 台，比理论计算的 108 台要小。主要原因是上述分析中没有考虑到堵塞的影响，如机器发生故障，则拖车不能顺利地从上一个过程流转到下一个过程。这样一来，就会发生堵塞。堵塞的影响是很难计算的。

问题三：种策略我们都可以通过修改模型来实现：

策略 1：改变的只是机器人的无故障运行周期由 3 240 秒改为 3 420 秒，故障处理周期由 360 秒改为 180 秒。

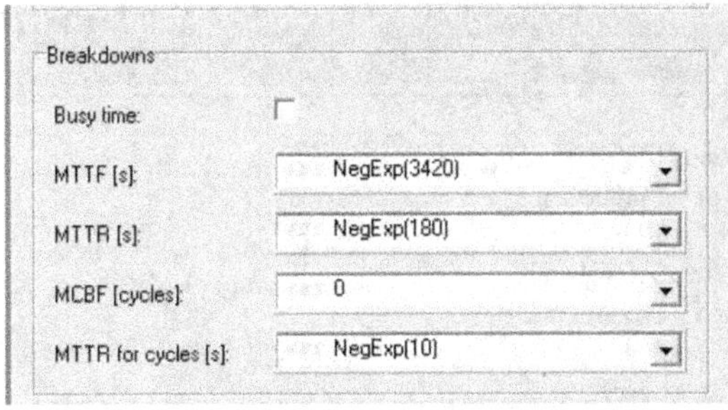

图 7－22　Server 参数修改

改完后，按照 2 题中的运行方式得出运行结果如图 7－23 所示：

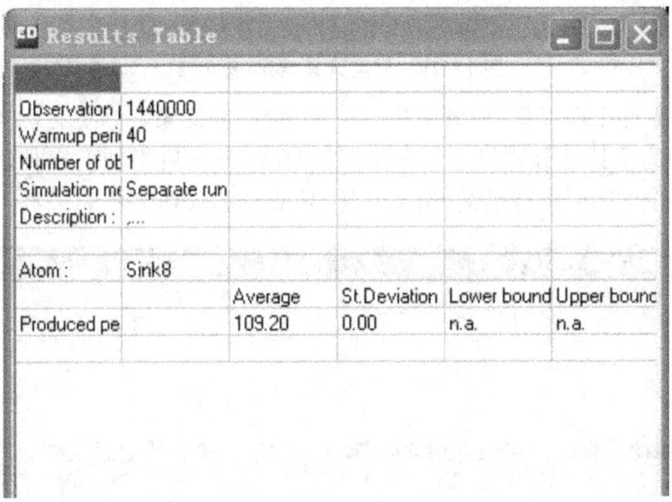

图 7－23　运行结果（修改参数后）

策略 2：该策略是想在流程间加入队列以对故障期内的时间进行缓冲，在 BC 之间和 CD 之间加入，模型如图 7－24 所示：

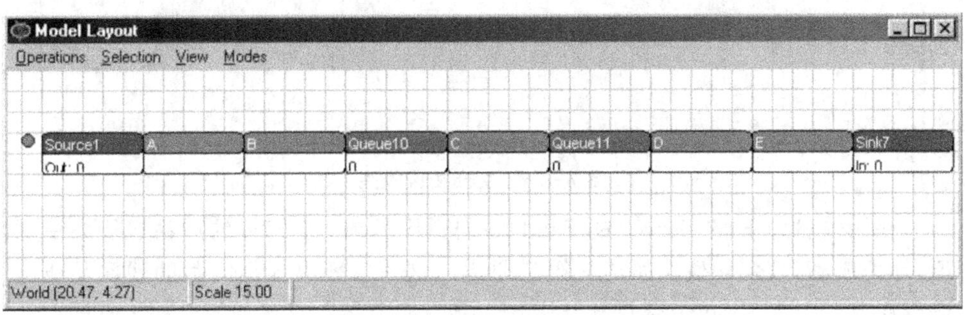

图 7－24　生产物流模型（策略 2）

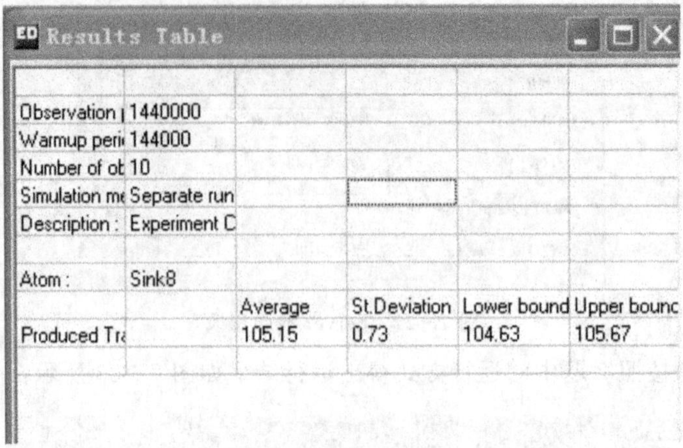

Results Table

Observation p	1440000				
Warmup peri	144000				
Number of ob	10				
Simulation me	Separate run				
Description :	Experiment C				
Atom :	Sink8				
		Average	St.Deviation	Lower bound	Upper bounc
Produced Tra		105.15	0.73	104.63	105.67

图 7-25　模型计算结果(策略 2)

两个方案对比后可见,前者每周生产量更高,因此策略一更有优势。

问题 4:为了让区分效果易于观察,我们在第五步后增加两条传送带,分别连接用于储存好与坏两种产品的 Sink 元件,建立模型如图 7-26 所示:

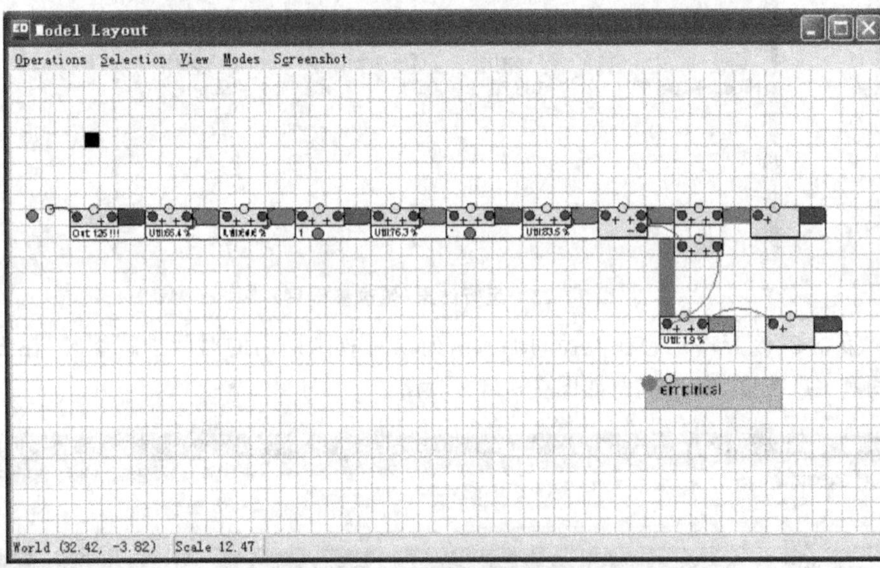

图 7-26　生产物流模型

在元件名为 E 的 Server 的 Send to 编辑区域内,将 95%的产品送往第一通道,即为成品,其余的残次品送往第二通道。这一概率可根据实际的残次品概率进行修改。引入 Empirical Distribution 元件,相关参数设置如图 7-27 所示:

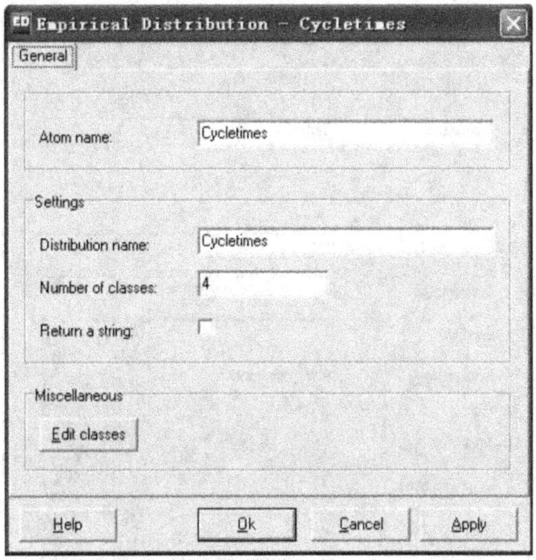

(a)

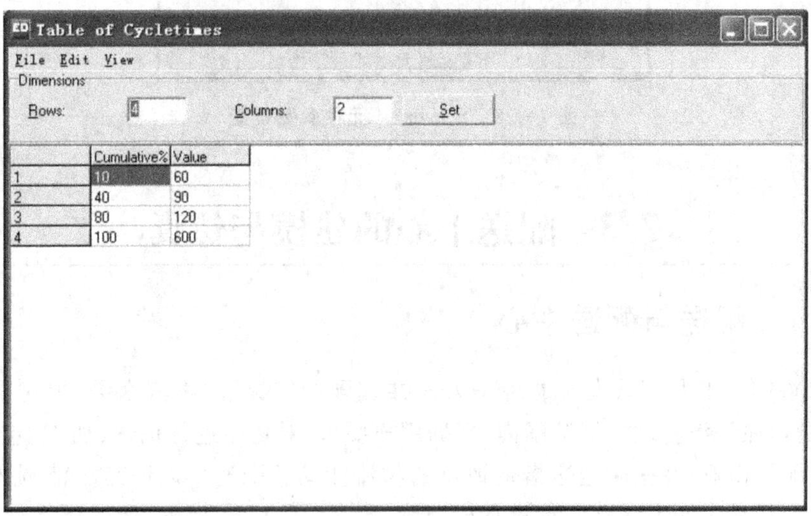

(b)

图 7-27 经验分布元件参数设置

为经验分布元件命名为 Cycletimes，Number of classes 内填入 4，点击 Edit classes，对表格进行编辑，表格左侧为累计百分比，应注意到最后一栏必须为 100%，右侧为对应修复时间。

对 Server 14 元件(即新增的残次品处理服务器)的参数进行设置如下：

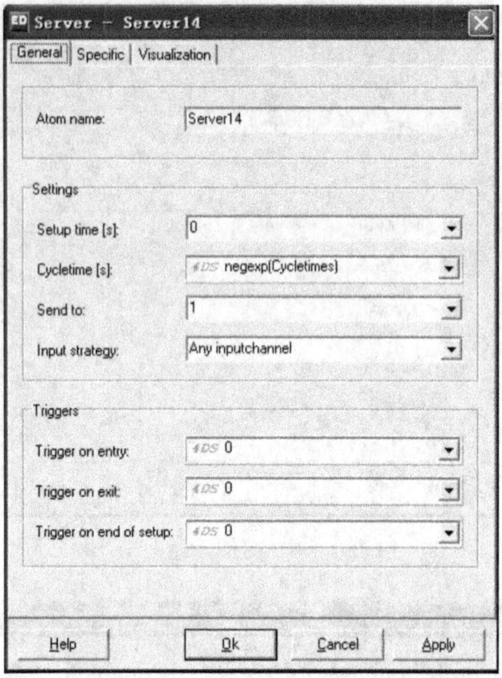

图 7-28 Server 14 元件参数设置

7.3 配送中心的建模与仿真

7.3.1 配送与配送中心

2006 年 12 月正式发布的中华人民共和国国家标准《物流术语》中对配送的定义是："在经济合理区域范围内，根据用户要求，对物品进行拣选、加工、包装、分割、组配等作业，并按时送达指定地点的物流活动。"配送可以说是小范围内的物流系统，几乎包括了所有的物流功能要素，集装卸、包装、保管、运输等多要素，是多种功能的组合。配送距离一般较短，位于物流系统的末端，处于支线运输、二次运输和末端运输的位置，是"最终配置"。

配送中心是指接受供应者所提供的多品种、大批量的货物，通过储存、保管、分拣、配货以及流通加工、信息处理等作业后，将按需要者订货要求配齐的货物送交顾客的组织机构和物流设施。根据配送货物的属性，可以分为食品配送中心、日用品配送中心、医药品配送中心、化妆品配送中心、家用电器配送中心、电子(3C)产品配送中心、书籍产品配送中心、服饰产品配送中心、汽车零件配送中心以及生鲜处理中心等。

普通仓库通过接收、存储、保管、盘点、装运处理大多数产品，配送中心通过进货、接收、存储、加工、拣货、配货、配装、装运处理大多数物品。配送中心可以视为流通型仓库，更侧重于产品的分拣、配货，快速分拣是配送中心的一项重要功能。

7.3.2　配送中心的作业流程

1. 配送中心的功能要素

(1) 集货。集货是配送的准备工作或基础工作。配送中心的订单大多品种多而批量小，集货的作用是将用户的要求将分散的或小批量的货物需求集中起来，进行一定规模的采购，取得采购的规模效益。

(2) 仓储。仓储包括入库、码垛、上架、移库、苫垫、货区识别、货物维护保养等。仓储是配送中心的一项重要职能，产品的储存时间较储备类仓库要短，储量较储备类仓库要小，其是为了具体执行日配送，按分拣配货的要求，为客户提供产品。

(3) 分拣。分拣是配送不同于其他物流形式的一项重要特点，是决定配送系统水平的关键因素。分拣即按照客户的订单需求，将产品从配送中心中分拣出来。拣货的方式可分为按订单分拣和按批量分拣两类。分拣方式的选择取决于产品品类、数量、品类相似性等多个因素。

(4) 配装。为充分利用车辆运力、运能，在考虑用户的订单量、送货时间、产品装卸和运输要求、运输路线的基础上，可考虑将不同用户的产品集中进行配送，组成最佳的配送运输网络，实现配装和路线的有效搭配，以提高送货水平，降低单产产品运价。

(5) 送货。配好的货运输到用户还不算配送工作的完结，这是因为送达货和用户接货往往还会出现不协调，使配送工作前功尽弃。因此，要圆满地实现运到之货的移交，并有效地、方便地处理相关手续并完成结算，还应讲究卸货地点、卸货方式等。送达服务也是配送独具的特殊环节。

(6) 流通加工。流通加工是在物品从生产领域向消费领域流运的过程中，对物品进行的加工。通过配送流通加工可以弥补生产领域加工不足的缺陷，增加企业的利润；流通加工包括对产品的分割、包装、加条码、拴标签等能满足客户多样化的需求；并能提高物流效率，原材料利用率和加工设备的利用率；方便不同运输方式的衔接。

(7) 信息处理。信息在物流管理中占据越来越重要的位置。配送中心信息包含货物、供货商，仓库，储位、车辆、客户等，其在减少人力的同时，实现快速出入库、先进先出、动态盘点、数据统计、车辆调度管理、车辆跟踪等方面都发挥了重要作用。

2. 作业流程

配送中心典型的作业流程为：客户订单管理→集货→储存→分拣→流通加工→配装→出库送货，主要的工作包括：

①客户订单管理：客户合同签订、客户信息管理、订单管理、客户结算。

②集货：主要是指按客户进行订货。配送中心是客户的采购中心，向众多供应商采购品种繁多、规格齐全的大批量的货物。

③储存：为产品分配储放货位、货物验收、盘点、产品养护等。配送中心的验收入库一般是对产品的包装、数量等进行检验，一般不包括品质检验。

④分拣：按订单要求或出库单要求，从储存区拣选出所需产品。

⑤流通加工：包括一般流通加工和辅助流通加工。一般流通加工包括按客户要求下料、套裁等，辅助流通加工包括给产品贴条码、拴标签等。

⑥配装：包括配载计算，货物装车。

⑦出库送货：出库复核，按照规划路径行走将货物送至客户，等待卸货。

7.3.3 配送中心的布局设计

1. 功能分区

根据配送中心的功能和业务流程，其工作区域可以分为以下几个部分：入库验收区、仓储保管区、分拣区、配货出库区、流通加工区、停车场、办公室等组成。为了充分发挥配送中心的功能，商品的出入库、分拣、加工、保管及停车场、库内通道等都必须具备适当的规模。

(1) 入库区。根据配送中心的运作要求，入库区主要负责货物到达中心后的卸货、清点、解包、检验、分类、入库等工作，通常设置在仓储场所的外围，通过卸货站台与公路或铁路专用线等直接相连，里侧还规划有暂存、分类及验收区域及相应的设施。入库区需要的面积主要受到达车辆的数量、车辆与货物的滞留时间影响。因此，合理安排送货车辆的到达时间，加快装卸、检货、验货的速度可以减少对入库区面积的要求。

(2) 仓储区。储货区是专门用于存放货物的区域，在这一区域主要完成货物的储存保管和养护作业，是一个相对静态的区域。货物进入仓储区前，根据分拣需要，对存储单元的大小进行调整，使其符合存储和分拣要求。

(3) 分拣区。分拣区是分拣人员在分拣信息的引导下，通过查找货位、拣取和搬运货物，进行货物分拣活动的区域。

(4) 流通加工区。流通加工区是带有流通加工功能的配送中心设置有加工区域，在这个区域进行下料、打孔、分装、组装、切裁、贴标签、包装等流通加工作业。

(5) 集货区。集货区主要进行货物分拣出来后的组配作业，并将配好的货暂时存放，为送货做准备。集货区域的面积大小也随配送中心的运作模式和基本功能而有较大的变化。通常流通型、转运型配送中心，或者多用户、多品种、少批量、多批次配送的配送中心，其分货、配货频繁，作业量大，理货区的面积也相对较大。集货区的货位设计以自然堆放为主，同时考虑出货的装车顺序和动线的畅通性。在空间允许的情况下以单排为宜，否则容易造成装车时在集货区反复查找货物及搬运工作，降低装卸作业效率。

(6) 出库区。出库区的作用主要是将准备好的货物装入外运车辆发出，在许多收出货不太频繁的配送中心，出库区与集货区可以共用一个区域。但如果拣出的货物需要等待较长时间才能出货，则出库区应与集货区分开。

2. 布局设计

(1) 规划资料分析。影响布局的主要因素有 E(订单)、I(品项)、Q(数量)、R(路径)、S(服务)、T(时间)、C(成本)等。在分析的过程中可以结合 EIQ 法，ABC 法等多种方法进行综合分析。

(2) 流程分析与区域设置。分析配送中心代表产品的流转过程，分析应设那些功能区。

(3) 相关性分析。综合考虑物流和活动的相关性分析，可采用定量从至图分析出哪些区域的物流流量较大，再综合考虑环境、功能、程序等多个因素，综合考虑不同区域之间的相关性。

(4) 做出区域相互关系图。按照区域之间相互关系的重要性程度，分为 A(绝对重要)、E(特别重要)、I(重要)、O(普通)、U(不重要)、X(不相容)六个等级，相互关系为 A 的优先布置在一起。

(5) 区域面积计算。按照配送中心的功能，配送中心吞吐量的大小、产品品类的多寡等综合确定各个区域的面积。

(6) 做出配送中心的平面布置图。在布置过程中，应优先布置面积较大且长宽比例不易变动的区域，再次插入面积较小而长宽比例较易调整的区域。

7.3.4 配送中心常用设施设备

配送中心内设施设备主要包括三大类：

一是集装单元。配送中心搬送的对象主要是托盘、箱包或其他有固定尺寸的集装单元货物。

二是搬运设备。如叉车、轨道小车和单元负载式输送机。在自动化程度要求较高的场合，可采用搬运路径固定的由巷道堆垛机、轨道小车或单元负载式输送机构成相应的物料输送系统，连通相应的作业区。

三是存放设备。即为货架。可分为一般货架和 ASRS 系统使用的高层货架，高层货架的存放密度高，入库、出库均采用计算机操控，速度快、精准度高，目前得到了越来越广泛的应用。

1. 集装单元

集装是将多个单件物品，通过一定的技术措施组成尺寸规格相同、重量相近的大型化的组合体，这种大型的组合状态便称为集装单元。集装技术改变了过去那种对包装、装卸、储存、运输等各管一段的做法，对物流系统进行统一的规划，有效的改善物流机能。

国际标准化组织(ISO)以 600 mm×400 mm 为物流基础模式尺寸，物流基础模数是物流系统个标准尺寸的最小公约尺寸。货物的包装、周转箱、托盘、集装箱等尺寸均参照这个目前国内常用的尺寸为 1 210 国际标准型、1 208 欧洲标准型和 T11 日本标准型周转箱。目前较为常见的 600 mm×400 mm 或 400 mm×300 mm 都为标准尺寸的物流箱，可以配套塑料托盘尺寸同步配套使用。

图 7-29 600 mm×400 mm 周转箱

图 7-30 木制平托盘

托盘是配送中心常用的集装单元之一。我国在综合考虑对外贸易的现实需要、托盘使用现状、物流设备之间的系统性、ISO 推荐标准等方面后，2008 年 3 月正式启用 1 200 mm×1 000 mm 和 1 100 mm×1 100 mm 两种规格作为我国托盘国家标准，并优先推荐使用 1 200 mm×1 000 mm 规格。

平托盘是目前使用范围最广、数量占比最大的一类。据相关统计,木质平托盘占目前流通使用托盘比例为80%～90%。

2. 搬运设备

叉车又称铲车、叉式装卸车,是装卸搬运机械中最常见的具有装卸、搬运双重功能、以托盘为主要作业对象的搬运设备的机械。它以货叉作为主要的取货装置,依靠液压起升机构升降货物,由轮胎式行驶系统实现货物的水平搬运。平衡重式叉车是使用最为广泛的叉车车型。车体前方装有升降货叉、车体尾部装有平衡重块的起升车辆,平衡重式叉车业内部装卸、堆垛和搬运成件物品。

图7-31 平衡重式叉车

图7-32 托盘货架

3. 货架

在仓库设备中,货架是指专门用于存放成件物品的保管设备。仓库管理现代化与货架的种类、功能直接相关。常用的货架类型有托盘式货架、横梁式货架、旋转式货架等。

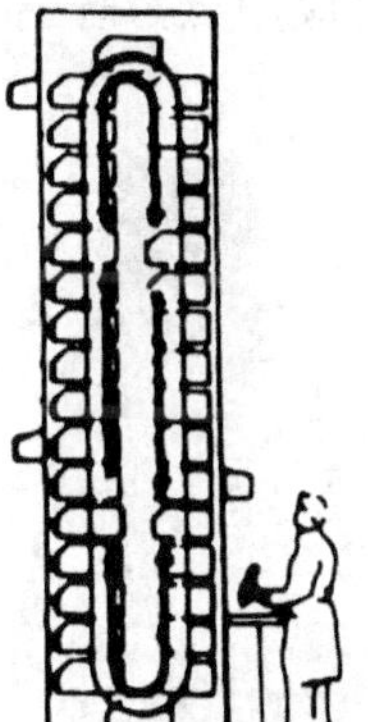

图7-33 垂直旋转式货架

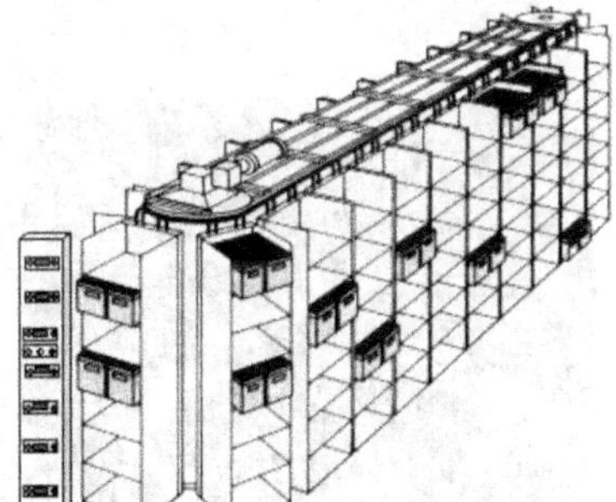

图7-34 水平旋转式货架

4. 自动立体化仓库

自动立体化仓库(简称 AS/RS)是指不用人工直接处理,能自动存储和取出物料的自动化仓库。该系统采用几层、十几层乃至几十层高的货架储存单元货物,用相应的物料搬运设备进行货物入库和出库作业,具有很高的空间利用率、很强的入出库能力。

自动化仓储系统的构成包括有:高层货架、巷道堆垛机、出入库输送机、AGV车和计算机控制系统及管理系统等组成,下面介绍几种常见的设施设备。

图 7-35 巷道堆垛机

图 7-36 AGV 车

巷道堆垛机的主要用途是在高层货架的巷道内来回穿梭运行,将位于巷道口的货物存入货格;或者,取出货格内的货物运送到巷道口。自动导引小车是指具有电磁或光学导引装置,能够按照预定的导引路线行走,具有小车运行和停车装置、安全保护装置以及各项移载等多项功能的运输小车,主要用于巷道口货物的存取,与输送机系统、巷道堆垛机以及装卸机械共同组成货物的存取和输送系统。输送机可分为地面和空中输送机两类。其中空中输送机一般用于生产企业不同工位之间的物料输送,对于仓储系统而言,地面输送机应用更为普遍。地面输送机的主要类型有滚筒输送机、链式输送机等。

图 7-37 滚筒与皮带输送机

图 7-38 链板式输送机

(1) 链式输送机。链式输送机是利用链条牵引、承载，或由链条上安装的板条、金属网带、辊道等承载物料的输送机。根据链条上安装的承载面的不同，可分为链条式、链板式、链网式等。链条式一般用于输送单元负载，对于体积偏小的货物，底部需增加承载板。链板式运用相对广泛，可用于小单元物品的输送。

(2) 分拣与输送带衔接设备。堆块式分拣系统由链板式输送机和具有独特形状的滑块在链板间左右滑动进行商品分拣的推块等组成。在配送中心，常常需要对不同目的地的货物进行分类分拣，推块式分拣系统可将不同目的地的货物推送到对应岔道。

顶升移载输送机上部布置链条，当货物移动至顶升移载输送机上方时用于衔接垂直布置的输送线路的衔接，可实现货物的90°转弯无障碍输送。

图7-39 推块式输送机

图7-40 顶升移载输送机

7.3.5 配送中心的绩效考核

配送中心的绩效考核指标包括：

(1) 工作量：这也是最基本的考核指标。指商品配送过程中各个岗位的工作数量(以月计算)，主要包括验收工作量、拣货工作量、复核工作量及送货工作量。

(2) 准确性：对配送中心工作质量的检验。指配送中心各个环节工作质量的有效体现，以差错率为指标。差错率可分为验收差错率、拣货差错率、下货差错率。

(3) 时效性：配送中心服务于门店的意识体现。指商品从收货到配送至门店的及时性，主要包括验收及时性、上架及时性、配货及时性、送货及时性、退货及时性等。

7.3.6 配送中心仿真

1. 案例背景介绍

某配送中心的货物类型主要有三类，三类产品随机到达，遵循均匀分布。货物均采用1.2 m×1.0 m×0.14 m的托盘进行包装，货物在托盘上的摆放高度为

0.8 m,发送到三个独立的高层货架中进行存放。货物经由链式输送带输送到个巷道口,后由各辊式输送机进行衔接,利用巷道堆垛机完成上架,储存采用的ASRS高架仓库存放,共三组ASRS货架,各货架存放货量相等,即各放置货物总量的1/3。三组货架中,第一组货架的第二列和第三列均已被占用,第二组货架的第一列和第三列被占用,第三组货架为空,货物可任意存放。当ASRS货物存放的货物达到货物总量的95%时即安排出库,如此往复,要求货物出库需遵循先进先出的原则。巷道堆垛机将货物运送到巷道口后由输送带完成分拣,最后由叉车完成出库,叉车需沿着固定路径行走。相关参数如下,货物到达的平均时间间隔为5秒,符合负指数分布。所有运输带的速度均为1 m/s,ASRS货架为10行×20列,货格尺寸为1.3 m×1.3 m×1 m。叉车行走速度为3 m/s,举升速度为0.5 m/s。

要求:(1) 按照要求进行合理简化后建模。

(2) 统计叉车的忙闲状况,要求叉车的利用率控制在80%以下,问现有系统状态能不能满足此要求,需不需要增加叉车。

2. 建模构思

将模型分成两个部分进行构建,一是高层货架系统,二是产品的分流系统。使用ASRS元件模拟高层货架系统,采用Accumulating Conveyor模拟辊式输送机,采用non Accumulating Conveyor模拟链式输送机,采用Advanced Accumulating Conveyor或Corner Transfer Unit模拟输送带的转向装置。通过在产品上设置标签,在转向装置上编辑4DScript命令,实现产品分流。采用Advanced Transporter模拟按照既定路径行走的叉车,使用Network的相关元件构建欲行走的路径。最后采用VB元件对视觉效果进行美化。

3. 模型建立的步骤

向模型图层窗口拖入Source元件以模拟货物的输入,采用Accumulating Conveyor模拟辊式输送机,采用non Accumulating Conveyor模仿链式输送机,拖入Corner Transfer Unit元件模拟转向装置。

(1) 对Source元件进行参数设置,在Source元件中的Trigger on enter内输入:

```
setlabel([type],duniform(1,3),i)
```

表示生成三种离散均匀分布货物,货物的标签名为type,

在Trigger on exit内输入:

```
case(label([type],i),
color(i):=ColorRed,
color(i):=ColorGreen,
color(i):=ColorYellow)
```

为了便于区分，能有更好的视觉效果，将三类产品设置成红、绿、黄三种不同的颜色。

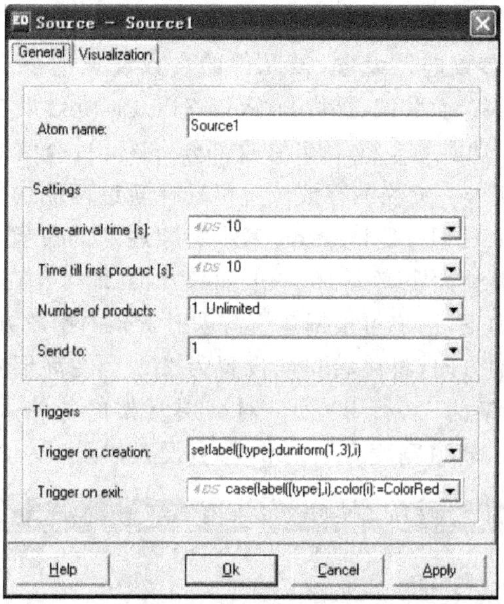

图 7 - 41　Source 元件的参数设置

(2) 对进行 Corner Transfer Unit 元件参数设置，在第一个输入口即 Corner Transfer Unit 3 的 Send to 选择 5，其中 33%的货物发往通道一，即发往第一个货架，66%的产品发往通道二，即发往货架二、三。同理，对其他 Corner Transfer Unit 元件进行设置。

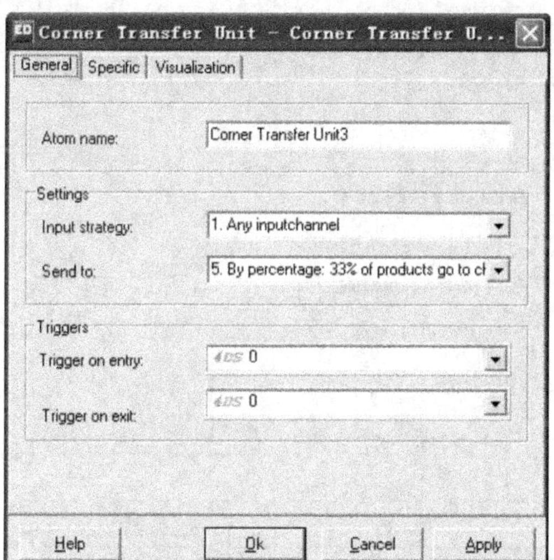

图 7 - 42　Corner Transfer Unit 3 元件的参数设置

(3) 向模型图层窗口拖入 3 个 Advanced ASRS 元件用于模拟高层货架。ASRS 货架由输入系统、巷道堆垛机和输出系统三个部分构成，巷道堆垛机沿着轨道运行进行货物的存取，货架分设在轨道两侧，即左侧货架和右侧货架。对 Advanced ASRS 的参数进行设置，该元件的参数设置选项卡较多，包括常规设置、储存、输入、输出、移动、装载、拣货、放入策略以及视觉效果 9 个。由于在前面章节中只对该元件做了功能的介绍，因此在这部分将该元件介绍得相对详细一点：

① Storage 选项卡。货物的存放位置可选择轨道两侧的货架均可以存放，也可只选择左侧或右侧货架。Z location 表示货架底部的位置，如输入数字 10，即表示货架底部位置离地面距离为 10，一般而言，取 0 即可。在 ED 软件中，货架的旋转角度为顺时针为正，用户可根据建模需求对货架的摆放方向进行调整。在本案例中根据输送带的方向，将旋转角度设置为 270°。在高层货架的行、列中输入 10 和 20，表示该货架为 10 行 20 列。对高层货架的货格大小进行设置，输入 1.3 m×1.3 m×1 m，轨道宽度为 1.5 米，参数设置如图 7－43 所示：

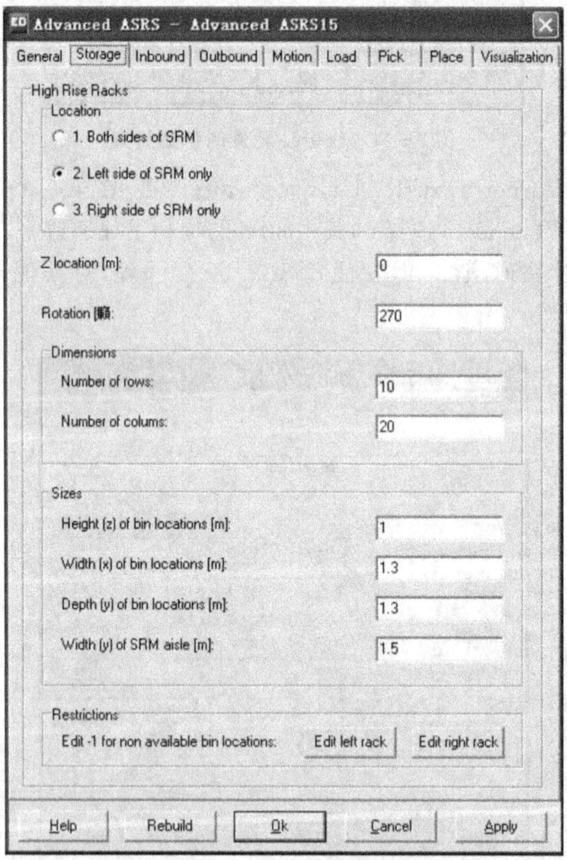

图 7－43 Advanced ASRS **元件的参数设置一**

② Inbound 和 Outbound。在这两个选项卡中，可对货物的输入策略、输出通道选择、进出货的位置以及触发事件等进行设置。

③ Motion。巷道堆垛机取货物的过程为：巷道堆垛机沿轨道行驶到出库货物所在列位置，伸缩叉上/下移动至货物所在货位，伸出伸缩叉取货，缩回伸缩叉，再行驶到巷道口将货物摆放于承载台，则一次取货完成。放货物的过程则正好相反。因此在这个选项卡中，可对巷道堆垛机、伸缩叉上举/下降、伸缩叉移动取货的速度以及加减速度进行设置。

④ Load。可对进出货的次序进行设置。可设置为进出货轮流、优先进货或优先出货、只进货或只出货、通过标签条件设定或者通过外部命令来定义进出货。当选择 6，按照标签条件设定来定义进出货时，可在下面的 Label 中对货物标签进行定义。在本例中，我们选择 6，当货架的货物存放已达到货架容量的 95%的时候，则进、出货同时进行，否则只进不出。

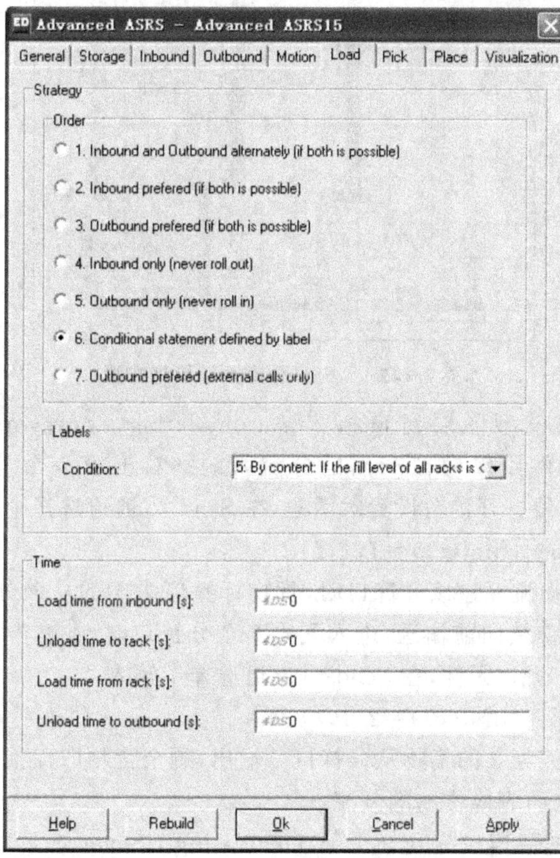

图 7-44 Advanced ASRS 元件的参数设置二

⑤ Pick 和 Place。可设置取、放货策略。取货策略包括随机取货,随机取货(选择存放水平较低的货架)、离第一行第一列的货格最近或最远的货格开始取货、先进先出/后进先出、通过标签定义或通过外部命令指定等多种方法,这里我们选择先进先出策略。放货策略与取货策略类似,读者可自行参照学习。

(5) 向模型图层窗口拖入 Accumulating Conveyor 元件和 Corner Transfer Unit 元件并将相关通道进行连接,用以模拟巷道堆垛机的周边输送带的布置,ASRS 仓库系统整体布局如下:

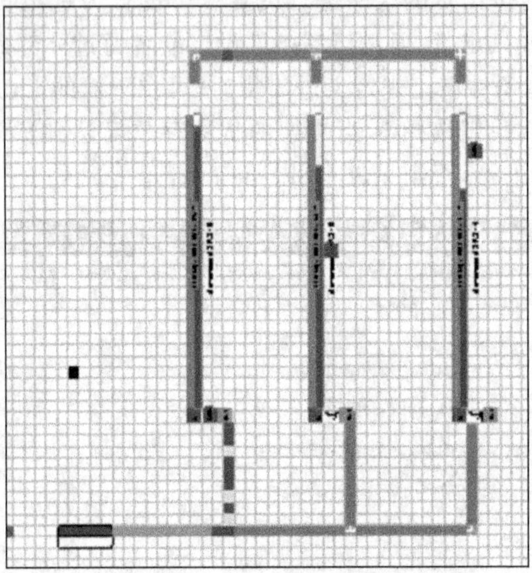

图 7-45 ASRS 仓库系统模型布置

(6) 继续向模型图层窗口拖入 Accumulating Conveyor 元件和 Corner Transfer Unit 元件用以模拟产品的分流系统。右击第一个分拣口的 Corner Transfer Unit 元件打开参数设置对话框,在 Send to 通道选择中输入:

if(label([type],first(c))=1,1,2)

表示混合货物流经过该分拣口时,货物标签值为 1 的从该分拣口出,货物标签值为 2 和 3 的继续向前输送,进入到第 2 个分拣口时,在右击第二个分拣口的 Corner Transfer Unit 元件,在 Send to 通道选择中输入:

if(label([type],first(c))=2,1,2)

从而使标签值为 2 的货物从分拣口 2 输出,剩余货物即标签值为 3 的货物从分拣口 3 输出,从而完成货物的分流。

(7) 向模型图层窗口拖入 3 个 Accumulating Conveyor 元件和 3 个 Sink 元件以模拟货物的输出。

(8) 拖入 6 个节点以构建高级叉车的行走网络的节点,拖入 Network Manipulator

用以连接各个节点，拖入 Network Controller 对网络进行优化。框选节点，可显示节点编号以及节点坐标，可通过节点左边对节点位置进行调整，节点坐标以模型图层窗口的黑色方块为坐标(0,0)点，X 坐标向右为正，向左为负，Y 坐标向下为正，向上为负。双击 Network Manipulator 元件，打开参数设置对话框，设置所有连接线段均为双向线段，显示节点名称、连接线段、节点等相关信息。右击 Network Manipulator 元件，打开 Selector 对话框，点击所需连接的节点和相关元件。连接和断开的方法可参考 ED 模块功能基础案例的相关章节，这里不再赘述。最后拖入 Network Controller 对网络进行优化，应注意的是每次修改网络后均需对网络进行优化。

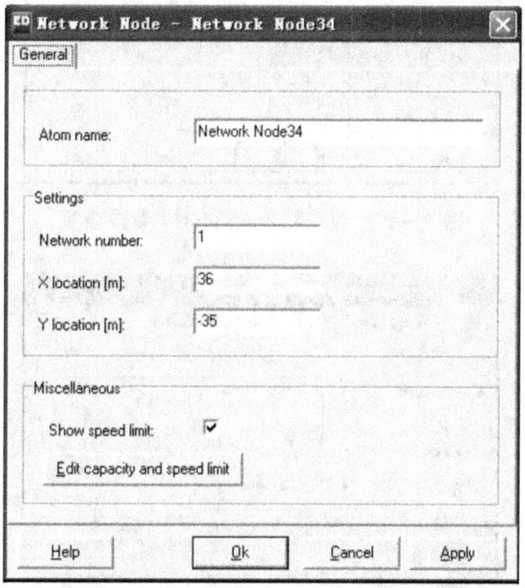

图 7－46 Network Node **参数设置**

(9) 向模型图层窗口中拖入 Advanced Transporter 元件以及与之配套使用的 Dispatcher 元件和 Destinator 元件。将 Dispatcher 元件的三个输入通道与三个分拣口的输出通道相连，输出通道与 Advanced Transporter 元件的输入通道相连。将 Destinator 元件的输入通道 Advanced Transporter 元件的输出通道相连，该元件的三个输出通道与 3 个 Sink 元件的输入通道相连。右击 Advanced Transporter 元件，打开参数设置对话框，打开 General 选项卡，在 Send to 内输入：

label([type],first(c))

表示将按照标签值将货物输往不同的通道内。分流系统的建模如图 7－48 所示：

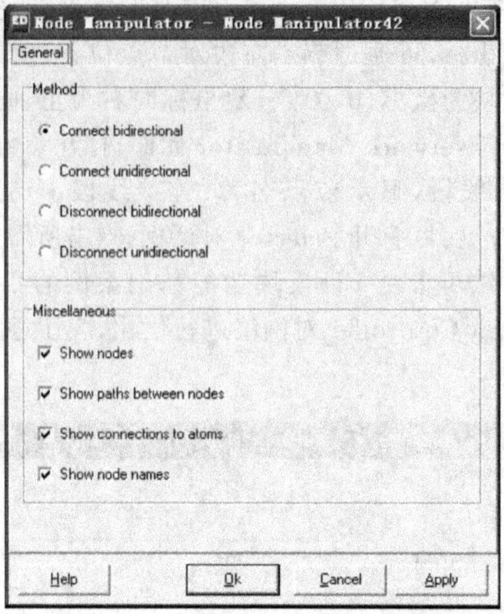

图 7-47　Node Manipulator 参数设置

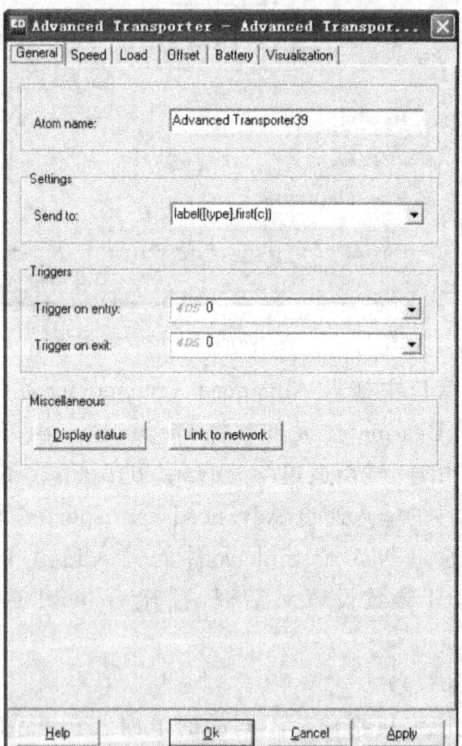

图 7-48　Advanced Transporter 参数设置

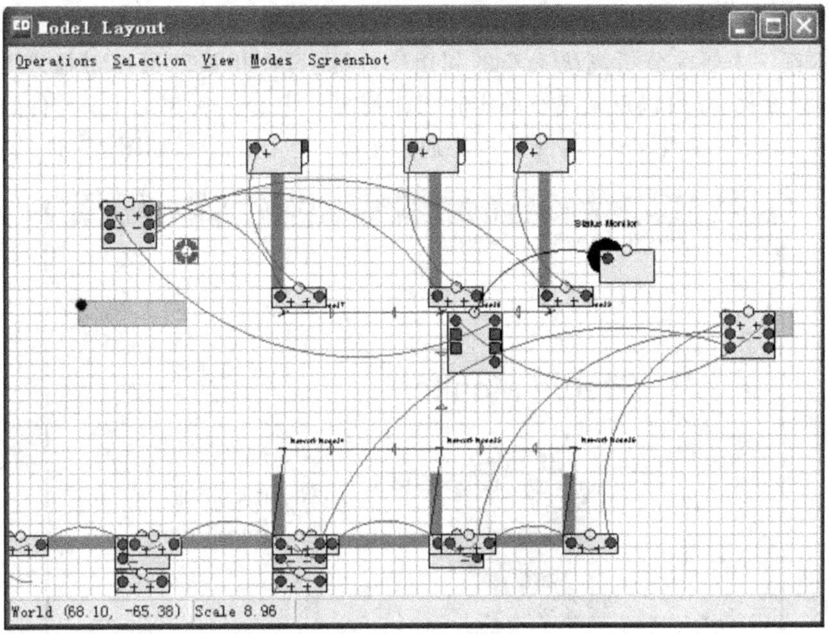

图 7－49　配送中心分流系统模型

(10) 向模型图层窗口拖入 VR building 元件，点击 display—3D model view，可见整个模型的 3D 视图：

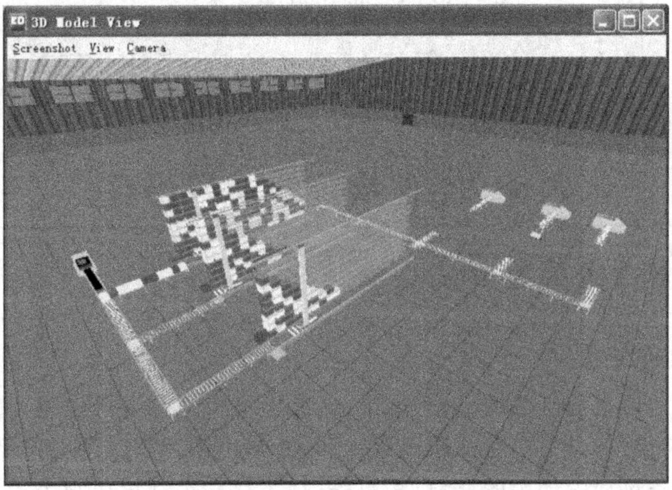

图 7－50　配送中心仿真模型 3D 视图

4. 结果分析

本案例中要求分析高级叉车的利用率，因此可向模型图层窗口拖入 Status Monitor 元件，其可以反映叉车的实时工作情况。将 Status Monitor 元件的输入通道与 Advanced Transporter 的中心通道相连。运行稳定后如图 7－51 所示：

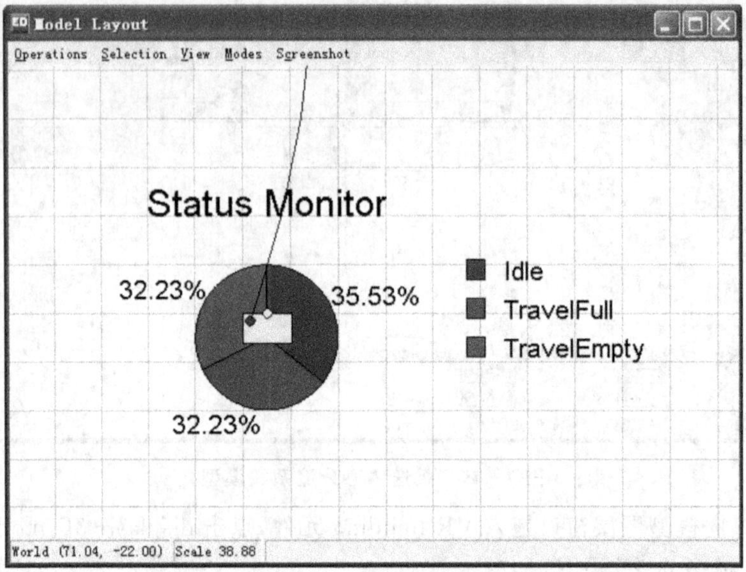

图 7－51　Status Monitor 结果显示

叉车运行时有三种状态：一是空闲状态，二是满载运货，三是空车返回。空闲的概率约为 35.53％，能满足叉车利用率在 80％以下的要求。

7.4　库存系统建模与仿真

7.4.1　库存以及库存的分类

1. 库存的概念

库存指一切当前闲置的、用于未来的、有经济价值的资源。生产企业或商家在日常活动中持有以备出售的原料或产品、处在生产过程中的在产品、在生产过程或提供劳务过程中耗用的材料、物料等，销售存仓等都可以视为库存。持有库存一方面可以为企业的生产和销售提供物资保障，保证生产正常、连续进行，保质保量满足客户的需求，提高客户满意度。另一方面库存即意味着资金的占用，会产生一定的库存成本，提高了企业的生产或经营成本，掩盖企业管理中存在的问题。因此如何保持合适的库存量、如何合理地配置库存才是合理的一直是业界探讨的重要问题。

2. 库存的分类

(1) 周转库存:为满足日常生产经营需要而保有的库存。周转库存的大小与采购批量直接有关。企业为了降低物流成本或生产成本,需要批量采购、批量运输和批量生产,这样便形成了周期性的周转库存,这种库存随着每天的消耗而减少,当降低到一定水平时需要补充库存。降低周转库存的重要手段即为减少订货批量。

(2) 安全库存:又称为保险库存或保险储备。为了防止不确定因素(如供货时间延迟、交货期突然提前、库存消耗速度加快等)而设置的库存。安全库存的大小与库存安全系数或者说与库存服务水平有关。安全库存用于保障订货提前期的货物消耗。

(3) 调节库存:用于调节需求与供应的不均衡、生产速度与供应的不均衡以及各个生产阶段产出的不均衡而设置的库存。

(4) 在途库存:处于运输以及停放在相邻两个工作或相邻两个组织之间的库存,在途库存的大小取决于运输时间以及该期间内平均需求。在途库存由于货物在途中,因此不需要额外的人力和物力,不占用储存空间。

7.4.2 库存管理的作用

设置库存的根本目的,是要保证在需要的时间,需要的地点,为需要的物料提供需要的数量。但是过多的库存又会占用大量的储存空间和企业大量现金,消耗过多的人力物力,提高企业产品成本和管理成本。因此需对库存进行严格的管理,在保证企业生产、经营需求的前提下,使库存量经常保持在合理的水平上;掌握库存量动态,适时、适量提出订货,缩短订货提前期;避免超储或缺货;减少库存空间占用,降低库存总费用;控制库存资金占用,加速资金周转。

7.4.3 库存管理的常用方法

1. ABC 库存控制法

ABC 分类法又叫帕累托分析法,又称 80/20 法则。它是根据在技术或经济方面的主要特征,进行分类排队,分清重点和一般,从而有区别地确定管理方式的一种分析方法。遵循“关键的少数和一般的多数”的规律。对重点产品进行重点管理。

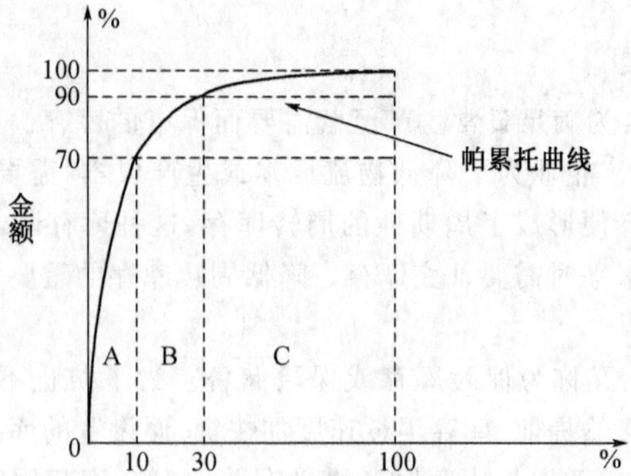

图 7-52 帕累托曲线图

ABC 分类法按照产品的数量和金额对产品进行分类，将物品数累计的 5%～15%，而平均资金占用累计栏中 60%～80%的产品确定为 A 类；将累计品目百分数为 20%～30%，而平均资金占用额累计百分数也为 20%～30%的产品，确定为 B 类；其余为 C 类，C 类情况正和 A 类相反，其累计品目百分数为 60%～80%，而平均资金占用额累计百分数仅为 5%～15%。对不同的产品采取不同的管理方法和订货方式，从而降低管理成本。

表 7-2 ABC 库存管理方法

分类管理	管理重点	订货方式
A类	为了压缩库存，投入较大力量，精心管理，并将库存压到最低水平计算每种物品的订单量	定量订货方式
B类	按经营方针来条件来调节库存水平，如要降低水平时，就减少订货量和库存	定期或者定期定量订货的方式
C类	投入较少的力量管理、增加库存储备	集中大量地订货

2. 定量及定期订货

(1) 定量订货法。定量订货法是指当库存量下降到预定的最低库存量（订货点）时，按规定数量（一般以经济批量 EOQ 为标准）进行订货补充的一种库存控制方法。定量订货法有两个重要控制性参数：一个是订货点，另一个则是订货数量。

发出订货时仓库里该品种保有的实际库存量叫做订货点。它是直接控制库存水平的关键。

①在需求量和订货提前期都确定的情况下，不需要设置安全库存，可直接求出订货点。公式如下：

订货点＝订货提前期的平均需求量＝每天需求量×订货提前期（天）

②在需求和订货提前期都不确定的情况下,则必须设置安全库存。

订货点=订货提前期的平均需求量+安全库存

订货批量就是一次订货的数量。它直接影响库存量的高低,同时也直接影响物资供应的满足程度。在定量订货中,对每一个具体的品种而言,每次订货批量都是相同的,通常是以经济批量 EOQ 作为订货批量。订货的批量越小,则储存成本越低,订货费用越高,订货费用和储存成本之间为效益背反关系,如图 7-53 所示:

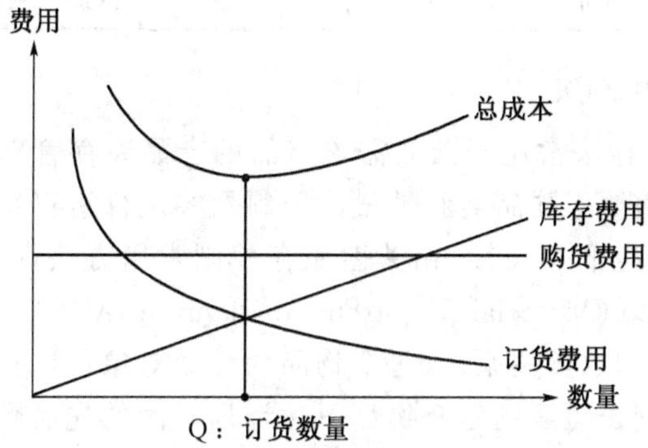

图 7-53 总成本构成示意图

年度总费用=年度购买费用+年度订货费用+年度库存费用,即:

$$T_C = DC + (D/Q)S + (Q/2)H$$

T_C:年度总费用;D:需求量;C:单价;Q:订货量;S:每次订货费用;H:单位库存费用。

欲使年度总费用最低,可对上式进行求导,则可得:

$$EOQ = \sqrt{\frac{2DS}{H}}$$

(2) 定期订货法。定期订货法是按预先确定的订货时间间隔进行订货补充的库存管理方法。预先确定一个订货周期 T 和最高库存量 Q_{max},周期性的检查库存,根据最高库存量、实际库存、在途订货量和待出库商品数量,计算出每次订货批量,发出订货指令,组织订货。定期库存控制的两个控制性因素为订货周期 T 和最高库存量 Q_{max}。

订购周期 $T = \sqrt{\frac{DH}{2S}}$

最高库存量 $Q_{max} = R(T + T_k) + Q_s$

Q_{max}:最高库存量;R:期间的库存需求量平均值;T:订货周期;T_k:平均订货提前期;Q_s:安全库存量。

表 7-3 定量订货模型与定期订货模型的比较

特 征	定量订货模型	定期订货模型
订货量	EOQ	目标库存－剩余库存
订货时间	取决于订货点	取决于经济订货周期
库存数据	随时记录、检查	仅在订货时间到达时清点库存
库存量	小于定期订货模型	大于定量订货模型
适用对象	高价值、关键性物资	低价值、一般性物资

3. MRP 库存控制法

定量及定期库存法常用于独立需求产品的产品库存管理，在实际生产过程中，产成品往往是由要不同品类和数量的原料及零配件进行组合才能生产，这时产品需求表现出一定的相关性，相关性库存控制常用方法即为 MRP 法。MRP 法即为物料需求计划(Material Requirement Planning，MRP)，是指根据产品结构各层次物品的从属和数量关系，以每个物品为计划对象，以完工时期为时间基准倒排计划，按提前期长短区别各个物品下达计划时间的先后顺序，是一种工业制造企业内物资计划管理模式。对于标准化生产、组配适应性较好，不适合需要高度研究与设计、不确定因素太高、产品结构太复杂的企业生产。

4. JIT、VMI、CFPR

JIT 即为 Just In Time，是在日本广为使用的实时作业(Just In Time，JIT)，整合了库存控制、采购和制造排程。采用 JIT 之企业，小量采购、实时送达生产线，之后将成品实时送到销售点，改善物料到生产设施间流程。

VMI 含义为供应商管理库存。VMI 的做法是，生产商接收到零售商存货状况的连续更新信息，并且负责补充零售商所需；而零售商则在产品配交给顾客时取得所有权。这样的做法让生产商可以更清楚地掌握产品的销售状况，协助他们预测需求并做好供应的规划。而零售商则因无须追踪存货水平与无须执行订货作业而获益。双方也节省了成本，因为需要的存货通常较少，有时甚至双方持有存货为原来一半的水平。

CPFR 即为集体计划、预测和补充(Collaborative Planning，Forecasting and Replenishment，CPFR)，即制造商或批发商和客户，通常是零售商连锁店，通过共享网站一起预测销售量。CPFR 之主要用意在于供应正确数量的产品，以适应需求。

7.4.4 库存系统重要评价指标

库存系统常用评价指标有库存量和库存周转率。

库存量需要在产品的实际保证供货量和支持该供货量下成本之间的权衡。库存量越高，越能保证客户订货时不缺货，提高客户满意度，但对应的是成本的攀升。库存周转率是指企业在单位时间(一年)存货周转的次数，反映了存货周转速度。存货周转速度越快，企业获利能力越强，因此，存货周转率与企业获利能力密切相关。有时也会用存货周转天数评价存货管理。存货周转天数是指产品从买入企业到售出企业的天数，受企业原材料周转天数、生产周期和产成品库存的影响，计算方法是360(天)除以存货周转率。

7.4.5 库存系统仿真

1. 模型背景介绍

库存既是整合各类需求，满足生产和顾客需求，避免缺货或延期交货必不可少的物资储备，也是占用资金、增加库存成本、造成资金流动性差的源头之一。如何保持合理库存，有效控制存储成本和缺货成本，提高客户的满意度，获得最大的企业利润，一直是THC公司热衷探讨的一个重要问题，现将THC公司的基本情况介绍如下：

THC公司生产操作箱的组件，这些组件再组装成A、B、C、D四种产品。每类产品独有四个部分组成：

(1) 由金属车间制造的M1和M2类型的金属板；

(2) 由模具车间制造的S1、S2和S3类型的塑胶外壳；

(3) 由电子仪表车间制造的P1和P2类型的PCB板；

(4) 公司外部的打印店将提供操作说明书H。

四种成品采用同样的操作说明书。四种成品的组件清单如表格7-4。从表中可知，成品C由组件M1、S2、P2和操作说明书组成。

THC公司收到客户订单后，马上按照订单发货。如果在查询库存数据时，发现现有产品库存量在订货点以下，则会发出补充产品的装配命令。同理，当各个车间接收到产品的装配命令后，也会及时查询各个组件的库存情况，如果在订货点以下，也会向上级供货商发出组件的采购订单。

表 7－4 A、B、C、D 四类产品的 BOM 清单表

		成品			
车间名称	组件名称	A	B	C	D
金属	M1	1		1	
	M2		1		1
模具	S1	1	1		
	S2			1	
	S3				1
电子仪表	P1	1	1		
	P2			1	1
打印店	H	1	1	1	1

订单的生产遵循先到先生产的原则，后来的订单的生产必须要等先前的订单生产完之后才能动工。如果公司库存不足，满足不了订单，客户将不会等待 THC 公司交货，而是取消订单，转而向其他公司订购。因为缺货、订单取消会导致销售收入减少、竞争力削弱，即造成缺货成本。

为了避免缺货，公司采用(R,s,S)库存策略。每间隔 R 时间盘点库存，决定是否要制定某成品(某组件)的计划生产单。使库存量保持为安全库存 S，一旦发现库存量加计划生产单上未完成的产品数量，低于再订购点 s，就制定计划生产单(计划生产量为 Q)，补充库存。

在这里总收益可考虑为公司的销售收入，总成本包括缺货成本、库存持有成本以及重置成本。

显然，缩短盘点库存时间(降低 R)，增加库存保有量(增加 s、S)，就减小了缺货的可能性，提高了订单满足率，降低了缺货成本，增加了销售收入，但是同时也增加了存储成本。可以通过仿真，确定最佳的参数 R、s、S，使得总利润最大。THC 公司规定每周库存盘点，因此只可以通过调整库存参数 S、s，来控制库存，提高公司收益。因为客户对各种成品的需求量不同，每种成品的组件比例不同，所以要给各种成品和组件设定不同的库存参数 S、s。那么每次补货数量 Q，将是产品生产的主要影响因素。模型细节解释如下：

(1) 生产顺序。THC 公司按照计划生产单接收的先后顺序，生产组件、装配成品(先进先出)。一个部门每次只能处理一张生产订单。例如金属车间没有完成 M1 的计划生产量，就不能接收 M2 的计划生产单。THC 公司实行 5 天 8 小时工作制。

(2) 生产时间。每个车间的生产、重置时间见表格7－5。机器生产组件,所以同一个车间组件的生产、重置时间差别不大。工人完成装配,所以装配时间差别很大,平均装配时间是4分10秒。相对而言,打印店重置时间比较长,设它的交货时间为3天(提前期)。

表7－5 各个车间的重置时间和生产时间

车间	重置时间	生产时间
金属	1小时	4分钟
塑料	4小时	3分钟
电子	0.5小时	5分钟
打印店	3天	1分钟
装配	无	4.20分钟(负指数分布)

(3) 客户需求。产品的需求是不定期的,且需要的成品种类也不同,通常客户每周订货一次,每次只订购一种产品。下表列出了A、B、C、D四种产品平均每周的需求量。

表7－6 客户需求量

成品	周需求量
A	150
B	120
C	80
D	50
总计	400

(4) 成本和收益。

①生产成本:按照批次进行计算,每个生产订单都有一个混合定价。

②储存成本:储存成本包括仓库租金、产品维护保养费用、保险和维修费用等等。根据库存量,计算存储成本。

③缺货成本:产品如果没有库存,顾客将会取消丢失订单,将造成15元的损失。

④总成本和利润:每个售出产品的边际利润为20元。

表 7－7 生产成本

车间	生产成本
金属	15
塑料	15
电子	15
打印店	50
装配	15

表 7－8 储存成本

种类	储存成本(元/每件每周)
M1，M2	1
S1，S2，S3	1
P1，P2	2
H	1
A，B，C，D	5

2. 建模构思

整个产品生产的流程为：客户订单到达后，下发到成品装配车间内，成品装配车间将订单下发到各个组件生产车间。组件生产车间及时查询库存信息，如不够，则安排订货。模型建立时用 Arrival list 模拟客户订单的到达，用 Queue 元件模拟客户订单到达的等待系统，用 Server 元件模拟各个车间的加工流程，用 Assembler 元件模拟 A、B、C、D 四类产品的装配。由于本模型数据较大，采用 Table 元件的完成对数据的读写功能。

3. 建模步骤

建模可按 Table 元件参数的设定—组件的生产—成品装配—成品订单的生成来完成。

(1) Table 元件设置参数。拖入 4 个 Table 元件。勾选 Create alias，则其他元件可以访问 Table 的表格数据。4 个 Table 元件的名称和设置如下：

①设置 Table 元件的名称为 General_parameters。设定每周盘点库存，每天计算存储成本，各种成品的周需求量。

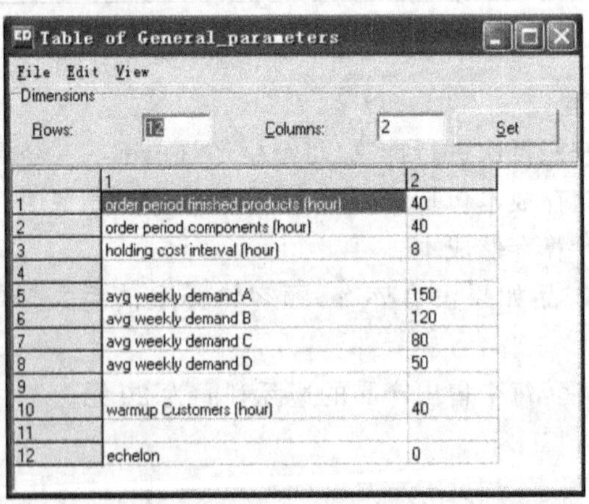

图 7－54 表格 General_parameters 参数设置

注：如果 echelon=0，产品的库存作为组件的库存计算；echelon 不为零，则成品的库存和组件的库存分别计算。

②设置 Table 元件的名称为 Status Components。设定库存参数，成品或组件的价格、缺货成本、库存成本。

Table of StatusComponents

File Edit View

Dimensions

Rows: 14　Columns: 12　Set

	product	phys. inv.	order	reservation	adm. inv.	order level	batch	order upto	margin	shortage cos	holding cost	series
1	M1	0	0	0	0	300	1	450	0	0	1	0
2	M2	0	0	0	0	250	1	300	0	0	1	0
3	S1	0	0	0	0	450	1	500	0	0	1	0
4	S2	0	0	0	0	100	1	150	0	0	1	0
5	S3	0	0	0	0	80	1	100	0	0	1	0
6	P1	0	0	0	0	450	1	700	0	0	2	0
7	P2	0	0	0	0	250	1	300	0	0	2	0
8	H	0	0	0	0	700	1	800	0	0	1	0
9		0	0	0	0	0	0	0	0	0	0	0
10		0	0	0	0	0	0	0	0	0	0	0
11	Product_A	0	0	0	0	350	1	425	20	15	5	1
12	Product_B	0	0	0	0	150	1	250	20	15	5	2
13	Product_C	0	0	0	0	150	1	150	20	15	5	3
14	Product_D	0	0	0	0	75	1	100	20	15	5	4

图 7-55　表格 Status Components 参数设置

③设置 Table 元件的名称为 Results。主要参数有：销售量、销售收入、缺货量、缺货成本、存储成本、重置成本（订购成本、生产成本）、总利润，初始值都设定为零，将随着仿真运行相关数据将写入该元件中。

Table of Results

File Edit View

Dimensions

Rows: 10　Columns: 5　Set

	1	A	B	C	D
1		A	B	C	D
2	sold (#)	0	0	0	0
3	Margin (Euro)	0	0	0	0
4					
5	Shortage (#)	0	0	0	0
6	Shortage cost (E)	0	0	0	0
7					
8	Holding cost	0			
9	Setup cost	0			
10	Total	0			

图 7-56　表格 Results 参数设置

④设置 Table 元件的名称为 Replenishment Parameters。设定库存参数，主要参数包括产品名称、订货点(s)、安全库存量(S)等。当模型运行后，图表显示项为 0 的表示将不显示图表，图表显示项为 1 的表示将显示图表。

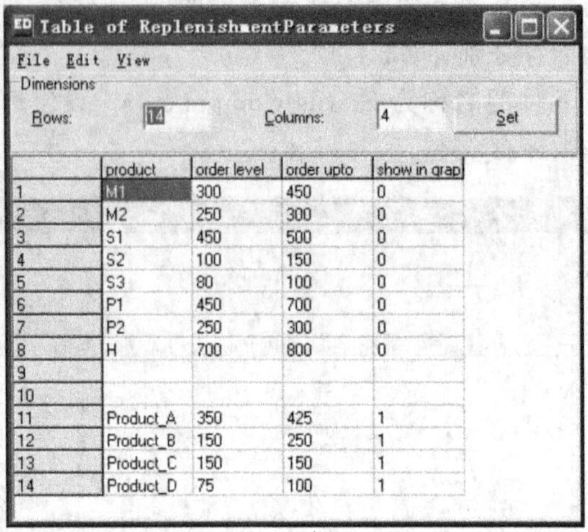

	product	order level	order upto	show in grap
1	M1	300	450	0
2	M2	250	300	0
3	S1	450	500	0
4	S2	100	150	0
5	S3	80	100	0
6	P1	450	700	0
7	P2	250	300	0
8	H	700	800	0
9				
10				
11	Product_A	350	425	1
12	Product_B	150	250	1
13	Product_C	150	150	1
14	Product_D	75	100	1

图 7-57 表格 Replenishment Parameters **参数设置**

(2) 各类组件的生产。

①初始化各种组件库存。拖入一个 Arrival List 元件。仿真开始时，Arrival List 元件产生 8 个元件，这 8 个元件代表组件的 8 份计划生产单，把 8 种组件的库存都初始化为 $s-1$ 件(s 为该组件相应的再订购点)，更新 Results 表格中的订购成本和总利润。相关参数设置如下：

a. General 选项卡设置

名称：Initial Inventory Status Components

重复策略：No repeat

离开时触发：

do(if(<(StatusComponents(Label([Product Name],i),5){col 5: admin Inventory}, StatusComponents(Label([Product Name],i),6)),{col 6: orderlevel}{\then}

do({determine batchsize}{batchsize equals orderlevel at t=0}

setlabel([Batch],(StatusComponents(Label([Product Name],i),6){col 6: orderlevels}

-1){col 5: admin Inventory, i),{increase admin Inventory by Batch}

setStatusComponents(Label([ProductName],i),5,(StatusComponents(Label([Product Name],i),5)+Label([Batch],i))),{increase order by Batch}

setStatusComponents(Label([ProductName],i),3,(Status Components(Label([Product Name],i),3)+Label([Batch],i))),{Adjust order cost}

setResults(9,2,Results(9,2)+Label([Cost per batch],i)),{order cost}

setResults(10,2,Results(10,2)－Label([Cost per batch],i)){total}),
{\else}
  setlabel([Batch],0,i)))

b. Label 选项卡：

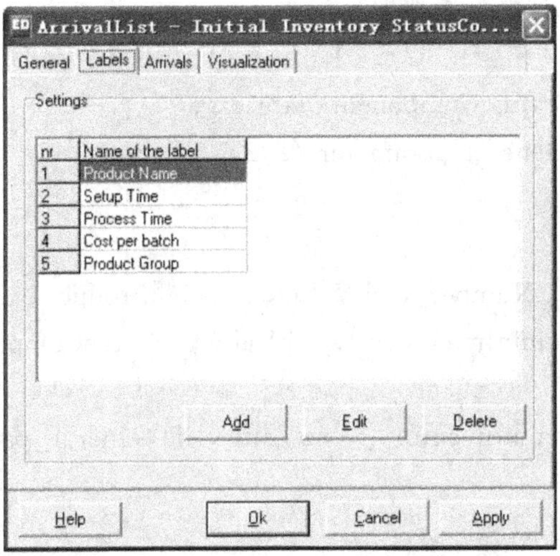

图 7－58 Initial Inventory Status Components **的标签页**

c. Arrivals 页面：设定组件的名称、各计划生产单元件的数量、输出通道、每个订单的成本等。

表 7－9 Arrivals **页面设置**

nr	Arrival Time	Atom Name	Quantity	Channel	Product name	Setup time	Process time	Cost per batch	Product Group
1	0	M1	1	1	1	0	0	0	1
2	0	M2	1	1	2	0	0	0	1
3	0	S1	1	1	3	0	0	0	2
4	0	S2	1	1	4	0	0	0	2
5	0	S3	1	1	5	0	0	0	2
6	0	P1	1	1	6	0	0	0	3
7	0	P2	1	1	7	0	0	0	3
8	0	H	1	1	8	0	0	0	4

②制定各种组件计划生产单。拖入 1 个 Arrival List 元件，产生的元件代表 8 种组件的计划生产单。每周盘点库存，如果发现库存量和计划生产单上未完成量小于再订购点时，就制定该组件的计划生产单，计划生产量为安全库存量减去库存量和计划生产单上未完成量之和。更新 Results 表格中的订购成本和总利润。Arrival List 元件的设置如下：

a. General 选项卡

名称：Orders Status Components fabricage

重复策略：hr(General_parameters(2,2))

离开时触发：

```
do(
var([valProductNumber], vbValue, Label([Product Name], i)),
  var ([valAdminInventory], vbValue, StatusComponents (valProduct
Number,5)),
  var([valProductenInventory], vbValue, if(General_parameters(12,2)=
0,0,
    case(valProductNumber,
      {A=11 B=12 C=13 D=14}
      {1 M1}StatusComponents(11,2)+StatusComponents(13,2),
      {2 M2}StatusComponents(12,2)+StatusComponents(14,2),
      {3 S1}StatusComponents(11,2)+StatusComponents(12,2),
      {4 S2}StatusComponents(13,2),
      {5 S3}StatusComponents(14,2),
      {6 P1}StatusComponents(11,2)+StatusComponents(12,2),
      {7 P2}StatusComponents(13,2)+StatusComponents(14,2),
      {8 H}StatusComponents(11,2)+StatusComponents(12,2)+Status
Components(13,2)+StatusComponents(14,2)))),
  if (valAdminInventory + valProductenInventory < StatusComponents
(valProductNumber,6), {col 6: orderlevel}
  {\then}
  do(
    {determine batchsize}
    {batchsize equals(orderuptolevel-adminInventory)}
      setlabel ([Batch], StatusComponents (valProductNumber, 8) -
valAdminInventory-valProductenInventory,
      {col 8: order upto level S}i),
```

```
    {Trace(Concat(String(valProductNumber), [Batch=], String(Label
([Batch],i)), [Phys=], String(StatusComponents(valProductNumber,8)),
[Admin=], String(valAdminInventory), [Prods=], String(valProductenInventory))),
    {increase admin Inventory by Batch}
    setStatusComponents(
    {row} valProductNumber, {column} 5,
    {value} StatusComponents(valProductNumber,5)+Label([Batch],i)),
    {increase order by Batch}
    setStatusComponents(
      {row} valProductNumber, {column} 3,
      {value} StatusComponents(valProductNumber,3)+Label([Batch],i)),
    {Adjust order cost}
    setResults(9,2,Results(9,2)+Label([Cost per batch],i)), {order cost}
    setResults(10,2,Results(10,2)-Label([Cost per batch],i)){total}),
  {\else}setlabel([Batch],0,i)))
```

b. Label 选项卡设置：

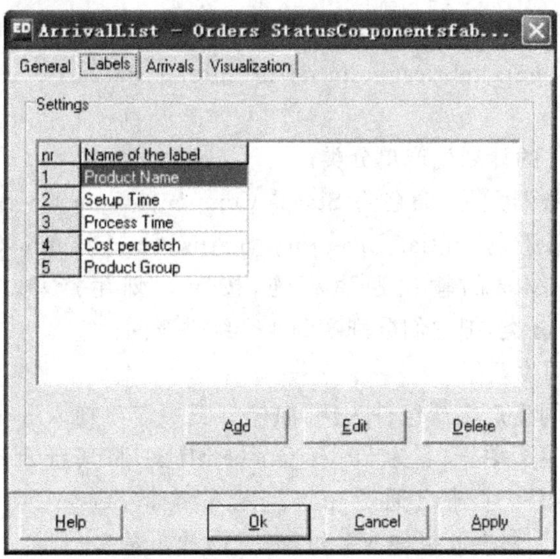

图 7-59　Initial Inventory Status Components 的标签页

c. Arrivals 页面见表 7－10。

表 7－10 Initial Inventory Status Components 的 Arrivals 页

nr	Arrival Time	Atom Name	Quantity	Channel	Product name	Setup time	Process time	Cost per batch	Product Group
1	0.000 1	M1	1	1	1	3 600	240	15	1
2	0.000 1	M2	1	1	2	3 600	240	15	1
3	0.000 1	S1	1	1	3	14 400	180	15	2
4	0.000 1	S2	1	1	4	14 400	180	15	2
5	0.000 1	S3	1	1	5	14 400	180	15	2
6	0.000 1	P1	1	1	6	1 800	300	15	3
7	0.000 1	P2	1	1	7	1 800	300	15	3
8	0.000 1	H	1	1	8	86 400	60	50	4

点击运行控制对话框的重置按钮，出现 2 个蓝色的产品元件，分别与 Orders Status Components fabricage、Initial Inventory Status Components 元件的输入通道相连。删去 1 个产品元件，把另一个产品元件重命名为 Component order，把它与 Status Components fabricage、Initial Inventory Status Components 元件的输入通道相连。

(3) 各种组件的计划生产单分类。

拖入 1 个服务器元件，命名为 Status Components_order_Server。将其的两条输入通道分别于与 Initial Inventory Status Components Orders 和 Status Components fabricage 的输出通道相连，按照计划生产单上的产品组标签(Product Group)分类，把它们分别送到 4 个组件车间。

(4) 各个车间生产组件。

①以金属车间生产金属组件为例，向模型图层窗口拖入一个 Queue 元件，存放金属组件计划生产单，命名为 Order Queue Metal，将其与 Status Components_order_Server 的第一个输出通道相连。拖入 1 个 Server 元件，命名为 Metal department，按照计划生产组件 M1 和 M2。设置如表 7－11：

表 7-11 Server 元件参数设置

Atom name	Metal department
预置时间	Label([Setup Time], First(c))
循环时间	Label([Batch], First(c)) * Label([Process Time], First(c))
发送到	2. An open channel (First channel first)
分批	Label([Batch],i)
分批规则	1 in B out
输入通道连	Order Queue Metal 的输出通道

②拖入1个序列元件,存放金属组件,最多可以存放1 000件。每当有1个M1入库,Status Components 表格的M1库存量递增,计划生产量(order)递减;序列元件设置如表7-12:

表 7-12 Queue 元件参数设置

Atom name	Inventory M1
容量	1 000
发送到	2. An open channel (First channel first)
进入时触发	do(Label([Batch], i):=1, setStatusComponents(Label([Product Name],i), 2, StatusComponents(Label([Product Name],i),2)+Label([Batch],i)), setStatusComponents(Label([Product Name],i), 3, StatusComponents(Label([Product Name],i),3)-Label([Batch],i)))
离开时触发	do(setStatusComponents(Label([Product Name],i), 2, StatusComponents(Label([Product Name],i),2)-Label([Batch],i)), setStatusComponents(Label([Product Name],i), 5, StatusComponents(Label([Product Name],i),5)-Label([Batch],i)))
输入通道连	Metal department 的第一个输出通道

③拖入一个序列元件,存放金属组件M2。设置可参照M1,其他车间的参数设置可参照金属车间进行设置。

(5) 装配成品。

①初始化成品库存。拖入 1 个 Arrival List 元件，该 Arrival List 元件产生 4 种成品的计划装配单，每种成品各有 1 张计划装配单，初始化 4 种成品的库存为相应的 $s-1$（s 为该成品相应的再订购点）。更新 Results 表格中的订购成本和总利润。设置如下：

a. General 页面

名称：Initial Inventory Product

重复策略：1. No repeat

离开时触发：

```
do(case(
  Label([Product Name],i)-10,
   set(color(i),coloraqua),
   set(color(i),colorlightgray),
   set(color(i),colornavy),
   set(color(i),colorolive)),
if(StatusComponents(Label([Product Name],i),5)<{col 5: admin Inventory}
   StatusComponents(Label([Product Name],i),6), {col 6: orderlevel}
   {\then}
   do({determine batch size: batch size equals(orderuptolevel at t=0)}
   Label([Batch], i):=
      StatusComponents(Label([Product Name],i),6)-1,{col 6: order level s}
   {increase admin Inventory by Batch}{col 5: admin Inventory}
      setStatusComponents(
      {row} Label([Product Name],i), {column} 5,
      {value} StatusComponents(Label([Product Name],i),5) + Label([Batch],i)),
      {increase order by Batch}
    setStatusComponents(
      {row} Label([Product Name],i), 3,
      {value} StatusComponents(Label([Product Name],i),3) + Label([Batch],i)),
      {Adjust order cost}
      setResults(9,2,Results(9,2)+Label([Cost per batch],i)), {order cost}
       setResults(10, 2, Results(10, 2) - Label([Cost per batch], i))
```

{total}),

{\else}

setlabel([Batch],0,i)))

b. Label 选项卡

标签名称:Product Name、Setup Time、Process Time、Cost per batch

c. Arrivals 页面见表 7-13。

表 7-13 Arrivals 页面设置

nr	Arrival Time	Atom Name	Quantity	Channel	Product name	Setup time	Process time	Cost per batch
1	0.1	Product_A	1	1	11	0	0	0
2	0.1	Product_B	1	1	12	0	0	0
3	0.1	Product_C	1	1	13	0	0	0
4	0.1	Product_D	1	1	14	0	0	0

②产生初始成品库存。拖入 1 个服务器元件,设置如表 7-14:

表 7-14 服务器元件参数设置

Atom name	Generate Initial Inventory
循环时间	0
发送到	Label([Product Name], First(c))-10
分批	Label([Batch],First(c))
分批规则	1 in, B out
输入通道连	Initial Inventory Product 的输出通道
4 个输出通道依次连	Inventory_A、Inventory_B、Inventory_C、Inventory_D 的输入通道

③制定各种成品计划装配单。拖入 1 个 Arrival List 元件,产生的元件代表 3 种。每周盘点库存,如果发现库存量加上计划生产单未完成量小于再订购点量,就制定该成品的计划单,计划装配量等于安全库存减去库存量和计划生产单未完成量之和。更新 Results 表格中的订购成本和总利润。Arrival List 元件的设置如下:

a. General 选项卡

名称:Assembly Orders Products

重复策略:hr(General_parameters(1,2))

离开时触发：

```
do(case(
   Label([Product Name], i)-10,
      set(color(i), coloraqua、,
   set(color(i), colorlightgray),
   set(color(i), colornavy),
   set(color(i), colorolive)),
if(
   StatusComponents (Label ([Product Name], i), 5) < {col 5: admin Inventory}
   StatusComponents(Label([Product Name],i),6), {col 6: orderlevel}
   {\then}
   do(
   {determine batch size: batch size equals(orderuptolevel-adminInventory)}
   Label([Batch], i):=
         StatusComponents(Label([Product Name],i),8) {col 8: order upto level S}
         -StatusComponents(Label([Product Name],i),5), {col 5: admin Inventory}
   {increase admin Inventory by Batch}
   setStatusComponents(
      {row} Label([Product Name],i), {column} 5,
      {value} StatusComponents (Label ([Product Name], i), 5) + Label ([Batch],i)),
   {increase order by Batch}
   setStatusComponents(
      {row} Label([Product Name],i), 3,
      {value} StatusComponents (Label ([Product Name], i), 3) + Label ([Batch],i)),
   {Adjust order cost}
   setResults(9,2,Results(9,2)+Label([Cost per batch],i)), {order cost}
   setResults(10,2,Results(10,2)-Label([Cost per batch],i)) {total}),
   {\else}
   setlabel([Batch],0,i)))
```

b. Label 选项卡

标签名称:Product Name、Setup Time、Process Time、Cost per batch

c. Arrivals 页面见表 7－15。

表 7－15 Arrivals 页面设置

nr	Arrival Time	Atom Name	Quantity	Channel	Product name	Setup time	Process time	Cost per batch
1	61	Product_A	1	1	11	0	250	15
2	61	Product_B	1	1	12	0	250	15
3	61	Product_C	1	1	13	0	250	15
4	61	Product_D	1	1	14	0	250	15

点击运行控制对话框的重置按钮,出现 2 个蓝色的产品元件,分别与 Initial Inventory Product、Assembly Orders Products 元件的输入通道相连。删去 1 个产品元件,把另一个产品元件重命名为 Product Order,把它与 Initial Inventory Product、Assembly Orders Products 元件的输入通道相连。

④处理各种成品计划装配单。

a. 把成品计划装配单分类成 A 订单、B 订单、C 订单、D 订单、计划装配量为 0 的订单。拖入 1 个服务器元件,设置如表 7－16:

表 7－16 Assembly Orders 参数设置

Atom name	Assembly Orders
循环时间	0
发送到	if(Label([Batch], First(c))<1,5,Label([Product Name], First(c))－10)
分批	if(Label([Batch], First(c))＝0, 1, Label([Batch], First(c)))
分批规则	1 in, B out
输入通道连	Assembly Orders Products 的输出通道
4 个输出通道依次连	Inventory_A、Inventory_B、Inventory_C、Inventory_D 的输入通道

b. 4种成品的订单序列如表7-17所示。

表7-17 4种成品的订单序列的参数设置

Atom name分别为	assembly orders Product A、assembly orders Product B、assembly orders Product C、assembly orders Product D
容量	1000
输入通道连	Assembly Orders的输出通道

c. 丢弃计划装配量的订单。

拖入1个接收器元件,把Assembly Orders Products元件的第5个输出通道与之相连。

⑤装配成品。

表7-18 Assembler参数设置

Atom name分别为	Assembly A、Assembly B、Assembly C、Assembly D
循环时间	NegExp(Label([Process Time],First(c)))
材料清单的参考列	Label([Product Name],First(c))-10
第2~n通道有元件进入时触发分别为	shiftloc(0, 0, 2, i)

材料清单如图7-60。

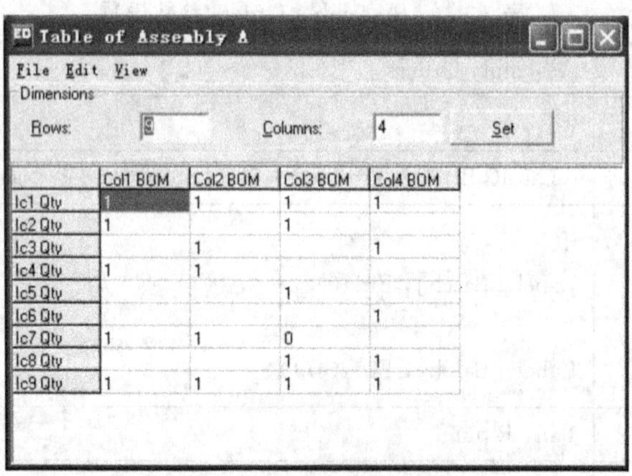

图7-60 综合材料清单

表 7-19 Assembler A 的通道连接

<table>
<tr><th>Atom name</th><th>第 1 个输入通道连接</th><th>第 2～9 输入通道依次连接</th><th>输出通道连接</th></tr>
<tr><td>Assembly A</td><td>Assembly Orders Product A</td><td rowspan="4">Inventory M1、Inventory M2、Inventory S1、Inventory S2、Inventory S3、Inventory P1、Inventory P2、Inventory Manuals</td><td>Inventory_A</td></tr>
<tr><td>Assembly B</td><td>Assembly Orders Product B</td><td>Inventory_B</td></tr>
<tr><td>Assembly C</td><td>Assembly Orders Product C</td><td>Inventory_C</td></tr>
<tr><td>Assembly D</td><td>Assembly Orders Product D</td><td>Inventory_D</td></tr>
</table>

(6) 成品订单。

①产生 A、B、C、D 订单。拖入 4 个源元件，模拟产生 A、B、C、D 的订单元件，每个订单元件，代表的订购量为 1 件。设定产生每个订单元件的间隔时间，符合负指数分布，平均值是40 hr/周需求量；A、B、C、D 的订单元件产生后，都贴上标签“Product Name”，标签值分别为 1、2、3、4。设置见表格 35，其他设置为默认值。

表 7-20 产品订单 Source 元件参数设置

Atom name	Inter-arrival time	Trigger on creation
Customer Order Generator A	NegExp(hr(/(40,General_parameters(5,2))))	setlabel([Product Name], 1, i)
Customer Order Generator B	NegExp(hr(/(40,General_parameters(6,2))))	do(setlabel([Product Name], 2, i)
Customer Order Generator C	NegExp(hr(/(40,General_parameters(7,2))))	do(setlabel([Product Name], 3, i))
Customer Order Generator D	NegExp(hr(/(40,General_parameters(8,2))))	do(setlabel([Product Name], 4, i))

点击运行控制对话框的重置按钮，出现 4 个蓝色的产品元件，分别与 4 个源元件的输入通道相连。删去 3 个产品元件，把剩下的产品元件重命名为 Customer，把它与 4 个源元件的输入通道相连。

拖入 1 个序列元件，收集产品订单。设置为默认值。

②处理订单。如果 THC 公司库存能满足订单，就交货；如果库存不足，就把库存中的成品全部交出，完成一部分订单，并且把可以完成的订单元件，送到公司的销售部门(集合元件 shop)；取消完成不了的订单元件(送到接收器元件 Unhappy Customers)。

拖入 1 个 Fast Accumulating Conveyor，设置如表 7-21。

表 7-21 Fast Accumulating Conveyor 元件参数设置

Atom name	Arrival of Customers
Send to	do(var([atomInventory], vbAtom, In(Label([Product Name], First(c))+1, Out(1, c))), if(content(atomInventory)>0, 1, 2))
Rotation	180

③按照订单取成品交货。

表 7-22 shop 参数设置

Atom name	shop
循环时间	NegExp(120)
参考材料清单的列	Label([Product Name],i)
第 1 个输入通道连接	Arrival of Customers 的输出通道
第 2、3、4、5 输入通道依次连接	Inventory_A、Inventory_B、Inventory_C、Inventory_D

④已经完成的订单。拖入 1 个接收器元件，每接收一个已经完成了的订单元件，Results 表格中销售量(增)、销售收入(增)、总利润(增)更新一次。

名称：Happy Customers

```
do(setResults({Products sold A..D}
   {row} 2,
   {column} 1+Label([Product Name],i),
   {value} 1+Results(2,1+Label([Product Name],i))),
setResults({totalProduct margin}
   {row}3,
   {column} 1+Label([Product Name],i),
   {value} Results(3,1+Label([Product Name],i))+
        StatusComponents(10+Label([Product Name],i),9) {col 9: margin}),
setResults(
   {row} 10, {total cost/benefit}
   {column} 2,
   {value} Results(10,2)+
        StatusComponents(10+Label([Product Name],i),9) {col 9: margin}))
```

⑤取消完成不了的订单。拖入 1 个接收器元件，每接收一个完成不了的订单元件，Results 表格中缺货量(增)、缺货成本(增)、纯利润(减)更新一次。

名称：Unhappy Customers

进入时触发：

```
do(
setResults({shortage counter for A..D}
  {row} 5,
  {column} 1+Label([Product Name],i),
  {value} 1+Results(5,1+Label([Product Name],i))),
setResults(
  {row} 6,
  {column} 1+Label([Product Name],i),
  {value} Results(6,1+Label([Product Name],i))+
        StatusComponents(10+Label([Product Name],i),10) {col 10:
shortage cost}),
  setResults(
  {row} 10, {total cost/benefit}
  {column} 2,
  {value} Results(10,2)_StatusComponents(10+Label([Product Name],
i),10) {col 10: shortage cost}))
```

(7) 图表显示成品库存。拖入 4 个 Monitor 监视器元件，设置如下：

名称分别是：Inventory_A、Inventory_B、Inventory_C、Inventory_D

(8) 计算存储费用。拖入 1 个源元件，计算每天的存储费用。

表 7-23 源元件参数设置

Atom name	Daily review inventory cost
到达间隔时间	hr(General_parameters(3,2))
产生元件的数量	1. Unlimited

离开时触发：

```
do({update holding and total cost}
repeat(14, do(
  {column 11: holding cost per week per unit}
  var([valCost], vbValue, StatusComponents(Count,2) * StatusComponents(Count,11)/
40 * General_parameters(3,2)){General_parameters(3,2)=8hr}
  setResults(8, 2, Results(8,2)+valCost),
  setResults(10, 2, Results(10, 2)-valCost))),
{draw the graph}
if(Time<=50 * hr(8)+0.5, {fix rounding}
  Do(repeat(nRows(c), SetSinglePoint(Count, Time/Hr(General_parameters(3, 2)),
StatusComponents(cell(count, 1, c), 2))){SaveGraph([Inventory.grf])})))
```

图 7-61 是模型图。

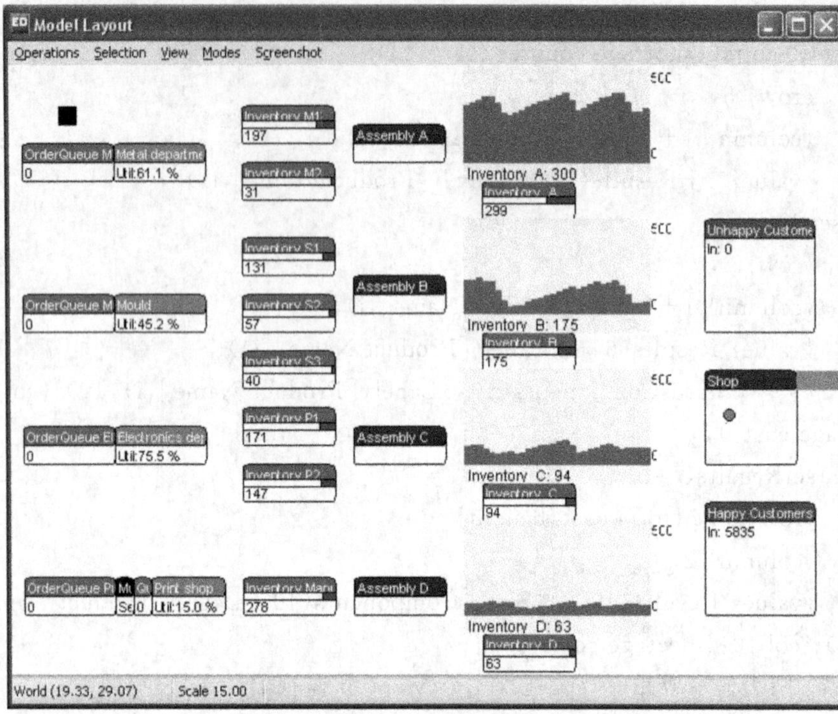

图 7-61 模型图

在运行控制对话框中，勾选 Run until Stop Time 的选项，并且设置停止时间是 400 小时，时间单位为小时。点击运行按钮，模型运行结束后打开名为 Results 的表格元件，可见图 7-62：

Table of Results

	1	A	B	C	D
1		A	B	C	D
2	sold (#)	1508	1186	761	467
3	Margin (Euro)	30160	23720	15220	9340
4					
5	Shortage (#)	0	0	0	0
6	Shortage cost (E)	0	0	0	0
7					
8	Holding cost	49174.4			
9	Setup cost	2260			
10	Total	27005.6			

图 7-62 Table of Result **的显示结果**

在上面表格中可显示每种产品的销售数量，利润、短缺数量和短缺期成本，持有成本、重置成本等。从以上数据可以看出，总利润是 27 005.6 元，持有成本太高,与最优值差距较。在 Replenishment Parameters 表格的第 4 列,设定在图表中,0(不显示)或者 1(显示)成品和它们的组件的库存水平。这样的设定,有利于观察 s 和 S 的改变,对库存的影响,如图 7-63 所示:

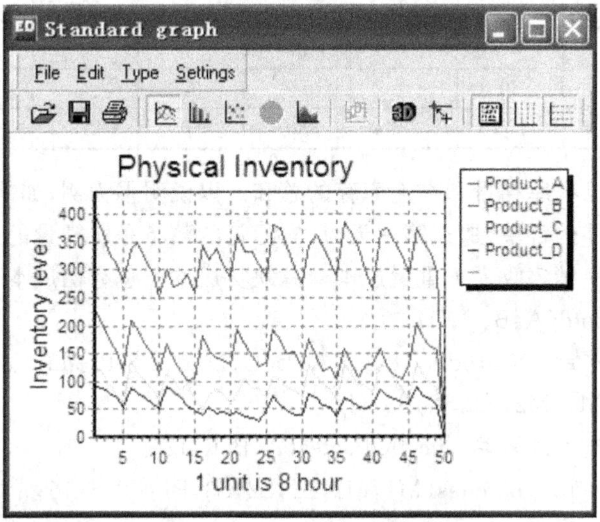

图 7-63 Table of Result **的显示结果**

4. 问题和任务

(1) 问题:

①根据案例中给出的产品的平均需求值,试计算每周平均需要多少部件。

②为什么在计算补货量时,要考虑现有库存量和在途库存量的和,而不是仅仅以现有库存量作为计算依据?

③定义利润公式。能使用上述定义来核算结果表中的成本和收益吗?为什么?

④利用相同参数运行模型 10 周,得到的结果分别为 27005,26195 和 28312,请你解释一下为何结果会不同。如果将参数优化,运行一周后是否会导致总利润小于以上三个数值的平均值?那么单次运行结果来做决定会有什么样的后果?

(2) 任务:

①打开模型,基于该公司的现状,每周都要核对以确定是否需要补货。补货周期参数 R 为 40 个小时。在"Replenishment Parameters"表格中,可通过 S 和 s 的数值调整,来选择更好的补货策略。用实验向导来获得更加准确的测量结果。

②调整 s 和 S 来改善结果,反复实验,比较实验结果。

③如果将盘点时间缩短为 8 个小时,观察仿真结果有什么变化?

问题和任务的分析:

①各个部件的需求计算只需要将 A、B、C、D 四类产品各自所需的零部件进行加和即可。

表 7-24 BOM 清单(A、B、C、D 产品总和)

	M1	M2	S1	S2	S3	P1	P2	H
A	150		150			150		150
B		120	120			120		120
C	80			80			80	80
D		50			50		50	50
	230	170	270	80	50	270	130	400

②需考虑已有库存量和在途库存的总和。以说明书为例,如果说明书到达前的两天下达额外的订单,那么第三天时,实际订购数将是所需量的三倍。

③总利润=销售收入-重置成本-总缺货成本-总存储成本

收益=♯sold(A、B、C、D)

总存储成本=5×Product days(A、B、C、D)+2×Product days(P1,P2)+Product days(M1,M2,S1,S2,S3,H)

总缺货成本=15×♯cancelled sales(A、B、C、D)

重置成本=15×batches(M1,M2,S1,S2,S3,P1,P2)+15×♯batches(A、B、C、D)+50×batches(H)

④由于需求和生产是随机变量,所以每次运行模型时,得出的结果都不一样。可能会有这样的情况:即使选择了更优的参数配置,却还得不到更好的仿真结果,因此在需根据多次运行模型的结果来得出决策。

任务一:

在运行控制对话框中,取消 Run until Stop Time 的选项。选定菜单中的 Experimentation/Experiment wizard,则出现试验的向导页面,设定单次运行的方式,运行 10 次,每次运行的预热时间为 0,观察期为 400 小时。点击 Next 按钮,出现执行方式列表的对话框。点击 Add 按钮后,设定基于单个元件来定义执行方式,选择 Results 元件后,每点击 Add 按钮一次,可以增加一个工作指标。设定第一个工作指标是 10 周的总利润,如图 7-64 所示。按照表格 7-25,增加其他工作指标,得到 10 周的销售收入、库存、预置成本、缺货量。

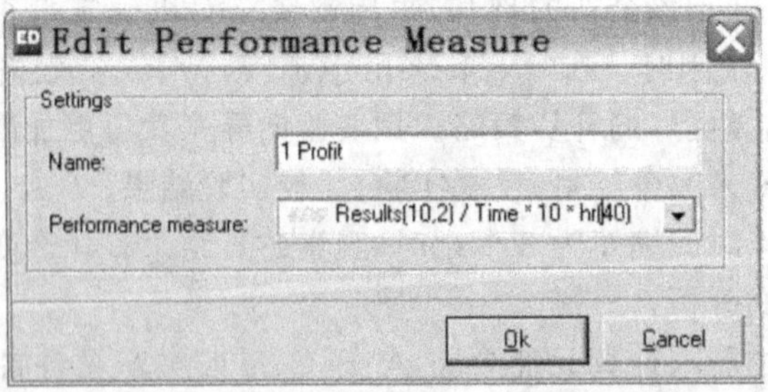

图 7-64 Experiment Wizard 参数设置

表 7－25 Experiment Wizard 参数设置

1 Profit＝Results(10,2)/Time＊10＊hr(40)
2 Margin＝Sum(4，Results(3，1＋Count))/Time＊10＊hr(40)
3 Inventory＝Results(8，2)/Time＊10＊hr(40)
4 Setup＝Results(9,2)/Time＊10＊hr(40)
5 Shortage＝Sum(4，Results(6，1＋Count))/Time＊10＊hr(40)

表 7－26 模型计算结果

	Avg.	Std. dev	L-bound	U-bound	Min	Max
Profit	32 616	21.50	31 078	34 154	28 694	35 658
Margin	79 604	65	79 203	80 005	79 000	80 540
Holding cost	44 749	2 335	43 078	46 420	41 791	48 656
Setup cost	2 035	47	2 001	2 068	1 955	2 090
Shortage	204	476	－136	544	0	1 530

如表 7－26 所示，库存成本很高，因此可调节 S 和 s 的值来优化成本。调整参数如图 7－65 所示：

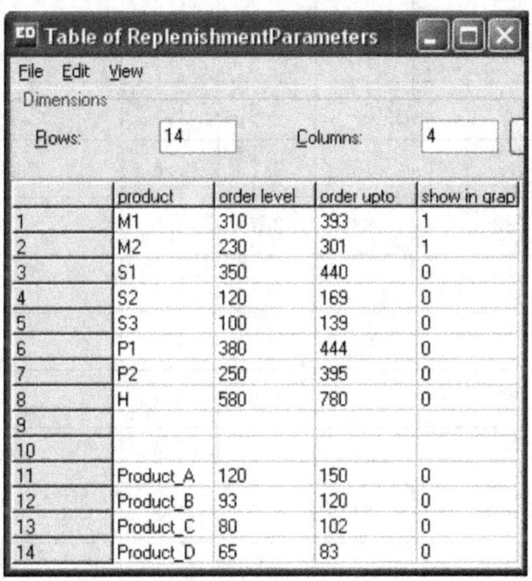
Table of ReplenishmentParameters

File Edit View

Dimensions

Rows: 14 Columns: 4

	product	order level	order upto	show in grap
1	M1	310	393	1
2	M2	230	301	1
3	S1	350	440	0
4	S2	120	169	0
5	S3	100	139	0
6	P1	380	444	0
7	P2	250	395	0
8	H	580	780	0
9				
10				
11	Product_A	120	150	0
12	Product_B	93	120	0
13	Product_C	80	102	0
14	Product_D	65	83	0

图 7－65 Replenishment Parameters 表格(参数修改后)

表 7-27 模型计算结果(参数修改后)

	Avg.	Std. dev	L-bound	U-bound	Min	Max
Profit	54829	566	54424	55233	54039	56086
Margin	77555	285	77351	77759	77130	78194
Inventory cost	18881	195	18742	19021	18463	19212
Setup cost	2124	3	2121	2126	2118	2129
Shortage cost	1722	190	1586	1858	1520	2027

可见利润有了较大的提升。

任务 2：

把 General Parameters 常规参数表格的前两行参数“Order period finished Product”和“Order period components”，该为 8，即由每周改为每日盘点补货。

再次调整参数 s、S，改进总利润，基于 EOQ 的计算结果如下表所示：

表 7-28 模型计算结果(参数修改后)

Component	Weekly demand.	Q_opt	t *	R_opt	R_opt Hn whole days	Q
A	150	30	5.0	1.0	1	30
B	120	27	4.4	1.1	1	24
C	80	22	3.6	1.4	1	16
D	50	18	2.7	1.8	2	20
M1	230	83	2.7	1.9	2	92
M2	170	71	2.4	2.1	2	68
S1	270	90	3.0	1.6	2	108
S2	80	49	1.6	3.1	3	48
S3	50	39	1.2	4.2	4	40
P1	270	64	4.2	1.2	1	54
P2	130	45	2.9	1.7	2	52
H	400	200	2.0	2.5	3	240

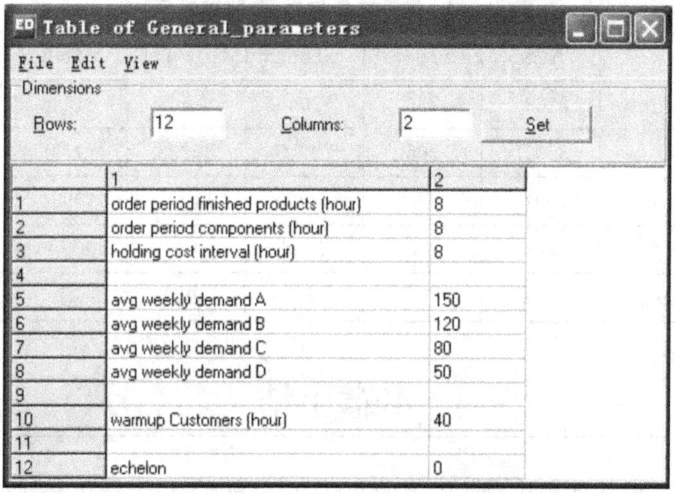

	1	2
1	order period finished products (hour)	8
2	order period components (hour)	8
3	holding cost interval (hour)	8
4		
5	avg weekly demand A	150
6	avg weekly demand B	120
7	avg weekly demand C	80
8	avg weekly demand D	50
9		
10	warmup Customers (hour)	40
11		
12	echelon	0

图 7-66 General_parameters **表格(修改参数后)**

对于组件 D,参数 R 近似于 2,所以最简单的方式是开始时,设置 $s=100$a, $S=s+Q=120$。保持 s 近似于 20,下一步运行模型并且查看图表,确定在不造成重大缺货的情况下,s、S 可以减少到多大而不造成较大的短缺,基于上表的参数,100 周运行 10 次。再次,结果报告改回运行 10 周。计算结果如图 7-67 所示:

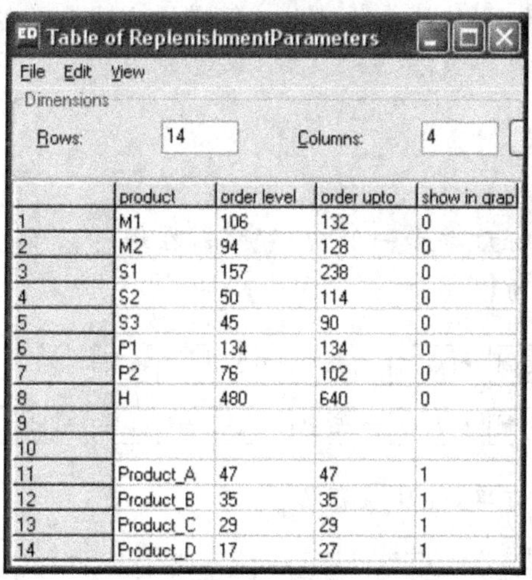

	product	order level	order upto	show in grap
1	M1	106	132	0
2	M2	94	128	0
3	S1	157	238	0
4	S2	50	114	0
5	S3	45	90	0
6	P1	134	134	0
7	P2	76	102	0
8	H	480	640	0
9				
10				
11	Product_A	47	47	1
12	Product_B	35	35	1
13	Product_C	29	29	1
14	Product_D	17	27	1

图 7-67 Replenishment Parameters **表格(参数修改后)**

表 7-29 模型计算结果(参数修改后)

	Avg.	S. dev	L-bound	U-bound	MHn	Max
ProfHt	62234	236	62065	62403	61846	62587
MargHn	80092	205	79945	80238	79798	80406
Inventory cost	10979	42	10949	11010	10921	11052
Setup cost	6805	14	6795	6815	6784	6825
Shortage cost	74	30	52	95	32	131

本章小结

本章在基础功能模块案例学习的基础上,分排队论、生产物流系统、配送中心构建、仓储系统四个部分,综合应用相关模块元件、相关案例设定背景,合理地构建模型。相较于前一章,本章更侧重于相关功能模块的常用元件的应用和模型的结果分析,结合物流子系统的特性,如在生产物流系统中重点分析了均衡生产以及生产物流系统的优化,配送中心模拟中强调产品的出入库及分拣,仓储系统则详细进行分析货物的订货量、订货时间以及订货成本优化等,将运输模块、储存模块中的常用元件以及综合其他一些辅助功能模块完成模块的建立。

习 题

某服装厂接到两份订单和一份回厂货品,在进行必要的技术准备后,订单 1 和订单 2 的加工流程为:

剪裁 → 缝制 → 后整 → 整烫 → 包装 → 出货

剪裁 → 缝制 → 钉珠 → 后整 → 整烫 → 包装 → 出货

另有一份回厂的订单,处理流程为:

核对 → 后整 → 整烫 → 包装 → 出货

每一个步骤都有不同的分工小组组成,其中核对工作由专人 Mike 负责,剪裁小组共有 6 人组成,每 3 人一组,其中 Jenny 和 Tracy 两人分别为两个工作小组的组长,每个工作小组必须在组长的带领下工作,其他人员可自由调配。钉珠由 Carol 负责,后整、整烫由 2 人负责,人员可随意调用。包装由 1 人负责。人员分工如下表所示:

小组分工	人员构成	备注
剪裁、缝制组	Tracy、Jenny、Coco、Jack、Ben、Lucy	其中 Jenny 和 Tracy 为组长，优先保障订单1的完成
后整、整烫组	Mary、Daisy、Cloy	订单1优先级别最高，订单2、订单3级别等同
包装组	John、Cindy	订单1优先级别最高，订单2、订单3级别等同
钉珠组	Carol	
核对组	Mike	

剪裁、缝制的处理时间符合均值为18分钟、标准差为3分钟的正态分布，钉珠处理时间符合均匀分布 $U(10,12)$ 分钟，后整、整烫处理时间符合均匀分布 $U(5,6)$ 分钟，包装处理时间复核均匀分布 $U(3,5)$，回厂货物必须要进行品名、数量等的核对，核对处理时间复核均匀分布 $U(2,3)$。

工厂每周有五个工作日，每个工作日工作8个小时，每个工作日的8个小时都不停地进行生产。

为保证生产流水线上工人的生产效率，每隔2个小时，工人可有15分钟的休息时间。

管理层对的生产线的生产能力还不明确，因此需要对一周的生产能力进行评估。

任务要求：

(1) 根据以上案例提供的信息，请你评估生产线每周的生产能力能否完成既定的生产任务，进行以一周时间为预热期，十周时间为仿真时间的试验。

(2) 制作一个模型来研究产品进行各个环节的加工前的等待时间和队列排列状况，检验管理团队的建议是否能在输出时间上有所改善。

参考文献

[1] 马向国,刘同娟.现代物流系统建模、仿真及应用案例.北京:科学出版社,2012.

[2] 李文锋,袁兵,张煜.物流系统建模与仿真.北京:科学出版社,2010.

[3] 王道平,张学龙.现代物流仿真技术.北京:北京大学出版社,2010.

[4] 罗国勋,罗昕,蒋天颖,丛祝辉.系统建模与仿真.北京:高等教育出版社,2011.

[5] 刘亮.物流系统仿真——从理论到实践.北京:电子工业出版社,2010.

[6] 周跃进,陈国华.物流网络规划.北京:清华大学出版社,2008.

[7] 马士华,林勇.企业生产与物流管理.北京:清华大学出版社,2009.

[8] 真虹,张婕姝.物流企业仓储管理与实务.北京:中国物资出版社,2007.

[9] 罗松涛.配送与配送中心管理.北京:对外经济贸易出版社,2008.

[10] 董绍华,周晓光,赵宁.物流系统仿真.北京:北京邮电大学出版社,2008.

[11] 马向国.现代物流系统仿真与优化技术.北京:中国物资出版社,2010.

[12] 邱小平.物流系统仿真.北京:中国物资出版社,2012.

[13] 张晓川,等.物流配送系统规划.北京:中国水利水电出版社,2007.

后 记

物流系统是一个涵盖运输、仓储、装卸搬运、配送等多个子系统的动态复杂系统,这些子系统之间存在着"效益背反"。如何对物流系统进行分析、优化及决策,从而降低物流成本一直是业界探讨的热点议题之一。仿真技术通过对现实或预想环境的模拟,再现或预演系统的运行规律,从而为决策者选择优化方案提供有效的技术支持。近年来仿真技术在现代物流系统中已被用来进行运输调度、规划设计和物料控制等,取得了巨大的经济效益。

Enterprise Dynamics Logistic(ED)软件是一款面向对象的仿真软件,可以用于建模、仿真、可视化和对动态系统的控制,主要应用于生产、仓储以及其他物料处理系统优化仿真,以及对复杂动态的物流配送中心等相关系统进行快速仿真模拟。该软件在企业以及科研院所已有较多的应用,取得了良好的效益,赢得了不错的口碑。但是该软件在教学中使用还不多,目前可供初学者选择的该软件的基础教程还不多,本教材的编著旨在帮助读者较为迅速和全面地掌握该软件的应用,为后面更深入的学习打下基础。

本书共分 7 章,包括数学理论和 Enterprise Dynamics Logistic 软件实践应用两个部分。由于建模仿真的应用需要一定的数学基础,因此本书的第 1～4 章介绍建模的相关数学知识。在内容编排上,分成系统及系统仿真、仿真数据的输入、仿真模型的构建和仿真输出结果分析等,严密契合建模流程,帮助读者梳理相关知识点。本书侧重于软件的实际应用,因此建模的相关数学知识虽罗列相对全面但并不详细,读者如需要深入研读,可参考相关的数学专业书籍。第 5～7 章从 Enterprise Dynamics Logistic 软件的应用概况和特点入手,由浅入深,循序渐进地介绍了该软件的主要基础功能模块下各个元件参数的含义、各基础功能模块下相关元件应用的简单案例练习、4DScript 语言入门等,并以排队论系统、生产物流系统、配送中心仿真以及库存系统将前面相关知识应用于综合案例中，提高读者的软件运用能力和输出结果的分析能力。本书案例的选用和改编主要来源于软件自带的 Help 文件和 Case Studies 文件，为方便读者理解，本书详细列出了建模的思路和步骤。在整体内容编排上，本书侧重于 Enterprise Dynamics Logistic 软件的操作，使读者能够学以致用，将输出的结果进行分析后应用于实践中。

本书的撰写分工如下：第 1～2 章由桑小娟撰写，第 3～4 章由柳莹撰写，第 5 章由许国银撰写，第 6～7 章由蒋淑华撰写，全书由蒋淑华统稿。感谢南京卫岗乳业集团赵正保对案例编排方面给予的意见和建议。由于作者水平有限，内容中不妥、疏漏之处在所难免，望广大读者不吝赐教。